東方霸權的崛起與落幕，
一部橫跨千年的亞洲帝國史

The Great Empires of Asia

帝國記憶

JIM MASSELOS
吉姆・馬賽羅 主編
廖彥博 譯

目次

CHAPTER 2

FOREWORD

帝國遺緒
The Legacy of Empire

強納森．范比[1]
（Jonathan Fenby）

The Great Empires of Asia

從太平洋海濱到巴爾幹半島，亞洲各大帝國的幅員疆域跨越了八千公里，在地球這顆行星上建立了收納不同族群、文化和宗教於一爐的統治，時間超過一千年之久。這些帝國分別由當時最為傑出的豪傑人物所創建和治理：成吉思汗、聲稱奉有天命的中國皇帝、鄂圖曼帝國歷任蘇丹，以及偉大的蒙兀兒帝國皇帝阿克巴（Akbar）。他們以建築和文化珍寶創建了京城首都，以彰顯其精妙的治術：蒙兀兒帝國的多座王陵、北京紫禁城、君士坦丁堡（或伊斯坦堡）宏偉壯麗的蘇萊曼尼耶（Suleimaniye）清真寺及托普卡匹皇宮（Topkapi Palace）、吳哥窟（Angkor）的雄偉巨廈，以及伊斯法罕（Isfahan）的大清真寺。

從帝國肇始以迄之後的漫長歲月，軍事武功方面的奮勇壯烈，往往是這些帝國在開疆拓土（以及之後捍衛廣袤疆土）時經常出現的主題。不過，君王們還必須發展其治理與官僚體系以鞏固其統治，同時增強其轄境內的經濟，提倡商業貿易，好為治下臣民提供收入、創造稅收，以及與鄰邦各國的往來貿易管道。本書的七個章節詳細闡述了這些帝國創建偉業，並將征服的土地轉化為自身疆土時所造成的影響。各章作者以優秀特出的筆法，寫出這些帝國在史冊上不可磨滅的事蹟：他們的成就與失敗、相似與差異，以及創新與多元分歧之處。

亞洲各大帝國都以國祚綿長著稱，只有日本明治維新後軍國主義野心擴張時期是個例外。它們持續存在了好幾個世紀，如中國的帝制王朝，更是超過兩千年之久。這些帝國王朝在政治、經濟和文化層面所留下的遺緒，塑造了今日由太平洋海濱到地中海各地的面貌，為二十一世紀世界的演變提供了顯著的背景脈絡。

這些亞洲帝國和之後出現的歐洲殖民強權不同。歐洲帝國的殖民地距離母國遠隔重洋，有數千公里之遠；而亞洲帝國卻主要在陸地上發展——因此在中央京城與遙遠邊疆之間得以有陸路聯繫，將沿線各個民族、習俗和文化串聯在一起。但是這並不表示海上貿易無足輕重：隨著疆域領土延伸到地中海及黑海諸地，鄂圖曼帝國擁有一支無敵艦隊；而明朝永樂皇帝也派遣指揮使鄭和，率領一支由艨艟巨艦所組成的小型艦隊浮海遠渡，來到南海及非洲東岸，威震各邦，並帶回諸多珍寶。

但是歐洲強權以海上武力進行遠程征服，卻並非亞洲各大帝國所採取的模式。相反的，這些亞洲帝國採取「先安內後攘外」的策略：在局部戰爭中擊敗國內對手，再尋求捍衛家園或向外拓展新疆土。以疆域最遼闊的蒙古帝國為例，上述的過程起於北亞大草原上各股勢力對中原皇位的競逐，然後揮戈西征，最遠抵達黑海之濱與烏克蘭，將原來的游牧部族重整成為一個能夠派出百萬大軍的國家。在這闕亞洲傳奇的終章，日本在相對較短的時間、在很大範圍內展現出所謂「帝國症候群」（imperial syndrome），也就是「新政治秩序的確立有賴於土地或影響力的擴張，而此舉需要維護新近取得、有爭議的疆域」。這種對於擴張的渴望，及其所造成的壓力，通常會導致帝國衰亡，即使帝國全盛時期的力量在很長一段時間裡能延緩衰敗，最終仍不能避免滅亡。

帝國的最高政治結構設計旨在鞏固其統治權威，但是在如此廣袤的疆域中，通常存在著一定程度的權力下放。被征服的地區必須納入統治版圖，以增進帝國的整體國力與繁榮。君王們不在京城或領兵出征在外時，不但需要確保其轄境內的穩定，更要使麾下軍隊與臣民食物、貨物供應均可保無虞。交通順暢無阻對於帝國疆界內外的貿易至關緊要，同時能保障因商業貿易而產生的稅收。修造宮殿與建造宗教神廟，需要由被征服的領地內大舉動員勞動人力——中國明朝時修建萬里長城，或高棉帝國挖鑿運河時的動員，更是有過之而無不及。

因此，一旦他們將一塊地區納入掌控，統治者們就會軟硬兼施，在強行實施同化時進行某種程度的懷柔措施。統治體系需要徵召、運用臣民當中那些最具才智的菁英。蒙兀兒帝國皇帝阿克巴統治著西迄阿富汗、東至南印度的遼闊疆土，便推行一項政策，將征服地區的王公親貴吸收進入行政體系中，並且容許他們在原來的領地內繼續扮演活躍的領袖角色。他宣稱「眾人共享和平」，並且允許宗教信仰自由。由於皇帝如此高瞻遠矚、統御萬方，帝國的官方史家將他描述為半神半人的開明君父。

鄂圖曼土耳其帝國的建立比蒙兀兒帝國為早，享祚卻更長；這個帝國可以被看作由一連串的同心圓所構成：接近中心的是其核心區域，較偏遠的省分及更近邊境處則是附庸的衛星國或從屬城邦。一二八一到一九二二年，建都於君士坦丁堡／伊斯坦堡的歷代帝王之所以能享國如此之綿長，據學者蓋博．雅果斯頓（Gábor Ágoston）寫道，都要歸因於他們「數百年來對於信奉不同宗教和說各種語言的土耳其人、希臘人、庫德族人、斯拉夫人、匈牙利人、阿爾巴尼亞人及阿拉伯人所採行彈性、務實及相對容忍的做法」。

等到帝國鞏固自身的統治後，一般而言，當局便會施行一套連結下屬臣民的法律秩序和官僚體系，這套系統即便在日後貪汙腐敗開始盛行、中央勢力式微時也依然持續運作。要是懷抱著事業雄心的年輕人加入文官體系或是精銳的宮廷禁衛軍，帝國也為他們提供錦繡前程的遠景。對於藝術家、建築家及城市規劃學者來說，帝國的京城與宮廷提供了他們揮灑創意與實現成就的場域。本書的各章將會很突出的證明這一點：從宏偉莊嚴的泰姬瑪哈陵（Taj Mahal）到吳哥窟；從鄂圖曼帝國精緻絕倫的細密畫、明代中國的絲綢絹畫，到日本的浮世繪。十六世紀伊朗薩非（Safavid）王朝的歷代統治者造就了融合繪畫、地毯、書法、紡織、金屬製品、書冊裝訂與詩作於一體的偉大藝術成就；他們運用受其征服土地的資源，來頌揚波斯更加偉大的榮耀。

到頭來，這套制度和所有帝國一樣，仍然仰仗自上到下施行的統治，而這樣的統治的背後，又是由看似所向無敵的軍隊作為後盾，以殘酷報復來恫嚇任何膽敢反抗其統治的勢力。阿克巴在位時或許以寬仁為治，但是他的帝國乃是仰賴前面歷任更為黷武的皇帝征戰討伐所打下的江山。成吉思汗開創了所有帝國當中版圖最廣袤的一個，他以宗教的光環結合嚴酷的現實，替上述做法定下基調。在一次征討告捷之後，他警告道：「我是上帝所遣的懲罰，」

接著他又補充說，倘使那些遭他擊敗的穆斯林未犯下數項大罪過的話，「真主便不會送來如此之懲罰。」他在病榻前，對諸子與將領留下遺言，要求他們將一場對付中國叛黨的戰事繼續進行下去，直到敵人「重殘聽命，無還手之力」為止。❶

帝國的開創者與他們的後裔，對於「征服」這項使命從未有過任何懷疑；征服被視為強者天賦的責任，而經由戰爭討伐獲得的土地，則是統治家族的個人財產。建構權力之途紛然歧異，獲取權力有時近乎偶然，也有如吳哥王朝的闍耶跋摩二世（Jayavarman II）那樣，處心積慮精心策劃，並以統御四海的「轉輪王」自居。但是，無論君主是如何攀上權力頂峰，據有大位者可以任憑己意，隨心所欲。而即便這些帝國已經在內部建立起權力平衡的機制，權力的根基還是來自專制帝王的權威。膽敢挑戰皇帝的意志，將犯下謀逆大罪。

這樣的家父長威權體制，在肇建帝國的開創者辭世以後，內部很容易爆發爭奪權力的衝突，這一點體現了以君主個人作為體制的黏合劑，既具備力量優勢，也有脆弱的缺點。皇親國戚、受寵佞臣、后妃妻妾等都會破壞有效統治，尤其是當王朝興衰的循環來到了軍事失敗、經濟蕭條或自然災害嚴重的時期，更會嚴重削弱原來的統治基礎。各種倒行逆施、一意孤行也讓統治者們走上適得其反的毀滅道路。明代後期就有過數次，因為皇帝年幼，無法執掌朝廷大權，或是將權力完全交由宦官行使，造成政治動盪混亂。而蒙兀兒帝國，在大力提倡藝術、接受外國影響的皇帝阿克巴在位一個世紀後，當時在位的皇帝奧朗則布

（Aurangzeb）奉行伊斯蘭教法，同時堅持大動干戈，討伐南部叛軍，結果是過度耗用了帝國的國力。用兵接連失敗也導致鄂圖曼帝國陷入長時期的混亂狀態，用雅果斯頓的話來說，就是「統而不治」（reigned rather than ruled）；而約在同時，信奉伊斯蘭教什葉派的波斯薩非王朝正飽受愈演愈烈的內部派系紛爭與朝廷大臣的財務需索，還要加上外來的多起軍事威脅，直到王朝首都伊斯法罕於一七二二年被阿富汗人攻陷為止。

一九四五年遭到毀滅性打擊的日本，是本書所提到七個帝國之中的最後一個，也代表亞洲地緣政治強權時代的終結。鄂圖曼帝國在第一次世界大戰之後淪為戰敗國，隨後四分五裂，於一九二三年由土耳其共和國取而代之。中國最後一個帝制王朝──大清帝國，經歷了長時間的衰頹，在一九一二年黯然退位。英國人於一八五八年罷黜了印度蒙兀兒帝國的末代皇帝。時間更早的幾個帝國，如吳哥王朝和薩非王朝，只存在於民族的集體記憶之中，政權早已不復運作。全球在經歷一系列最具破壞性的衝突之後，形成由美國與蘇聯兩大強權主導的對抗格局，雙邊陣營各自擁有許多國家助陣。當共產主義集團於一九九〇年前後崩潰之

❶ 譯按：照《元史．太祖本紀》，成吉思汗臨終遺詔，命諸子假道於宋，攻滅金國：「金精兵在潼關，南據連山，北限大河，難以遽破。若假道於宋，宋、金世仇，必能許我，則下兵唐、鄧，直擣大梁。金急，必徵兵潼關。然以數萬之眾，千里赴援，人馬疲弊，雖至弗能戰，破之必矣。」

時，有些人預言歷史即將終結，西方將大獲全勝。

三十年過去，世界局面與上述預言大不相同，亞洲尤其如此。中國已然成為世界第二大經濟體，而且在國際舞臺正持續擔當角色，正如中國的領導人習近平所宣示，中國即將站上國際舞臺的正中央。日本位居世界第三大經濟體，其政府顯現出亟欲打破一九四五年和平憲法對日本參與國際活動和軍事角色所設下的限制。印度有望成為一個大國，其人口很可能在不久後就會超過中國。東南亞各國則雄心勃勃，充滿活力。至於今天的伊朗，則和當年薩非王朝時一樣，聲稱反對信奉遜尼教派的國家——以及美國。土耳其在一位風格與當年鄂圖曼帝國極其類似的領導人帶領之下，業已建立新的民族自信心。隨著各種成長率大幅飆升，許多預測均指出二十一世紀將會屬於亞洲，供應鏈將各個經濟體串聯在一起，以一種西方未曾見識過的方式展開新技術的競逐。

這當中有不少屬於二十一世紀的時代因素，不過昔日帝國留下的遺緒仍然顯而易見。規模、人口和經濟分量全都至關緊要；同樣的，亞洲各國領導人個人特質所造成的影響力，也讓人回想起昔日帝國的歲月。比如習近平各種援引馬克思主義的姿態，儼然是昔日帝國重中「天命在我」的新版。當代日本的統治階層，與之前軍國主義擴張階段的政要均有親屬關係；天皇陛下仍舊安坐於菊花寶座之上，而日本政府在二〇一八年還大肆慶祝明治維新一百五十週年。在印度，執政的「印度人民黨」（Bharatiya Janata Party）回顧從前民族的光榮年代

（即使當時的統治者其實是穆斯林，而不是印度教徒）。在土耳其，喚醒過去偉大時代的動作也益發明顯。

當西方霸權已不再是不容挑戰、全球局勢分崩離析成為常態之時，世界在很多方面似乎又重新回到從前那個時代，也就是本書所述那個帝國崛起與繁榮的年代。從前與現在當然大相逕庭，可是也有相似之處。對於那些試圖形塑歷史來為當前目的服務的領導人來說，過往並不是另一個國度，而是當代敘事之中不可或缺的一部分，通常還是相當重要的組成部分。因此，本書中關於亞洲各大帝國的敘述非但引人入勝且具有權威性，同時還能為我們理解今天的世界提供知識層面的基礎。除此之外，本書還向我們證明：建立並維持一個雄視國際的強權，其間的複雜到何種程度，在這過程之中，存在著多少偶發因素——而這些帝國，又是如何踏上實現壯志雄圖之路，直到它們擴張過度，失去了賴以維繫團結的根基，導致最後的分崩離析為止。

INTRODUCTION

亞洲帝國的獨特性

The Distinctiveness of Asian Empires

吉姆・馬賽羅
（Jim Masselos）

The Great Empires of Asia

亞洲曾出現多個大帝國。當中幾個最偉大的帝國繁榮昌盛，在過去這一千年來，統治著廣袤的土地與眾多的人口，直到歐洲強權於二、三百年前進入這個地區時為止。這些亞洲帝國當然絕不是全球同時期唯一的王朝，但它們是主導世界的力量，當中還有些帝國曾占領並吞併了部分歐洲的土地。本書將這些帝國看作是亞洲獨特的經驗與事業來加以介紹。在本書中，亞洲是這些大帝國馳騁的舞臺，而不是後來被歸入歐洲強權帝國體系之中的大陸。在過去一千年當中的大部分時間裡，亞洲的大王朝主導了世界政治局勢，而且正是這些亞洲帝國，持續對歐洲各國構成挑戰，而不是顛倒過來，由歐洲各國挑戰亞洲王朝。下面各章將共同探討上述史實的成因，並對這時期構成亞洲各大帝國的人物、事件及其影響，提供饒富洞見的觀點。

由於亞洲的幅員廣闊，有多種多樣的文化、宗教及社會，亞洲大陸上出現的帝國應該有著高度多元的樣貌，自然也在情理之中。崛起於亞洲的帝國，和出現在其他地方的帝國一樣，是發號施令的中心，有自身關切的重心與精神氣質。在亞洲歷史上只出現過一

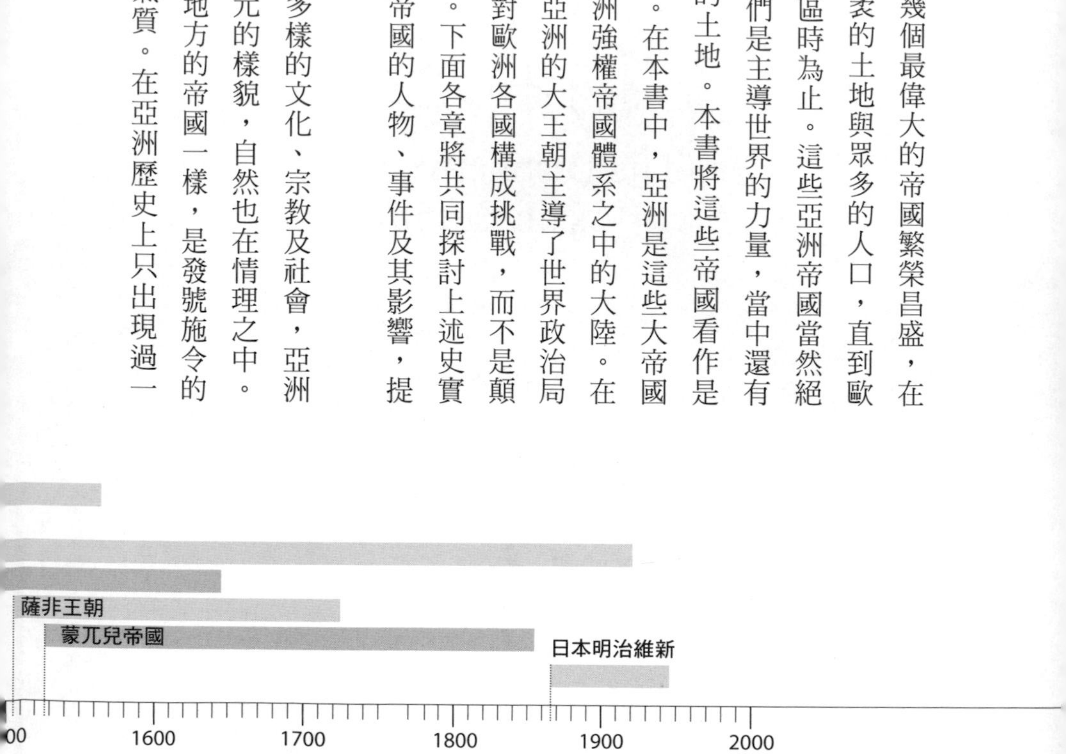

次，由蒙古帝國這個單一強權統治了大陸上的大片疆域；但是蒙古大帝國僅維持了不到兩百年即告裂解，而且即使是在全盛時期，仍有許多區域，像是日本和南亞、東南亞，不受蒙古的影響與支配。但是，在蒙古帝國冰消瓦解之時，其留下的遺澤之深刻，或許足以與昔日羅馬帝國或大英帝國對西方世界帶來的影響相提並論。本書接下來的七章就將描述，其他帝國分別在不同時期、以不同方式崛起的故事。鄂圖曼帝國從土耳其、薩非王朝從波斯，分別向外開疆闢土，而蒙兀兒人也在印度建立新王朝。元朝（蒙古人建立的中國王朝）被漢人的政權取而代之，也就是明朝——這是區域驅力與外來併吞力量背道而馳的很好例證。後來明朝又被崛起於中國東北的清朝取代，清人將帝國版圖拓展至更遠的疆域。不過在本書裡，我們主要討論的重心還是擺在明朝。此時期的東南亞各國則不受這些動盪的影響，宗教仍舊具有活力，統治者及其王朝統治結構也一如既往。從高屋建瓴的鳥瞰角度可以看出，在蒙古帝國四分五裂之後，一個多權力中心、多個王朝和帝國在亞洲不同區域同時並存的模式，是如何建立起來的。而同樣能夠看出的，是各個帝國之中蘊

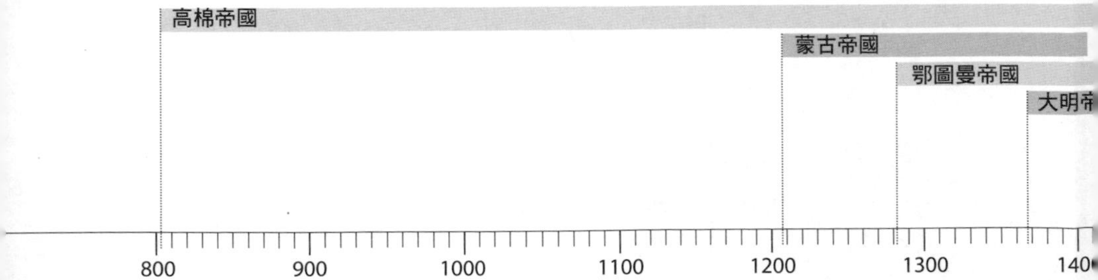

含的中央集權統治模式及溫和中道的統治精神。

因此，這就是本書的撰稿者們所共同探討的內容：這些亞洲帝國在獲取及之後維持統治的過程中，其權力的定位及形式，其基本思想概念結構，以及各國對於文化及文明所做出的深刻貢獻。其他的亞洲帝國或許同樣能夠獲選作為例證，同樣的議題拿來檢視其他不屬亞洲的國度，也許也能夠得出有益的成果——不過它們都不在本書論述的範圍之內。本書裡討論的七個帝國，為檢視這段時期之內國家王朝的統治模式，提供了廣泛而充分的素材；同時，自然也能考察這些帝國統治在亞洲各地（或許是整塊歐亞大陸）的調適與接受程度。顯然，亞洲並無單一整體的族群認同，沒有單一「亞洲民族」，即使連十九世紀時歐洲「東方主義」（Orientalism）偏愛的「亞洲性」（Asian-ness）刻板印象也付之闕如。然而，有些歐亞的遭遇是立足於差異之上。儘管國勢的盛衰很大程度上取決於是否能確保其亞洲領土，橫跨歐亞非三洲的鄂圖曼帝國，伴隨而來大範圍的文化交流，其意義遠超過地理版圖上的跨越三大洲。從另外一層意義來說，日本的明治維新與上述也有可堪比擬之處。日本在接觸西方軍事與統治新技術之後全盤吸收採用，並且用以征服了東亞規模空前的陸地與海域。這些變化多端的帝國型態，可以使我們洞悉，在帝國或王朝結構是主宰統治體系時，它們的體制是如何運作的；同時也可以看見所有偉大的領導者是如何追求有效的統治模式——他們也或多或少得到成功。

帝國的元素

本書七章概括亞洲各大帝國，為這片大陸上各區域主導局面的帝國，開創了一個鮮明生動的全景觀察視野。各章的作者都審視一個特定的帝國及區域，每一章各自都述說一個帝國興衰起落的故事，述說著這個帝國內在的社會底蘊、它傳達出的文化氣質，以及國家組織的本質。雖說這七個帝國各具特色，但大致上說來仍有相似之處，將它們聯繫起來：個別領導人內在的動機驅力、軍事科技或戰略的創新、官僚體系的形成或重塑、吸納臣民，以及帝國的氣質精神與文化思潮。這些章節闡明了這七大帝國間的差異，與此同時還共同指出在這些極為不同的現象中，所具備的相似之處與共同點。

上述這些共通之處有助於查探亞洲帝國的獨特性質。亞洲帝國的大權都掌握在皇帝及其身邊臣僚之手。亞洲帝國的皇帝和十九世紀歐洲殖民帝國的君主不同，後者的權力很大程度上因為議會民主制度興起而受到限縮，而亞洲帝國的皇帝施展權力，幾乎沒有任何拘束（儘管在某些情形下，皇帝的臣僚確實會限制他的行動）。每位亞洲帝國皇帝對軍權的掌握，確保了他個人的權位，也保障其統治疆域不受外敵的侵害。軍事武力無可避免的對帝國生存至關緊要：大部分的亞洲帝國都是陸上強權，廣袤的領土均相互毗鄰連通。只有鄂圖曼帝國算是例外，也因此它需要在地中海建立起一支強大的海上武力。日本則是另一個例外，在十九世紀末、二十世紀初，日本打造出一支西方式現代海軍艦隊，使他們得以縱橫亞洲海域，建立起殖民強權。明代的中國也曾有過水師艦隊，只不過在一段時間後，朝廷便從航海事業抽身。不過，一般而言，亞洲帝國與之後崛起的歐洲帝國不同，它們的疆域實際上並未遠隔重洋、被海隔開。對於幅員廣袤陸上疆土的控制，是這些亞洲帝國的一大特色。

任何帝國從定義上來說，都擁有龐大而多樣的人口，然而亞洲帝國卻掌控了世界上最大規模的人口，當中還包括了種族與宗教信仰差異極大的各個民族。因此，亞洲帝國必然擁有多元文化，而這些帝國在對待被征服的族群、民族和群體時，竟展現出令人驚異的通情達理。帝國肇建之初，其背後動力很可能來自某個特定社會群體的能量，像是宗族、部落等，但是隨著帝國的治理漸趨穩定，政權便益發將社會中不同的群體吸納進入其軍事與行政統治結構之中。因此實際上，這些原來被征服的民族，或至少當中一部分人，在大多數的帝國中已經成為統治機構的一分子。帝國內部的矛盾起於殘酷的軍事行動、猖狂的暴行、大規模的殺戮與破壞。這些矛盾在日後帝國容納各種分歧、並將各群體帶入統治集團時造成後遺症。當然，帝國如果沒有臣民即無法運作，國家的經濟與繁榮昌盛皆有以賴之。農民繳糧納稅，同時也服兵役充實軍隊；商人絡繹來往於貿易路線，確保貨物的互通有無，並協助維持亞洲各大帝國與王國之間的聯繫。這些帝國並非孤立的個體，而是由貿易、外交使節和宗教活動彼此串聯起來。商業貿易在各個層面上為建立聯繫、傳遞無形的思想與有形的貨物提供了管道和途徑。而相反的，帝國之間的勃勃野心，目標與利益之間的衝突也可能產生相互作用，使得局面到最後以戰爭和屠殺收場。

亞洲帝國的皇帝們積攢了極富盛名的財富。這些財富有的花費在浮華鋪張的奢侈擺飾上，也有些是耗用在建設並美化帝國的中心城市上——畢竟，當時世界上規模最大的城市全都位於亞洲。鉅額的金錢用來營造兼具文化、優雅教養及文明的樞紐中心。繁榮昌盛為提倡藝術和科學，以及鼓勵知識思想及創造力的活動提供資金。這些亞洲帝國，除了其他成就以外，還被譽為文化與文明的中心。亞洲帝國的風格，體現在宏偉的建築、精湛的手工藝品、哲學和宗教思想以及當時的科學技術之中。且不論不受拘束的權力及軍事征討帶來何種惡果，每個亞洲帝國的本身就是一件精美的藝術品，是人類文明顯著而獨特的成就。

皇帝與帝國

在本書中頭一個登場的，是史上版圖最遼闊的蒙古大帝國。該章作者梅天穆（Timothy May）提醒我們：在蒙古帝國的最盛期，其疆界東起日本海，西迄歐洲的喀爾巴阡山脈。蒙古帝國真可說是前無古人、後無來者：從來沒有其他帝國能夠打下像蒙古帝國這樣遼闊的疆域，更別說是去統治了。如此爆發式的開疆拓土，這樣強大新帝國的肇建，都在同一代人的手中完成，更增添了這一成就的獨特性。締造此一偉業的人，原先只是蒙古草原上一個小部落的領袖，他在一二〇六年時成為偉大一代雄主：成吉思汗。這個稱號的意思，是「堅定（或猛烈、堅決）的領袖」，而也正是成吉思汗非凡的領導才能、他的軍事天才和堅毅不撓的性格，才使得他將大部分歐亞大陸收入版圖，成為名符其實的世界征服者。

成吉思汗的成就不因他建立的帝國快速崩解而有絲毫減損。在成吉思汗身後，他建立起的大帝國因爭奪繼位，不多久即告四分五裂。然而蒙古帝國為世界帶來的衝擊與影響，卻在之後持續數世紀之久。帝國的若干部分作為存續的政治實體，繼續存在了長短不一的若干時間。例如後來的忽必烈汗，雖然只是帝國名義上的共主，卻在中國建立起了元朝，延續國祚直至一三六八年被明朝推翻為止。在另一處地方，經歷成吉思汗統治一世紀之後，帖木兒繼之崛起掃蕩四方，不過他打下的江山在其過世之後也同樣土崩瓦解。在蒙古大帝國之後，不少小邦和較大的王國相繼在亞洲大陸上出現，直到許多國家遭到併吞，或被迫共組新的國家。這些局面的變換，同樣也是由傑出的領袖促成或維持的。在這一千年間的頭幾個世紀裡，看來一個強悍且精明的領袖似乎是建立帝業的先決條件，只不過這些創業帝王當中，沒有人有辦法達成成吉思汗創下的不世偉業。

帝國在經過征戰殺伐、建立起最高統治權威之後，通常就需要其他的因素和條件來維持、扶持這個靠著軍事勝利建立起來的複雜多樣實體。和帝國開國君主幾乎同樣重要的，是他們的繼承者。要是這些繼承人缺乏統治與保衛疆土的必要能力，那麼原先強大的帝國將會日漸削弱衰敗，最終走向滅亡一途。

一五二六年，帖木兒和成吉思汗的子孫、皇帝巴布爾（Babur）初次征服印度，開創了蒙兀兒帝國。巴布爾原來是中亞一個小部落的王子，他率領麾下精兵南遷，來到沙塵漫天且氣候炎熱的北印度平原。在這裡，他用兵接連獲勝，奠定蒙兀兒帝國的根基，然而他一直魂牽夢縈的，是此生未曾再歸返的家鄉、高牆環伺的御花園，以及溫和宜人的風土。一直到他的孫子阿克巴在位時，雖然也持續嘗試開疆拓土，總算是建立起一套能行之久遠的統治架構，並且在新治理的領地施行合適的政策。凱瑟琳・雅謝爾（Catherine Asher）告訴我們：在這個過程中，阿克巴設法打造出一個精心雕琢的帝國。阿克巴的名字後面常被冠上「大帝」稱號，以表彰他特出的統治能力，不過這實在是多餘之舉，因為阿克巴這個名字本身的意思，就是「偉大」。阿克巴的帝號已經決定了他的歷史地位。開國皇帝的素質或許十分關鍵，但是繼位者的能力其實同樣重要。

核心疆域位於土耳其的鄂圖曼帝國，情形稍有些不同。在這裡，一連出了好幾位英明有為的君主，在蒙古人勢力的邊緣站穩陣腳，接著成功抵擋住了蒙古隨即而來的威脅。於此同時，他們靠著征討四鄰各邦，逐步建立起自己的帝國基業。鄂圖曼帝國蘇丹穆罕默德二世（Mehmed II）於一四五三年攻陷君士坦丁堡（後改稱伊斯坦堡），為他贏得「征服者」的稱號，並奠定帝國霸業的基礎。蓋博．雅果斯頓提醒我們，鄂圖曼帝國在鼎盛時期，其疆域橫跨西亞與北非，並且向歐洲進軍。到了「大帝」蘇萊曼一世（Suleiman I "The Magnificent"）在位年間（一五二〇—一五六六），鄂圖曼帝國統轄了大約二百三十萬平方公里（八十八萬八千三十五平方英里）的土地，其文化與藝術的成就也隨著帝國國勢的創建而達到了巔峰。

波斯也有類似的故事。什葉教派的領袖伊斯邁爾（Ismail）以武力征服底定波斯版圖，成為今天的伊朗。他自立為新王朝的「沙阿」（Shah），也就是統治者，奠定了薩非王朝統治的基礎。蘇珊．巴拜依（Sussan Babaie）告訴我們，在一五〇一到一七二二年間，薩非王朝是怎麼將波斯由原來的封建領地轉變成一個近世世界經濟體，並且締造了一個以藝術和其他成就聞名的帝國。

在亞洲的另一端中國，有另一位偉大的君主建立起一個享國綿長的帝國。朱元璋起來領導抗元戰爭，並且推翻元朝統治、光復漢家天下。他在一三六八年登基稱帝，年號「洪武」，是為明朝開國皇帝。朱元璋之後多位繼承大統的皇帝，有的富有才幹，有些則否。英國史家羅伯茨（J. A. G. Roberts）指出，明代國祚二百七十六年之中所統治的人口，比同時代的歐洲還多。明朝和其他於蒙古帝國之後崛起的王朝一樣，在文化發展上更上一層樓，在科學上也有開拓性的成就，其內涵還有待更進一步的研究。

在東南亞，柬埔寨一帶持續遭遇來自西方（今日泰國）與東邊（今日越南）勢力的挑戰，多位君主以吳哥為中心，努力奠定王朝基業，並抵禦外來入侵。史家海倫・伊比特森・傑瑟普（Helen Ibbitson Jessup）指出，在這些君主之中，首推較後期、十二世紀末的吳哥王朝國王闍耶跋摩七世（Jayavarman VII）。他在位年間，在吳哥和各地修建許多光輝的建築，在高棉一帶地區相互輝映。

帝國的經營

在這樣的時代，個人的雄心壯志和實現雄圖的能力對於建立一個帝國至關重要，但每個準皇帝自然也必須具備軍事能力，而且需要一支強大而訓練精良的軍隊。這一點對於較晚及較前的帝國皆然。日本之所以從十九世紀晚期開始多次侵略東亞大陸，就是倚賴較為優越的武器、軍事組織和紀律，這很大程度上脫胎自西方範例和技術輸入。更早以前，在本書時間光譜的另一端，成吉思汗利用蒙古游牧部落機動性高、善於自衛的特性組建軍隊。他們擁有快馬這項優勢，能夠快速征服大片草原，而且因為大草原並無顯著地形障礙，形同快速道路，更增添其速度優勢。隨著版圖疆域日漸擴大，成吉思汗需要打消帝國軍隊之中各部族和臣民的競逐，並且為新近被他所征服的各民族，在其國家與軍隊之中找到安頓的位置。梅天穆告訴我們，成吉思汗如何透過運用「十進位體系」，將原來純粹部族組成的武力改組成為帝國的軍隊，既摧毀原來部族的效忠，同時也在新建的帝國中塑造一種團結整體的意識。同樣的，成吉思汗建立的行政體系，為新征服地區的人民保留參與的空間，並使他們在一定程度上被新的帝國架構所吸納收容。這麼做的結果，是使原先對氏族、部落、民族和地區的認同至少有部分被吸納進更加寬廣的帝國實體認同之中。

肇建帝國的初始動能通常來自特定族群團體的軍事擴張，取決於他們向外用兵的驅力。不過，帝國隨後要能成功，則需要在某種程度上將這些開國功臣集團合併成新的實體，至少還要再吸納若干新近征服的成員。鄂圖曼帝國擴張後的軍事結構就說明了這一點。蓋博·雅果斯頓認為，在十五到十七世紀之間，鄂圖曼帝國的軍隊已經躋身為歐亞大陸上組織最完善的武力。鄂圖曼帝國的軍隊有一套分層排序的結構，外圈是貴族封邑的省區武力，依序是其他各階層，核心的精銳則是蘇丹的皇家禁衛隊（Janissaries）。就人事安排和秩序而言，這是一套兼顧調適性和彈性的體系。尤其重要的是，這套軍事體系能夠吸收此時期出現在戰場上的軍事新技術，這些新技術將火藥運用在大砲、火槍以及其他形式的早期火器中。軍事組織的革新與對新技術的適應攜手並進，不僅足以開疆拓土、建立帝國，更能維護征討所得成果，並且確保帝國的穩定與賡續。

鄂圖曼帝國的文治體系同樣也臻於完備。這套體系因應特定地區因歷史因素產生的迫切需要，以及其混雜的種族而做出調整。行政部門的實際架構依據和蘇丹朝廷的距離遠近而調整變動。核心區域的行政與外圍地區有所差異。省區及地方的行政機構操在軍事指揮官和官僚之手，後者還兼管一個從伊斯坦堡派來的祕書班子，並維護、掌管保存了數世紀之久、已經成為帝國集體記憶的檔案文書。除此之外，基督徒和猶太教的領袖們被運用擔任各自族群與帝國政府之間溝通的中介角色，因此，儘管未能真正根除宗教之爭，卻緩解了因各種社會習俗與宗教信仰差異而引發的緊張局面。

其他帝國同樣也發展出各自的統治行政架構，將新征服的領地轉變成為在國家統治軌道上運行的行政區。在印度，阿克巴任命麾下的貴族將領出任各省總督，但是他定期將其輪調，以避免這些將領日後尾大不掉，占據地盤，形成世襲藩鎮。他還與拉賈斯坦邦（Rajasthan）從屬各省建立結盟關係，引進傑出的印度人才參加他的政府。其結果是為帝國創造出一個全國性的文治體系，能夠超越在地與受限的範圍，超越特定的族群構成，而能針對人口組成的多元差異進行調適。凱瑟琳．雅謝爾便拿阿克巴作為範例，和鄂圖曼帝國及波斯薩非王朝的情形作對照。在後者的案例中，在戰爭中被俘虜或是透過徵兵招來的非穆斯林，都要皈依改信伊斯蘭教，並且接受訓練，以使他們只對統治者效忠。在亞洲千年帝國歲月最後登場的日本，則試圖運用教育，反覆灌輸民眾它在中國與朝鮮建立嶄新帝國的概念，並採取更加嚴酷的統治手段。以韓國為例，阿麗思．倉重．提普頓（Elise Kurashige Tipton）指出，日本帝國政府便以建設皇國之名，在朝鮮推行工業化和加強同化政策。

大約在此四百餘年前，漢人推翻蒙古統治，建立明朝，同時也恢復了原先的科舉考試制度。羅伯茨指出，科舉考試體系再一次成為任官的主要途徑，同時也成為中央集權之下皇帝拔擢高級官員的人才養成之所。按理來說，科舉取士重視的是才能，而非家世背景或財富權勢，不過這套體系卻也是灌輸儒家價值觀、提倡尊重權威的一種手段。

且不論支撐著帝國行政官僚體系的是什麼樣的價值信念，理清、整頓轄境之內的土地所有權是其主要職責之一。其首要目標，是讓帝國持續得以從土地租稅及稅賦當中獲取收益（對農民和地主階層來說，維持農耕的穩定是重要的附加作用）。官僚機構的主要活動，便是決定從土地抽取的稅額，並且運作一套徵收稅賦的機制。從土地抽取的稅收使國家行政機構得以運作，讓帝國與皇家維持富麗堂皇的門面和威儀。隨著帝國局勢穩定，官僚機構以種種不同的方式來處理賦稅問題，有時候是運用先前就存在的收稅慣例，有時則施行土地改革。在柬埔寨，高棉人還面臨另一個更加複雜的問題：由於該國經濟以栽種水稻為主，因此必須確保供水無虞。於是，高棉王朝的歷代君主採行了所謂的「水力經濟」（hydraulic economy）。也就是當局控制了水道，並運行一套（大部分）具有高效率的灌溉系統，得以保障其治下臣民及自身的繁榮興旺。

帝國的進步

帝國具有非凡創造力的時期，是繁榮穩定的治世所帶來的紅利：諸如大規模建設計畫、藝術工藝的大量創作、著作典籍、科學論述及辯論的編寫纂修，以及科技的進步發展等等。若干世界史上最偉大、最精緻的藝術或建築，都是成就於帝國的鼎盛時期。今天我們見到的萬里長城，儘管其起源可以追溯到西元前二世紀，實際上就是在明代時建成的。雖然長城的興築目的是戰略防禦的需求，而非彰顯君王聖德，但它仍舊名列世界上最知名、最顯眼的建築。蒙兀兒皇帝沙阿賈漢（Shah Jahan）為摯愛的亡妻建立泰姬瑪哈陵（Taj Mahal），這座陵墓的美輪美奐成為後世描述浪漫愛情時永恆的形容詞語。在柬埔寨，高棉王朝歷代君王於吳哥窟和其他各地興築的大型寺廟建築，結合了大乘佛教的精神與在地王權的概念，所形成的雄奇壯偉格局，至今仍然迴盪於世界的想像之中。在波斯，伊斯法罕的大清真寺及各雄偉建築物具有同樣震撼人心的效果，鄂圖曼帝國在伊斯坦堡修造的壯觀建築亦然。這些古蹟有著多項意義，它們既體現出當時帝國的富強、品味與美學鑑賞層次，也是這些帝國財富與國力的展現宣言。今天我們從好幾個世紀後回顧它們，這些雄偉建築同時也是帝國立國精神、統治者價值觀和宗教信仰模式的一種展現。

其他藝術與科學成就亦然。亞洲各帝國在文學、藝術、科學所達成的進步，以及在形而上的哲學與宗教信仰的論辯，均可洋洋灑灑載於史冊。帝國獎助創作，有助於創造出新的文學、藝術形式與體裁，波斯和印度的繪畫就是顯例。皇帝阿克巴鼓勵其御用畫院的畫師，將版圖內外的各種主流繪畫形式融於一爐，開創出獨樹一幟的新蒙兀兒畫風。歷述艾瑪扎（Hamza）一生傳奇冒險經歷故事的同名畫卷系列《艾瑪扎納馬》（*Hamza Nama*）具有開創性意義，就是頭一個顯例。在波斯，開創薩非王朝的沙阿伊斯邁爾一世，為了其子太美斯普（Tahmasb）王子而下令繪製的插圖版敘事史詩《列王紀》（*Shahnama*），更是讓波斯繪畫成就登上無與倫比的高峰。這些繪畫和前述的雄偉建築一樣，也滿足了多重目的。這些繪畫作品的出現，代表帝國統治者的鑑賞品味，以及帝國有足夠的財力和物力，可以挹注提倡此一所費不貲的事業。有些畫卷描繪的是影響重大的史詩或民俗傳說故事，有些則是記錄下皇帝統治疆域內的環境與風土。其他的記載則是王朝的歷史，誇耀其優越崇高，譬如在蒙兀兒帝國的繪畫中，就描繪從帖木兒到現任皇帝的長列帝系傳承，或是皇帝站在世界的頂端。正如君王時常採用的「眾王之王」稱號，這些繪畫也在宣揚帝國的優越與崇高——以及王國的核心價值。

本書各章清楚顯示，在這幾個大帝國的鼎盛時期，在美術、裝飾藝術及知識學習等方面，都充滿了創造力和進步。然而，創造力和知識上的努力並非純粹是為了自身。它們同時也因應帝國統治者本身的需要，以及君王統治之下程度不一的專制政治需求。這些亞洲帝國在其繁榮昌盛的年代，本身就是巧奪天工的創造物，即便它們日後將會隨時間流逝而萎縮凋零，而被其他國家或強權推翻或取代。然而它們蓬勃發展所帶來的影響是持續而長久的，不會輕易、迅速消失。

CHAPTER 1

中亞：蒙古大帝國

（1206–1405）

Central Asia: The Mongols 1206-1405

梅天穆

（Timothy May）

蒙古帝國興起於十三世紀的蒙古大草原，之後使世界版圖徹底產生改變。蒙古帝國名列亞洲最重要的王朝，自然也成為世界舉足輕重的大帝國。蒙古帝國的版圖，由日本海延伸至喀爾巴阡山脈，在當時及之後，一直都是史上領土毗鄰的最大陸地強權。然而，蒙古帝國帶來的重要影響，並不只在其版圖廣袤而已：它在歷史上的地位，以及其建立的制度，都足以彪炳史冊。

成吉思汗崛起

蒙古帝國的崛起發軔於蒙古大草原這個大熔爐，期間過程艱辛備嘗。四處征討，並且統一草原上的蒙古及突厥各大小部落，是為第一階段。鐵木真（一一六二－一二二七）一開始只是草原上一個小部落的首領，但是他的各項本領及領袖魅力逐漸贏來眾人的追隨。鐵木真先是成為克烈部（Kereits）可汗脫斡鄰勒（Toghril，卒於一二〇三或〇四年）❶的「那可兒」（nokhor，「伴當」或是諸侯之意），克烈部是當時中亞草原上勢力最大的部落。在鐵木真還是脫斡鄰勒屬下一部之時，他已經因為才能出眾，而成為蒙古各部中的主要領袖人物。由於鐵木真的勢力益發雄厚，引來王汗其他支持者的妒恨，於是使得兩人關係決裂，最後兵戎相見。雙方的衝突在一二〇三年到達最高峰，鐵木真最後勝出。

到了一二〇六年，鐵木真已經一統蒙古各部，組成一個超大規模部落，翻成英文，勉強可稱作「大蒙古國」（Khamag Mongol Ulus）。鐵木真將各部原有的世襲傳承打散，重新組織社會結構，以十進位體系將族人編成軍事組織（即十人隊、百人隊、千人隊）。他這麼做的目的，在於為這支游牧民族打造出齊一而超越效忠舊有部落的族群認同。這一過程最終創造出了蒙古民族。不但如此，鐵木真還對軍隊灌輸嚴格的紀律意識。雖說到了一二〇四年時，鐵木真已經打敗所有的競爭對手，但一直要等到一二〇六年，他才被臣民們尊奉為蒙古唯一的統治者，並上尊號「成吉思汗」，意思是「堅定」、「猛烈」或「意志堅決的統治者」。[1]（在英語世界中，將成吉思汗拼寫作「Genghis Khan」是不正確的。）[2]

蒙古帝國關鍵年表

一一六二年	成吉思汗誕生。
一二〇六年	成吉思汗統一蒙古各部。
一二〇九年	征服西夏。

❶譯按：中文史料稱為「王汗」。

一二一一—三四年	蒙古征討、滅亡金朝。
一二一八年	花剌子模（Khwarazmian）於訛答剌（Otrar）殺害蒙古派出的商隊。
一二二一年	印度河之役，成吉思汗滅花剌子模。
一二二七年	蒙古第二次西征，回師滅西夏，成吉思汗駕崩。
一二二九—四一年	窩闊台汗在位。
一二三六—四一年	蒙古西征西亞草原各部，攻克俄羅斯各邦，並入侵歐洲。
一二五一—五九年	蒙哥汗在位。
一二五六年	滅伊斯瑪儀阿薩辛（Ismaili Assassins）教派。
一二五八年	旭烈兀（蒙哥之弟）大掠巴格達。
一二六〇年	阿音札魯特（Ayn Jalut）戰役爆發，埃及馬木留克（Mamluks）軍在敘利亞擊敗蒙古軍團。
一二六五年	蒙古帝國分裂為四大汗國。
一三三五年	伊兒汗國瓦解。
一三六八年	蒙古人退出中國。
一四〇五年	帖木兒駕崩。

蒙古人很快就開始向外開疆拓土，先是於一二〇九年征討由党項人建立的西夏（今天中國的寧夏、甘肅省一帶區域）。接著成吉思汗在一二一一年揮軍攻打位於華北的金朝（一一二五—一二三四）。[3]一開始，沒有跡象顯示成吉思汗打算肇建遠邁蒙古本部的大帝國。從很多方面上看來，成吉思汗創建帝國實為偶然之舉：原先他只是想掃平一直以來在政治和經濟上不斷侵擾草原的各邦罷了。但是這種情勢很快就出現變化。蒙古人初時征討，原是四處劫掠，隨著軍事進展所向皆捷，他們開始駐守遭蒙古鐵蹄蹂躪過的領土。不過，儘管到了一二一五年時，蒙古對金朝用兵取得令人震撼的勝利，拿下大部分金朝的領土，金人對蒙古的抵抗仍然持續到一二三四年，即成吉思汗駕崩七年以後方告中止。

蒙古在中亞草原上的擴張始於一二〇九年。當時蒙古人出兵征討反對成吉思汗統治地位的部落首領，因為這些首領在蒙古草原上已構成他統治的威脅。蒙古大軍接連告捷，便獲得新的領土。好幾個較小的邦國，例如塔里木盆地的畏兀兒回鶻諸部，便向成吉思汗稱臣，尋求庇護。到了後來，蒙古人發現他們已經締造了一個疆域廣袤的大帝國：其邊界不只與中國毗鄰，還和中亞的伊斯蘭世界接壤，當中包括領土橫跨今日中亞、阿富汗和伊朗的花剌子模帝國。[4]

一開始時，成吉思汗尋求和花剌子模建立和平的貿易關係。但是當花剌子模邊城訛答剌的總督殺害一支蒙古派出的貿易商隊後，情勢陡然生變。在試圖以外交手段解決此事不成以

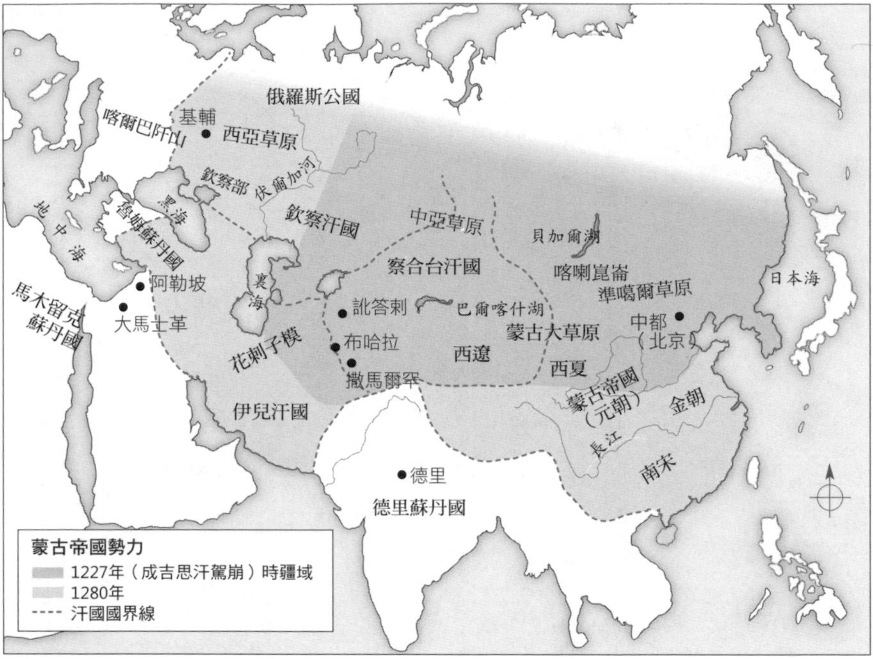

蒙古帝國勢力範圍圖

圖中標示的區域，為成吉思汗建立的蒙古帝國版圖，以及在他的孫兒蒙哥汗死後，分裂為四大汗國的疆域。

後，成吉思汗決定在華北留置一支象徵性的部隊，於一二一八年將大軍主力回師征討花剌子模。

拿下訛答剌以後，成吉思汗兵分多路，同時攻打花剌子模多座城市。由於花剌子模軍隊分布守備多座城市，該國沙阿（君主）摩訶末二世（Muhammad Khwarazmshah II）遂不敵更具機動性的蒙古大軍。該國信仰伊斯蘭教的人民不僅將他們戰敗看做是在軍事上遭到征服，更認為這表明真神已經棄絕了他們。蒙古人確實在傳播這種看法。當成吉思汗拿下布哈拉城（Bukhara）、登上該城的星期五大清真寺講壇時，做了如是宣示：

人們啊，須知你們犯了大罪，而且你們當中的大人物犯下這些罪行。如果你們問我，我說這話有何證明，那我說，這因我是上帝之鞭的緣故。你們如不曾犯下大罪，上帝就不會把我作為懲罰施降給你們。[5]

沙阿摩訶末眼見疆域之內諸城逐一陷落，最後不得不棄國逃亡，有一支蒙古軍隊在後緊追不捨。他成功甩脫追兵，逃到裏海中的一座小島裡躲藏起來，於一二二〇或二一年死於痢疾。摩訶末之子札蘭丁（Jalal al-Din）在今天的阿富汗境內試圖重振花剌子模，但是一二二一年在印度河畔再次遭到成吉思汗擊潰，札蘭丁被迫逃入印度，於一二三〇年死去。

現在吞併花剌子模的時機已然成熟，可是成吉思汗卻頓兵於阿姆河（Amu Darya）以北，很明智地沒有過度延伸他的兵力。他接著回師蒙古，準備平定在西夏爆發的亂事。蒙古軍隊在經過休整後，於一二二七年包圍其京師中興府。成吉思汗在圍城期間駕崩（或許是因為昔年他狩獵時不慎墜馬所受的舊傷所致），但他仍命諸子繼續統領軍隊攻打西夏。甚至，在成吉思汗臥於病榻時，還指示諸子道：

成吉思既虜了唐兀惕百姓，殺其主不兒罕，滅其父母子孫。教但凡進飲食時，須要提說：「唐兀惕盡絕了。」[6]

成吉思汗組建起來的軍隊，是蒙古得以向外擴張的關鍵。蒙古軍隊作戰及運作的方式，是其他中世紀的軍隊無法複製的。從本質上來說，它的運作與近代軍隊相當類似：跨越數條戰線、同時有多個軍團獨立作戰，但是彼此間又維持良好的協同聯繫。同時，蒙古人還接受總體戰的概念。唯一的目標是擊敗敵人，為此可以使用任何手段，包括使詐和詭計。知名的旅行家馬可．波羅（Marco Polo）有以下這番觀察：

事實上，他們是強壯和勇猛的戰士，適合於戰爭。可以想像，當敵人看見他們逃跑時，就會以為自己已經勝利了，而實際上敵人已經戰敗了。以這種方式，他們贏得了很多場戰爭。[7]

成吉思汗身後的蒙古帝國

成吉思汗的三子窩闊台（一二四一年駕崩）於一二二九年承襲大汗之位，他繼位之後立即恢復伐金的軍事行動，並於一二三四年滅金。成吉思汗之前曾宣稱自己是上帝降下的災禍，而窩闊台則宣揚，「長生天」要蒙古人來統治天下。每逢出兵征討一地方之前，蒙古人會派遣特使前往致送文書，表示長生天已降敕，要蒙古人統治世界，各邦各國宜派王子到蒙古王廷朝覲，以表臣服。倘若有膽敢拒絕效順臣服者，蒙古不但將之視為叛逆之舉，更是違背長生天的旨意。這個過程得到由多個民族組成的官僚體系協助，官僚體系由長期被蒙古人征服的各民族菁英構成，當中除了蒙古人，還包括中國漢人、波斯人和畏兀兒人等。因此，蒙古人的敕諭可以一式三份，以三種不同語言文字翻譯和遞送，這樣一來，就有很高的可能，在其他國家的朝廷中，有人能夠看得懂他們的書信。

窩闊台派出軍隊往各方征討，以實現他統治世界的目標。窩闊台御駕親征，率軍攻打金朝，另一支軍隊在將領綽兒馬罕（Chormaqan，卒於一二四一年）的帶領下，陸續征服伊朗、亞美尼亞和喬治亞等地。於此同時，一支蒙古大軍在大汗之侄、王子拔都（一二二七—一二五五在位）與名將速不台（一一七六—一二四八）統領，踏上西征之路，先後征服俄羅斯公國、黑海及裏海海濱草原各邦，然後入侵匈牙利與波蘭。可能由於接到窩闊台汗於一二四一年駕崩的消息，蒙古大軍不打算留兵駐守匈牙利與波蘭，在撤兵回師前將這兩地大肆破壞。

經過一段為時頗長的繼位之爭後，窩闊台汗之子貴由於一二四六年繼承大汗之位。在汗位虛懸的過渡時期，貴由之母脫列哥那（一二四六年逝世）臨朝稱制，擔任攝政。貴由親政不久，即於一二四八年駕崩，在征討四鄰大業上建樹不多。他駕崩後，由遺孀斡兀立海迷失（卒於一二五〇年）代攝朝政，但是對於選舉新任大汗的貴族軍政會議❷卻大意輕忽，不予理會。她的輕忽引來一場政變，蒙哥（一二五一—五九在位）得到大多數成吉思汗後嗣貴冑的擁戴，於一二五一年繼任大汗。蒙哥在位期間，蒙古大軍再次踏上征途。蒙哥和御弟忽必烈（一二九四年崩）率領大軍向立國於長江以南的南宋（一一二六—一二七九）進攻，與此同時，大汗的另一位兄弟旭烈兀（Hulegu，一二六五年卒）則帶領另一支軍隊西征中東。

一二五六年，旭烈兀的軍隊成功的剿滅了位於伊朗北部的回教什葉派組織伊斯瑪儀（Ismaili）教團，這個組織又名阿薩辛（Assassins）。[8] 波斯紀年史家志費尼（Juvaini）在蒙古朝廷裡任職，為了眾人畏懼的阿薩辛遭到剿滅而深感慶幸，因為該教派運用暗殺為手段，震懾並延伸其影響力到中東部分地區。志費尼寫道：

> 被他們罪惡所汙染的世界也因此而得到了清淨。如今旅人們往返此一地區，不會再感到害怕或恐懼，也不必因支付過路費而深感不便，他們為此祝禱，為那位將該教派根基連根拔起、不留子餘的幸運之王祈福。[9]

旭烈兀接下來移師攻打巴格達的阿巴斯王朝（Abbasid Caliphate）。該國的哈里發

（Caliph，即國王）在名義上是伊斯蘭教遜尼派（Sunni Islam）的領袖，他雖拒絕向蒙古大軍臣服，對於守城卻拿不出方法。蒙古人縱兵劫掠巴格達，處死哈里發，在一二五八年廢黜哈里發在遜尼派中的地位。旭烈兀遣兵攻打敘利亞，成功拿下阿勒坡（Aleppo）和大馬士革兩城。然而，在接獲蒙哥大汗在攻打南宋的戰事當中身亡的消息後，旭烈兀將麾下軍隊主力於一二五九（或六〇）年撤出敘利亞。就在此時，埃及的馬木留克蘇丹國（Mamluk Sultanate）出兵襲擊蒙古留在敘利亞的駐軍，於一二六〇年在阿音札魯特大破蒙古駐軍。隨著蒙古帝國在蒙哥駕崩後陷入分崩離析的內爭，旭烈兀再也無法收復敘利亞的失土。他的注意力大多投注在黑海、裏海周邊草原（即所謂金帳汗國，Golden Horde）與中亞地區的蒙古各部內戰當中了。

除了必須要是成吉思汗的後裔之外，蒙古大汗的汗位繼承沒有明確的規則，因此欲得汗位者經常發生戰爭。在蒙哥駕崩之後，他的兩個胞弟為了爭奪大汗之位而爆發內戰。最終由忽必烈在一二六四年擊敗了阿里不哥奪得汗位，但是這場內戰對於蒙古帝國領土完整性造成極大的傷害。儘管其他各汗國的貴冑表面上承認忽必烈為帝國大汗，然而他的影響力在蒙古與中國之外逐漸減弱。忽必烈在中國建立大元王朝（一二七九－一三六八），他的後繼者也以元朝皇帝的身分統治，與元朝最為密切的盟友，則是旭烈兀及其繼承者。旭烈兀建立的王

❷譯按：忽里勒台，或稱「庫力台」。

國稱為伊兒汗國（Il-Khanate），統治今日的伊朗、伊拉克、土耳其、亞美尼亞、亞塞拜然和喬治亞等國之地。中亞草原則由成吉思汗第三子察合台的子孫統治，不過他們通常都淪為海都的傀儡。海都是窩闊台之後，也是忽必烈爭奪汗位的對手。此時在俄羅斯、黑海及裏海周邊草原地方，則是成吉思汗長子朮赤（Jochi）的子孫掌權。這個國度通常被稱作金帳汗國。

隨著蒙古帝國的分崩離析，其他地區找到獨立的機會，比如高麗。不過，高麗在此後也必須小心謹慎——他們一面對推翻蒙古人的明朝表示恭謹，同時還得尊重北元。北元就是元朝退回蒙古草原後的稱號，仍然控制今日的外蒙、內蒙和部分東北地區（也因此與高麗接壤）。很多學者認為，由於蒙古人入侵帶來的大規模燒殺破壞，很大程度上促成了韓國民族與文化意識的提高。

蒙古帝國的軍隊

蒙古人迅若風雷而又橫掃一切的征服，往往掩蓋了真正使蒙古帝國成為強大國家的因素。畢竟以武力征服是一回事，想要有效統治征服地區又須另當別論，尤其在許多地方，當被征服者人數較眾、技術也更為先進時，就更是如此了。蒙古人成功建立起一個大帝國的唯一辦法，是先逐步將各地領土收歸版圖，設置軍事政權管理，嗣後再將統治權移交給文治政府。他們並未過度擴張：蒙古人的征討大軍經常在遠離帝國實質控制的領土之外的地方來回調動。

軍隊是蒙古帝國最主要的組織團體。確實，成吉思汗於一二〇六年統一蒙古各部之後，立即將他麾下的游牧民族戰士重新編組為一支軍隊，此一壯舉到今日仍然無可匹敵。成吉思汗軍事改組的其中一部分，是將草原上的各部轉型成為一個前近代版本的軍事工業社會。成吉思汗將原先與他為敵的部落打散，分散安置到對他效忠的部落當中，以確保這些昔日的敵人不能再起來造反。此外，所有團體都以十進位重新編組。「敏罕」（mingan），也就是千戶，成為組織當中最主要的單位，它不但運用在軍事編組上，同時也施行於帝國組織之中。千戶之下又區分為相應數量的「札溫訥」（jaghun），即百戶；以及「阿兒班」（arban），即十戶。隨著帝國開疆拓土，人口日漸增加，意為萬戶的「圖們」（tumen）取代了「敏罕」，成為政府統治與軍事編組的主要單位。

「敏罕」❸的重要性遠超過軍事範圍，因為配屬於「敏罕」的各戶，不僅需提供戰士兵源，同時還要負責這些士兵的裝備。因此，一個「敏罕」不僅代表一千名士兵，還包括他們身後的一千個民戶。為了編制的穩定，也為了將原來不斷繁衍蔓生的各部族，融合成單一的

❸譯按：又稱為「猛安」。

整體——蒙古族——成吉思汗頒發諭令，任何人不得任意移動。因為這樣，他便消除了原先使蒙古各部處於永無止境戰亂相尋的部落爭端。他還為各軍任命新的指揮官，他們挑選麾下將領時，只看才能而不問血緣出身。將領或官員也會被免去職務，成吉思汗有一次便曾如此表示：

十夫長有不能維持其隊伍秩序者，十夫長獲罪，問及妻孥；自其隊伍中另選一人充任之，百夫長、千夫長、萬夫長擢用罷黜，皆比照如是。[10]

這套十進位體系並非成吉思汗的創發。建立遼朝（九〇七—一一二五）、統治蒙古大部分地方及華北的契丹人，以及成吉思汗崛起之時奄有蒙古中部的克烈部，都曾運用過同一套系統。可是，成吉思汗卻獨樹一幟，將這套系統運用於範圍更廣的社會組織上。

除此之外，成吉思汗還創設了「怯薛」（Keshik），也就是近衛隨扈隊。這套班底後來不但成為培訓他麾下將領的地方，還兼栽培日後統治各地的總督人才。「怯薛」拱衛大汗，分為宿衛、散班和箭筒士。「怯薛」出身任千戶長者，比非「怯薛」出身的千戶高一級。因此在「怯薛」裡，一名「敏罕」千戶和一般部隊的「圖們」萬戶階級相同。「怯薛」一開始時只有數百名戰士，後來逐漸擴張成一支萬人精兵，當中的一支千人隊經常隨扈大汗東征西討。

「怯薛」不只是近衛隨扈而已。他們還是大汗的管家，從牧養大汗的羊群、提供膳食和給予建議，都屬於他們的職責範圍。各藩屬國和將領紛紛將他們的子弟送入「怯薛」充當人質，這麼做有兩層目的。一來可以確保送子弟入「怯薛」的藩屬和將領行事不致越軌，他們的子弟也能受到蒙古戰爭與行政技能的訓練。這些「怯薛」子弟對大汗的忠誠經得起考驗，如果必要，可以派他們取代其父兄的職位。這樣一來，派駐各地的將領和總督就全都是大汗所熟悉的人。

輕騎兵是蒙古軍隊的主力兵種。確實，一開始時，整支蒙古軍隊都由輕裝騎兵所組成，不過隨著大軍四出開疆拓土，蒙古人也增添了其他兵種單位，當中包括重甲騎兵和攻城工程師。蒙古人並未試圖讓這些部隊像馬弓騎兵那樣作戰，而是允許他們保持自己的戰鬥模式。因此，重甲騎兵得以繼續參戰。不過，也有些團體，像是俄羅斯人，放棄了他們舊有的方式，在戰術與穿著配備上，都改採蒙古的做法。蒙古人在征服若干民族以後，靠著徵用的方式，得到製作攻城器械的匠師，不過當中也有人是自願參軍。起初，蒙古軍隊很少使用步兵，然而到了後來，在不適合騎兵作戰的地方，例如滿布丘陵和水稻田的華南地區，蒙古人開始重度仰賴步兵作戰。

儘管「敏罕」從未解散，蒙古人後來卻創設了新的編制。這些部隊稱作「探馬赤軍」

（Tamma），於該軍中服役者稱為「探馬赤」（Tammachin），他們駐守邊境，在帝國擴張的過程中扮演關鍵角色。他們的目標十分明確，就是要保持對駐防地區的控制，並將蒙古的勢力與影響擴大到鄰近地區。當蒙古大軍展開新一輪的征服戰役時，探馬赤軍往往充當先鋒的角色。

之前我們已經看到，蒙古大軍將已征服部族的武力納編進軍隊中，藉此逐漸擴大規模。這項過程十分重要，因為它不只是擴張蒙古軍隊的規模，同時還藉由將被征服部族的戰士部署到前線，來削弱叛黨潛在的人力來源，如此也使新加入帝國軍隊的部族成為既得利益者。蒙古軍隊裡最重要的外族是突厥人，該族群分布於阿爾泰山脈到喀爾巴阡山脈一帶區域，游牧生活型態與蒙古人相近。實際上，許多例證顯示，不少蒙古軍隊其實是由蒙古將領統率的突厥軍隊。

隨著帝國版圖擴張，蒙古大軍戰爭機器可用的資源與人力也日漸增多。在成吉思汗於一二〇六年受推舉即大汗位時，蒙古軍隊的人數大約是九萬五千餘人。到了一二六〇年時，蒙古帝國的版圖東迄日本海，西抵地中海和喀爾巴阡山脈，可動員的軍隊已達百萬之眾。

政府組織

關於蒙古帝國，有一個常見的誤解是：蒙古人崛起於大草原，是目不識丁的蠻族，他們迅即征服那些先進的文明，但是將治理民政的職責交由被征服者掌理。大致說來，中國官員仍舊在位克盡職責，而帝國各地的總督、治理者只要不給蒙古人造成麻煩及困擾，也都能繼續維持權位。這麼說確實有道理，但是卻忽略了蒙古人統治的複雜性質。帝國各地的治理模式並非全然一致，而是因地制宜有所彈性變更。由於帝國疆域約三千六百二十六萬平方公里（即一千四百萬平方英里），其規模相當於非洲大陸，面對如此遼闊的版圖、文化和語言的差異，蒙古人不得不調整其統治模式以求適應。簡而言之，單一一種治理模式絕不能適用於整個帝國。在政府的高層組織中，存在著若干程度的相似或一致，但是在地方基層上，蒙古人則是不論體制統一與否，只要有效就採用。這並不是指蒙古統治已臻於化境，或是能夠避免貪腐；實際上，他們的統治有時相當壓迫。然而，在我們評估蒙古人的統治時，務必要銘記在心的是：整個帝國在蒙古大汗眼中，根本就是他的私有產業。帝國統治的最高目的，是要供奉大汗和他的皇家成員，而不是為了那萬方臣民。

正是因為這點，蒙古人實際上大幅度地參與了帝國的行政治理。早在蒙古人揮軍踏出蒙古高原以前，他們便已經投注了大量心力來組建新的國家架構。當一二〇六年，成吉思汗以千戶為一單位的「敏罕」重新組織原來游牧社會結構之時，此舉不單是為了軍事目的，更是要組織可以抽稅的基層。不但如此，雖然成吉思汗大字不識，他卻在蒙古親貴當中大力提倡讀書寫字，尤其是宗室親王，因為他認識到治理帝國必須仰仗書寫文字。這就導致了內廷祕書處的創設，該單位以成吉思汗詔命使用的直寫字母，記載帝國的各項政治活動。這種直寫字母至今仍在中國的內蒙古自治區使用，也還在外蒙古教授學生（外蒙已於二十世紀時，在蘇聯的影響下，轉換使用西里爾〔Cyrillic〕字母）。

然而，最後蒙古官員的進用來自兩個群體：皇室宗親（成吉思汗的直系子孫）與「怯薛」（大汗的隨扈親衛）。皇室宗親將整個蒙古帝國看作是他們的共有產業。因此，所有的貴冑在行政階層的各層級都派有代表，以確保其利益不受損害。「怯薛」不但是大汗的貼身侍衛，更是栽培將領與各省總督的訓練中心，後者又稱為「達魯花赤」[4]。大行政區的「達魯花赤」很少不是「怯薛」出身。

帝國上層統治結構由上述兩種團體構成，而在較低的層級之中，則由其他各部族團體各擅勝場，使帝國維持機能。蒙古人向來的做法，是尋求務實的解決問題方案，並且尋找有才能的人進入政府服務。每當蒙古人占領一地，他們便沿用許多該地原來的統治結構與政權人事。這就是為什麼像出身金朝的耶律楚材（一一八九—一二四三）、出身花剌子模（或可能來自西遼）的馬合木·牙老瓦赤（Mahmud Yalavach，卒於一二六二年）及其子麻速忽·貝克

（Masud Beg）還有其他難數盡的人才，都來參加蒙古統治的緣故。對於有才幹的行政官吏，蒙古大汗向來十分禮敬，而且也願意承認統治需要此等人才。不僅如此，當某地領袖不戰而降時，他們通常會受封為蒙古的藩屬，繼續統治該地。從治理的角度上來說，如此一來就使該地的行政甚少受到影響。此舉使後來許多評論者認為，蒙古征服者實際上乃是仰仗各地的行政官吏來治理整個帝國。

確實，大多數的政府官吏都不是蒙古人，但是也有相當一部分的蒙古人參加治理。實際上，擔任大斷事官「札魯忽赤」（yeke jarghuchi）者，就是成吉思汗母親的養子失吉忽圖忽（Shiqi Qutuqtu）。同樣的，非蒙古人也不必是在地出身：帝國之內包含許多民族與文化。知名的威尼斯人馬可・波羅就是一個最好的例子。雖然在馬可・波羅的撰述裡，他將自己描述為一位忽必烈汗朝廷當中的大人物，但實際上他只是一名低階官吏。不過就算如此，他畢竟是在蒙古人統治的中國服務的義大利人，他的同僚裡還有突厥人、波斯人、阿拉伯人和若干漢人。他的旅程中有很大一部分是朝廷委託的公務行程。阿拉伯人在俄羅斯任職，或波斯人在中國為官，並不是罕見出奇的事情。不論任何地方，蒙古人只要需要，就會任用夠格的人才為官吏。再來，他們確實盡量不去改動原本運作順暢的體制。所以，當掌理華北政務的名

❹ Darughachi：譯按：原文為jarghuchi，據《新元史》更正。

臣耶律楚材，向窩闊台大汗證明此地能提供多少財富之後，蒙古人便讓原有制度延續實施。而在中國本部，由於對漢人的不信任，蒙古人偏好晉用「色目人」（也就是出身中國以西者）以及不屬於漢人的女真（來自滿洲）與契丹族人（生活在蒙古及東北遼河流域、朝鮮以北的游牧民族）。

雖然馬可．波羅宣稱自己在蒙古政權裡官居高位不足憑信，不過他正是因為上述這種偏好而獲得任用的。大致而言，傳統的漢人儒家士大夫，如今被撇除在蒙古政權之外。這種局面的出現，有部分是因為蒙古人蔑視儒家思想價值，並且不信任漢人士大夫所致，但也有部分原因出在士大夫群體自身。漢人士子通常拒絕出仕，因為他們認為蒙古人並不尊重儒家治理天下的價值體系，同時還限縮士子能出任的行政官職。許多士大夫選擇隱退，投入治學或藝術創作生涯之中。

儘管蒙古帝國的民政官衙仍然附屬於其軍事組織，不過軍政之間卻合作無間。蒙古軍每征服一地，均先交由軍事長官統治，這類官員稱為「探馬赤」。「探馬赤」負責維護新征服地區的治安和秩序。「探馬赤」的素質差異甚大。他們有的為官清正，有的卻貪婪暴虐。生活在這些軍政長官的轄區裡的各種族，對於他們新統治者的評價，並非總是一致。舉例來說，蒙古人綽兒馬罕於一二三〇年代統治波斯、亞美尼亞、亞塞拜然等大部區域，亞美尼亞人視其為一位處事公正、作風穩健的總督，然而該地區諸多穆斯林臣民卻認為他是個凶殘無道的惡棍。

逐漸的，在軍事征討繼續向前擴展之時，軍政長官的職掌也改由民政總督「札魯忽赤」接手。「札魯忽赤」的助手有三種名稱，分別是「達魯花赤」、「巴思哈」（basqaq）和「沙黑納」（shahna），這三個名稱分別代表其不同的種族語言：「達魯花赤」是蒙古語，而「巴思哈」和「沙黑納」則是突厥和波斯語。雖然官銜在各地有不同的稱號，但職掌則完全相同。這些統管地方事務的官員，通常手中沒有多少軍隊，不過隨著「探馬赤」綏靖地方、然後移駐新打下的疆域，本地通常也不太需要軍隊留駐鎮撫。「達魯花赤」率領一班祕書和其他大小官員，將武力征服的地區整併入帝國疆域。地方的統治者通常也會受封「達魯花赤」的稱號。

擔任這些行政官吏職位的人選，同時也反映出蒙古帝國「四海一家」（cosmopolitan）的本質。鎮戍軍政長官「探馬赤」永遠是蒙古人，不過他麾下的部隊則來自多個部族；與此同時，民政長官「達魯花赤」可能是蒙古人，也可能是其他種族。然而，那些受命掌管較大行政區域的「達魯花赤」，幾乎全數出身自大汗的近衛隨扈「怯薛」。

每當蒙古人征服一個新的領地，他們便採取各項措施，以求建立起有效率的政權。在局面稍微恢復、秩序粗定之後，蒙古人即開始調查戶口。透過戶口調查，他們判斷本地可以出多少壯丁、本地存在何種職業生計，而本地又能提供多少賦稅和貢品。在帝國有需要時提供賦稅和壯丁，就是「達魯花赤」（無論是蒙古人、外來的外族人還是本地統治者）的職責所在。

雖然蒙古人讓許多本地原來的統治者留任，可是這不表示蒙古人是依靠他們才能統治。實際上，蒙古一直透過他們的驛站系統（yam）對各地統治者的情形保持密切的掌握。這個驛站系統的運作方式，與美國西部拓荒時代的「驛馬快信」制度（Pony Express）非常相似。不過兩者之間還是有顯著的不同之處。驛站不受理民間的信函或訊息，專門遞送政府的文書。但是，驛站信差並不是唯一使用驛站的人員。除了他們以外，只要持有「牌子」（paiza）或「秉帖」（geregen）——大致翻譯成「通行證」（passport）——的人員，就可以運用驛站的資源。這些「牌子」有好幾種層級：木質、銅牌、銀牌，最後則是金牌。「牌子」的材質愈貴重，代表持牌者的身分愈重要。信差在各地驛站更換坐騎，還能以持有的通行「牌子」向當地民眾徵用糧食或牲口。在蒙古貪腐統治的時期，出現大肆濫用驛站系統的情形，由於信差擁有諸多特權，對於居住在驛站附近的民眾來說，便成為極度壓迫的弊政。

蒙古帝國的政府機構雖然在管治得宜時極具彈性，但是也因為相當具有彈性，而使得貪腐情形變得無孔不入，民眾則遭受到沉重的剝削壓迫。儘管如此，透過蒙古的驛站系統，各地的情報（包括監控各地統治者的報告），能夠以日為單位，而不是以月來計算，送抵大汗的跟前。

律法統治

任何膽敢違抗大汗旨意的人都有性命之虞，然而即使貴為大汗，行使權力也受到限制。蒙古帝國是依照被稱為「扎撒」（yasa）的律法統治國家的。「扎撒」並不對帝國全境人民一體適用，而只施行於游牧民族。大致說來，只要不與「扎撒」牴觸，農耕民族仍然得以維持他們的傳統及習慣法。這部法典是草原游牧民族傳統與帝國詔令的結合，同時受到成吉思汗的訓言（bilig）的強烈影響。一般認為「扎撒」是成吉思汗的創發，不過以成吉思汗的格言為主要基礎，加以編纂與執行者，是他的養兄弟失吉忽圖忽。「扎撒」和大多數法律一樣，主要基礎是社會傳統與習俗，旨在維護社會的穩定，並且懲罰那些違反規範者。帝國詔令構成律法的另一基礎，不過這些法令必須遵循在傳統背景下的法學判例（但這些在必要時也可以忽略）。大汗個人頒布的詔令與法令也被視為「扎撒」，這樣一來使得事情更加複雜。「扎撒」這個字後來進入波斯語中，意思就是「詔令」，但同時也是處死的同義詞——這顯示出許多「扎撒」條文的內容。

然而，對於帝國詔令帶來更大影響的是成吉思汗的訓言。嚴格說來，成吉思汗的訓言並不是律法。但是，蒙古統治菁英視這些格言為德行高潔適切的典範，遵奉這些格言，或許能影響律法及朝廷的決策。下面引述的這段例子，是關於找出適任軍事將領的格言：

沒有任何勇士堪與﹝也速該﹞巴特爾（Yesugei Bahadur）相比，也沒有人擁有他具備的本領，但是他沒有遭遇過苦難，也沒有受過飢渴的試煉。他以為他麾下的將士能和他一樣耐受磨難，但他們不能。一個有帶兵打仗本領的人，知道什麼是飢餓，什麼是口渴，他可以藉此判斷其他人的狀況，他能夠按照既定的步伐行軍，而不會讓他的士兵感到飢餓或口渴，也不讓馬匹疲憊。[11]

是以，成吉思汗指出，即便是最英勇善戰的勇士，也不能順理成章成為一位偉大的統帥。

不遵奉訓言並不等於觸犯當地的法律，不過這卻可以用來作為指控某人的罪狀，證明此人品行不端。儘管在原始史料當中有諸多訓言的例證，但是假設以書面形式記載的「訓言」的確曾經存在過，現在卻沒有「扎撒」的史料存世。由於「扎撒」主要適用於草原游牧民族，而且也是根據他們早已熟悉的習俗制定，因此很可能大多數人都認為沒有必要以書面記載「扎撒」。蒙古人以外的各族人等，甚至當中還包括若干朝廷官員，並不總是能了解「扎撒」和訓言之間的不同之處。部分原因乃是成吉思汗備受尊崇，以至於至少從外族人士的角度來看，任何他的名言警句幾乎都成為神聖不可違反的律法。窩闊台汗的遺孀脫列哥那攝政，以及她的兒子貴由汗獲推選為大汗期間所發生的事件，就是一個好例子。

在討論貴由汗的登基大典時，在旭烈兀王廷為官的波斯史家志費尼表達了他對太后脫列哥那統治手段的不認同，或許他也不贊成貴由的某些行徑。志費尼首先表示，雖然貴由已經抵達推選新任大汗的蒙古貴族大會「庫力台」會場，國政卻仍舊操持在太后脫列哥那之手，而「貴由既未過問、干預，以促成『扎撒』或慣例的實施，也未就此事與她爭論」。[12] 志費尼接著指出，太后脫列哥那一改由成吉思汗與窩闊台汗建立起來的律法與慣例，任憑自己的欲望行事。貴由身為新任大汗，本可改正扭轉此事，然而當時他卻選擇作壁上觀。不過，在短短幾個月內，貴由汗便與其母生分疏遠。貴由汗母子決裂的原因，雖然沒有決定性的史料以資證明，不過或許太后脫列哥那拋棄「扎撒」、無視成吉思汗的「訓言」，正是箇中因素。

無論怎麼說，一直到十四世紀，也就是蒙古帝國早已於一二六五年分崩離析為四大汗國之後多年，「扎撒」依然施行。隨著時間流逝，成吉思汗的「扎撒」依舊受到人們的敬重與遵守奉行，不過就算它的凝聚效力曾經存在，如今也早已煙消雲散了。總的來說，一直到十七世紀，相傳是成吉思汗制定的律法與傳統，都還是中亞草原各地習俗慣例的核心骨幹。它們一直保有顯著的重要性，甚至到了蒙古人改宗皈依伊斯蘭教時猶然如此。許多蒙古人不是抗拒改奉伊斯蘭教法（sharia），就是將「扎撒」和伊斯蘭教法結合起來，共同遵奉。

衰弱與崩解

自從英國史家愛德華．吉朋（Edward Gibbon）寫出巨著《羅馬帝國衰亡史》（*Decline and Fall of the Roman Empire*）之後，鑽研歷史的師生們都不斷嘗試精確地界定致使某個帝國崩潰敗亡的原因與時刻。然而，如果我們仔細留意，會發現蒙古帝國似乎拒絕被納入這樣的分類標準之中，不像大多數的國家政權那樣，有著明確的開始與收場時間。想要明確標定蒙古帝國的滅亡時間是不可能的，因為它的支脈遺緒在各式各樣的更迭之中又綿延了好幾個世紀之久。事實上，最後一位成吉思汗後裔的統治者到了一九二〇年時，才在今日屬於烏茲別克的希瓦（Khiva），遭到布爾什維克黨人廢黜。[5]蒙古帝國的滅亡最值得注意的是，蒙古之所以走向衰弱，並非出於內部貪腐或外來侵略，而是由於宗室諸子內鬥爭奪權力所致，如此一來也逐漸削弱了成吉思汗提倡的最重要觀念——維持穩定。

通常，致使帝國終結的種子，早在肇建之初便已經種下了。雖然成吉思汗不斷藉由獎賞忠誠、清除敵對陣營領導階層等做法，希冀締造並維持他治下帝國的政治穩定，但是他本人對於「黃金家族」（altan uruk）——即成吉思汗的世系——的關注，卻逐漸削弱了其努力。在統一蒙古期間，成吉思汗掃滅了草原上其他各部的統治菁英，使得整個蒙古只剩下一個貴胄世系，因此能承襲大汗大位者，也只剩下一個家族。按理說，所有成吉思汗的後裔都有繼承大汗的資格，然而實際上唯有成吉思汗的正妻孛兒帖（Borte）所生子嗣後代才擁有首要繼承地位。儘管如此，這一支仍然繁衍出一批人數眾多、妄自尊大的皇室家族。

如果有任何日期可以被標定為帝國走向衰亡的起點，那麼帝國的第四任大汗蒙哥於一二五九年駕崩或許是最有道理的關鍵事件。蒙哥是成吉思汗之孫，於一二五一年發動政變，奪得大汗之位。蒙哥或許是蒙古歷任大汗之中，最具行政管理才幹者，他在位期間，大幅消弭了窩闊台汗於一二四一年駕崩後在朝廷當中逐漸產生的貪腐弊端。在蒙哥有效率的統治之下，蒙古帝國得以動員人數龐大的軍隊；擁有整個帝國的資源支持，帝國擁有一支至少百萬人的大軍。現在，蒙古無須擔心兵力過度延伸的問題。蒙哥的歷次行政改革，使得蒙古帝國釋放出橫掃四方的巨大無儔力量。蒙古人並未在出兵攻打的地區與前線之間建立緩衝地帶，而是直接逐一掃平那些敢於違抗他們權威的勢力。在中東，波斯的伊斯瑪儀教派（也被稱為「阿薩辛」）於一二五六年遭摧毀。而蒙哥之弟旭烈兀領兵西征，在一二五八年攻陷巴格達。一二五九年，蒙古大軍進入敘利亞，很快拿下大馬士革與阿勒坡兩城。到了一二六〇

---

❺譯按：此即希瓦汗國（Khanate of Khiva）的最後一任統治者賽義德・阿卜都拉汗（Said Abdullaxon），希瓦汗國於該年被蘇聯紅軍攻入滅亡，原國境先是成立花剌子模蘇維埃人民共和國，四年後再遭裂解，併入烏茲別克等蘇聯加盟國。

年，看來埃及和中東幾個十字軍城邦國家將是蒙古的下一個攻擊目標。[6]但是，因為此時在中國發生的事件，這些國家的命運就此遭遇重大轉折。

在征討中東之外，蒙哥和胞弟忽必烈這時正率兵進攻南宋。由於華南多山陵的地形與密集的稻田，使得蒙古騎兵無法施展，戰役進行得異常艱辛。雖然如此，蒙古人還是極其緩慢的取得若干進展，直到一二五九年蒙哥汗駕崩為止。蒙哥汗的死因和諸多中世紀的戰士一樣，或死於飛矢箭傷，或因痢疾而亡。對此，各家史料，眾說紛紜。[7]

蒙哥汗是帶領蒙古帝國走向強大巔峰的領導者，但是諷刺的是，他的身亡竟也造成了帝國的中衰。首先遺憾的是，蒙哥在發動此次戰爭之前，並未指定繼承人選。代替大汗監國的蒙哥胞弟阿里不哥（Ariq Boke）企圖自立為大汗。阿里不哥得到若干將領和親貴的擁戴，或許他們支持的原因，是認為阿里不哥立場保守，或更精確地說，是他傾向保持草原風俗。與此同時，忽必烈則在中國自立為汗，他的支持者是那些和農耕民族社會有著利益關係或羈絆牽扯的人。在西邊，旭烈兀也動了爭奪大汗之位的心思，但是他卻遭遇一連串挫敗。

由於敘利亞缺乏足夠的牧場草料，因此旭烈兀將他的西征大軍主力留駐在亞塞拜然的穆甘（Mughan）草原。看準了旭烈兀注意力轉而東向的大好時機，昔日薩拉丁（Saladin）人的奴隸兵後裔馬木留克人先發制人，發動攻擊。一二六〇年，蒙古留駐的軍隊在阿音札魯特一戰被擊敗，遭逐出敘利亞。對旭烈兀而言，這看來只是一次小小挫敗，蒙古軍隊之前也曾失敗過，但總是發動報復戰爭討回來。可是這一次卻大不相同。蒙古軍團此次戰敗，引起敘利亞其他勢力起來反抗。除此之外，旭烈兀還必須抵禦堂弟別兒哥（Berke）對其領地的進攻，別兒哥是此時金帳汗國的統治者。❽

別兒哥入侵的主要目的，在於獲取他認為原應屬於朮赤家族的領地（朮赤是成吉思汗的長子）。別兒哥身為穆斯林，還宣稱要為之前在巴格達被旭烈兀殘酷處死的哈里發報仇雪恨。雖然別兒哥的憤慨很可能是真誠的，但是他拿「為哈里發報仇雪恨」作為合理化其入侵的藉口，則顯得有些可疑。別兒哥在少年時代便已改宗皈依伊斯蘭，他的宗教信仰或許很虔誠，但是他的部眾大多都不是穆斯林，因此眾人竟會僅憑「為哈里發報仇雪恨」這個理由而追隨他，便顯得站不住腳。復仇實際上是一種爭取他的領地外穆斯林支持的宣傳手段，無論

❻譯按：第一次十字軍運動，奪回聖城耶路撒冷，並建立耶路撒冷王國、的黎坡里伯國、安條克公國和埃德薩伯國等政權，被稱為「十字軍國家」（Crusader States）。

❼譯按：蒙哥汗的死因，史學界還沒有明確定論。主要有三種說法：一、蒙哥御駕親征四川，在合州釣魚城中守軍飛矢身亡，或是遭投石擊中受傷，數日後不治；二、《元史》中稱當時氣候多雨，軍中痢疾橫行，蒙哥染疫身亡；三、有說蒙哥因久攻不下，憂憤致死者。

❽譯按：別兒哥為朮赤第三子、成吉思汗之孫，在擁戴大汗議題上，他支持阿里不哥，與忽必烈、旭烈兀等人對立。

這些穆斯林是否為旭烈兀領地的臣民，或是如敘利亞與埃及的馬木留克人，都在他的爭取之列。

從另一方面說，領土要求具有重要意義，因為正是這個問題，後來導致蒙古帝國分裂成四個部分。別兒哥的父親朮赤，很可能不是成吉思汗的親生子。朮赤的母親[9]在誕下他之前曾被劫持，數月之後才被成吉思汗救回。雖然成吉思汗本人對朮赤的血統不以為意，但這是成吉思汗諸子之間持續緊張和衝突的根源。蒙古人會將領地牧場分給諸子，祖先傳下的牧場則留給幼子。這種做法雖然為所有子嗣都留下產業，但也將他們分開。朮赤曾得到許諾，蒙古戰馬馳騁的極西之地，包括中東，都屬他的封地。然而這片土地，雖然朮赤的子孫在此一直派有代表，卻從未正式被分封給他們。[10]

因此，旭烈兀及其後代建立的伊兒汗國，以及金帳汗國（這是朮赤的封地通常被稱呼的名稱）之間，就捲入了一場為期幾乎百年的戰爭之中。除此之外，阿里不哥和忽必烈之間正激烈進行爭奪大汗之位的內戰，一直打到一二六四年。這場內戰使得其他蒙古親王貴冑在初時局面不明、未能確定哪一方會獲勝時宣布獨立。即便後來忽必烈汗在內戰中獲勝，他身為統御其他汗國共主的權力也只得到象徵性地承認，這種承認甚至還隨著他的子孫繼承大汗之位而日漸降低。

大汗的權力下降，無法再號令各汗國，主要與忽必烈取得大位的手段有關。在推選大汗時，傳統上是由所有蒙古親王貴冑及主要將領共同召開「庫力台」大會，討論合格的人選。有資格被推選為大汗者，必須是成吉思汗的子孫；前面已經提過，理論上有許多人符合此一資格，實際上參與逐鹿者只有區區幾位。同樣的，由於成吉思汗至少有六位妻室以及眾多妾室妃嬪（他的兒子亦然），故子嗣眾多。事實上，有一項運用去氧核糖核酸（deoxyribonucleic acid，即DNA）技術的研究指出：時至今日，成吉思汗的後代子孫已達一千六百萬人之多。[13]忽必烈和阿里不哥兩陣營都沒有召開「庫力台」大會，是以許多蒙古親王貴冑從未正式認可忽必烈的大汗地位。

到最後，四大汗國各行其是，分道揚鑣。統治中國本部和東亞的元朝，於一三六八年被明朝推翻。不過蒙古人已經將中國打造成海上強權，浚通大運河貫通南北，並且締造了三百年以來首次出現的大一統局面。此外，他們還促成中國諸多影響力向西傳播，同時又將西方（也就是西亞）的影響力帶入中國。

---

❾ 譯按：即孛兒帖。
❿ 譯按：成吉思汗三子窩闊台大汗駕崩後，幾個分封領地陸續獨立，形成朮赤一系的金帳汗國、窩闊台後代的窩闊台汗國、旭烈兀及其後代建立的伊兒汗國，以及成吉思汗次子察合台建立的察合台汗國，即蒙古四大汗國。

位於今日伊朗、伊拉克、土耳其和高加索山脈及部分阿富汗地區的伊兒汗國，享國時間甚短。令人好奇的是，伊兒汗國在一三三五年、國內難得的穩定局面時覆亡，原因竟然是缺乏男性繼承人。不過，伊兒汗國帶來的影響十分巨大。蒙古人入侵西亞，造成一支突厥部族向西避難，進入安納托利亞（Anatolia），也就是今日的土耳其。這些突厥人利用權力出現真空的良機，建立鄂圖曼帝國，並且一直延續統治，直到第一次世界大戰結束才告瓦解。另外，伊兒汗國的蒙古人還收容、資助了不少宗教教派，其中包括一支稱為薩法菲耶（Safaviyye Sufi）的蘇菲派教團，最終促成了薩菲王朝在伊朗和亞塞拜然等地的建立。正是由於薩菲王朝的關係，伊朗後來支持什葉派信仰。說來奇怪，薩菲王朝與伊兒汗國的疆域之間竟然或多或少若合符節。

第三個汗國是金帳汗國（該國以「欽察汗國」之名更為世人所知），統治黑海與裏海之濱的草原地帶，這塊地方在今日包含哈薩克、俄羅斯、烏克蘭及白俄羅斯（Belarus）等國。伊兒汗國後來在一四〇〇年前後因為諸多原因而分崩離析。然而，金帳汗國導致日後許多中亞民族的崛起，當中包括烏茲別克、哈薩克、克里米亞人（Crimean）和喀山韃靼人（Kazan Tatars），以及立國於莫斯科的強大後繼者[11]，後者即是日後俄羅斯帝國興起的濫觴。

在中亞，察合台汗國逐漸式微，使得一位名叫帖木兒（Timur，有時拼寫作Tamerlane）的突厥君主應運崛起。帖木兒在促成金帳汗國滅亡上扮演極為重要的角色，同時多年來不斷挫敗鄂圖曼帝國東向的野心，可是他欠缺一樣最關鍵的身分：他並非成吉思汗的直系子孫。因此，帖木兒總是扶植一位成吉思汗的後代作為傀儡，以取得其統治正當性。

蒙古大帝國的崛起既出人意料，它的衰弱與崩解同樣也讓人始料未及。雖然如此，蒙古帝國帶來的衝擊和影響持續在塑造今日世界的面貌。正是這些持續至今的影響遺緒，造就了蒙古帝國的真正偉大之處。

蒙古帝國的偉大之處

如果蒙古帝國的統一局面維持得更長久些，今日世界將會是什麼樣的面貌呢？在蒙古人統治之下，商業貿易繁榮興盛。實際上，歷任蒙古大汗都有自己的「御用採購商」，他們甚至在商隊抵達京師之前，就搶先從中挑選最好的貨品。貿易規模擴大的關鍵，在於蒙古人保障貿易路線的安全。行旅和商隊因此遭盜匪劫掠的可能性較之從前大為降低。不僅如此，由於蒙古人統治區域從喀爾巴阡山脈直抵朝鮮半島，商賈通行於帝國境內所必須繳付的各項釐捐與關稅都比之前少了許多。當然，確實有不少蒙古將領希望能從商旅身上收取費用，不過

⓫譯按：指一四八〇年推翻金帳汗國統治的莫斯科公國（Grand Duchy of Moscow）。

有時弄不清楚這類費用究竟是將領私自派徵，還是某種被稱作「塔木加」（tamgha）的正式商業稅。無論怎麼說，縱使偶爾出現官員收取違法規費的情況，貿易路線的安全性有了驚人的改善，而貨物運輸的成本也因此大大降低了。甚至到了帝國已經四分五裂以後，商業貿易仍然繼續發達昌盛。

雖然如此，帝國內部持續的割據分裂，確實使得貿易路線在最後崩潰瓦解。隨著蒙古帝國裂解成許多個規模逐漸縮小的國家，各條貿易路線也變得益發不安全。諸多成吉思汗後裔和非成吉思汗後裔的王公親貴們為了爭奪統治地位，競相劫掠貿易商隊，只為了獲取眼前的利益。少數如帖木兒這樣較強大的領導者，就拒絕搶掠商賈。帖木兒竭盡全力，要重新建立通商貿易路線，為了達到這個目的，他縱兵燒殺並摧毀如金帳汗國首都薩萊（Sarai）、新薩萊（New Sarai）這樣的城市。因為如此一來，帖木兒就能確保大部分的商賈都會到他的領地來，尤其是進到他的京城撒馬爾罕（Samarqand）。帖木兒於一四〇五年去世之後，由於貿易路線沿途逐漸不安靖，也不再有單一的大帝國能夠主導絲路沿線各貿易通路，因此各種規費紛紛出現，貨運成本再一次水漲船高。[14]在西歐，能以相對較低價格取得香料和東方各種奢侈品的好日子一去不復返了。持續攀高的價格逼使若干歐洲人開始尋找新的貿易路線，最後促成一四九二年哥倫布（Columbu）的航海探險。

在歐亞大陸各地宗教之間彼此傾軋衝突的時代中，竟能施行宗教寬容政策，這是蒙古帝國另一個顯著值得稱道之處。實際上，當一二一八年蒙古軍隊攻打信仰佛教的西遼時（立國於今日的哈薩克與吉爾吉斯共和國一帶），負責此次征討的統兵大將哲別（Jebe），就制止當地佛教徒對穆斯林的迫害。[12]他的種種舉措使得一位穆斯林史家如此寫道，哲別：

> ……差遣一位使者到城中宣布，今後眾人各應遵奉自己所信的宗教，奉行自己的宗教信條。由此我等遂知曉，有此人的存在乃是真主的憐憫，是真主的恩典及神聖的恩惠之一。[15]

所有教派都能依照自己的意願舉行宗教儀式，各個信仰的神職人員都能得到尊重，而且大致來說，都能免於抽取規稅。唯一的要求是各教派禱告時要為蒙古統治者祈福，從蒙古人的角度看來，這可是從上天取得的保險。蒙古統治者、王后和其他貴胄有著各式各樣的宗教

---

[12] 譯按：西遼為遼國宗室耶律大石所創。金滅遼時，遼天祚帝仍不思振作，耶律大石見事不可為，率眾十萬出走西域，在中亞一帶建國，仍以遼為國號，開科取士，以漢語為官方語言。數十年後傳至耶律直魯古，國勢中衰，此時恰逢乃蠻部遭成吉思汗擊敗，其王子屈出律出逃至西遼，獲耶律直魯古信任後乘機篡位。屈出律原信基督教，後來改信佛教，在西遼境內迫害穆斯林。哲別進攻時，到處宣揚宗教寬容，是攻心為上之策，果然原西遼軍隊多無鬥志，紛紛放下武器。

信仰，但是很少是排斥其他宗教的。實際上，不少蒙古王后是景教徒，相信耶穌乃是一位被聖靈充滿的肉身凡胎，但眾所周知，她們不僅為各個基督教派建造教堂提供經費，同時還出資修造佛寺和穆斯林清真寺。[13]

不過，要肯定蒙古人這種「前啟蒙」意識（pre-Enlightenment consciousness）是不恰當的。許多蒙古人還奉行著他們在草原時的薩滿崇拜儀式，並未如基督徒、穆斯林、佛教徒和其他宗教信徒那樣過著靈性生活。蒙古人對於採行宗教寬容政策，其大部分的理由來自於對帝國境內秩序穩定的基本堅持。蒙古人認識到，宗教迫害會引發日漸升高的暴力與動盪，因此他們事先採取了預防措施。

然而，隨著蒙古大帝國的分崩離析，各地統治者和政權主事者逐漸倒向其臣民或盟友所信仰的宗教，直到他們自己也成為穆斯林或佛門弟子為止。這項趨勢雙雙加速了伊斯蘭教與佛教信仰的傳播。雖然帝國初期時的蒙古菁英階層中確實有若干基督徒，不過隨著蒙古人將注意力擺在各地信仰人數最多的宗教後，亞洲的基督徒人數便告減少。無論某些改宗皈依者是出於真心還是別有理由動機，已經無關宏旨了。在短短幾個世代之內，蒙古人便把自己看作是當初他們接受宗教的一分子，因而相對的在各宗教當中有了先後順序。於是，一個非凡的宗教寬容時代就此宣告結束。

蒙古帝國至今仍然是版圖最遼闊的陸上帝國。雖然「蒙古」這個字眼還是讓人與「橫掃」、「破壞」聯想在一起，不過使蒙古帝國真正偉大的，顯然是軍事以外的因素。二十一世紀歷史學者最近的研究趨勢，是重新評定蒙古帝國帶來的影響，將重心放在貿易、宗教和思想交流等層面上。雖然如此，蒙古人將他們的霸業看作是上天賦予的使命，即使是成吉思汗看來也為自己獲致的成功感到驚訝。他明白，昔日草原上各部團結都不能長久，然而唯有團結，並且恪守帝國肇建時建立起來的各項規則，才能使國家保持強盛。根據紀錄，他曾經這樣說：

> 如果日後的人主，以及圍繞在他們身邊的貴冑、巴特爾和那顏（noyan），並不全照「札撒」行事，那麼國家的事業將受到危害，並且中止。屆時，他們會樂於去找出第二位成吉思汗，但是他們終將一無所獲。[16]

⓭ 譯按：景教為基督教聶斯托留教派（Nestorian Christianity）傳入中國時的名稱，初時為君士坦丁堡牧首聶斯托留於四二八至四三一年間在波斯創立。該派認為耶穌具神性也具人性，主張瑪利亞僅為耶穌肉身之母，反對抬升其地位。聶斯托留後來被羅馬教廷判為異端，開除出教，但聶氏的追隨者在敘利亞、波斯一帶廣立教會，於唐朝初年傳入中國，在長安曾有教堂，稱「大秦寺」。

但是實際上，在兩個世代的時間內，帝國就一分為四，而且還持續不斷裂解為愈來愈小的邦國。而雖然日後有許多人想要步上成吉思汗走過的道路，卻沒有一位領導者能夠接近他締造的各項偉業。

CHAPTER 2

中國：大明帝國

（1368–1644）

China: The Ming 1368-1644

羅伯茨

（J. A. G. Roberts）

The Great Empires of Asia

明朝（國號「明」意為「光亮」）是中國歷史上最後一個由漢人建立的朝代。明朝於一三六八年推翻蒙古人建立的元朝，而在一六四四年被來自滿洲的清朝所滅亡。

史家將明代描述為「人類歷史上治理最為有序、社會最為穩定的時代之一」。[1] 明代享國二百七十六年，在其治理下，百姓享有長時間的太平歲月，遠長於歐洲同時期各國。明代經濟規模的擴張，活躍發展的都市文化，以及藝術與學術，其成就都到達新的層次。本朝肇建之初，起於陸上的版圖擴張，以及雄心勃勃的海上遠征，但是其後隨即轉為修建長城的防禦態勢。明代發展出專制政治，此一趨勢抑制了政治的進一步發展。大約從十六世紀中葉開始，無能不作為的皇帝接連在位，朝廷詭謀勾心鬥角，內部失序而外有威脅，都是明代末年衰弱乃至滅亡這段時期的特徵。

明代的建立

明朝是從蒙古人建立的元朝手中得到的天下。當初，蒙古人先是在十三世紀初征服了華北，接著在一二七九年攻下中國其餘地方。明朝的開國皇帝朱元璋，於一三二八年誕生於南京省[1]。他生長的家鄉深受大運河淤塞的嚴重影響，同時也是白蓮教盛行的地區。白蓮教是一個宣揚彌勒佛將要降世的佛教支派。從大約一三四〇年起，有一批白蓮教信徒自稱紅巾軍，開始起兵反元；而朱元璋的雙親因饑荒之故，在一三四四年雙雙身亡，這使得他也參加了紅巾軍的起事運動。一三五一年，當元朝最後一位能臣脫脫徵用數千民伕，準備疏濬大運河，並使黃河回歸故河道時，大規模的紅巾軍起事便乘機爆發。朱元璋參加了其中一股抗元紅巾軍，他在故鄉一帶招兵買馬，並且娶了這支義軍領袖❷的女兒為妻。朱元璋卓越的用兵作戰本領使他脫穎而出，成為義軍的主要領導人；他參與諸多知名戰役，當中有一場便是在鄱陽湖廣闊的湖面上進行水戰。朱和其他紅巾軍領導人不一樣，他願意聽取儒生的建議。一三五六年，他奪取南京，設置官署，就此切斷與紅巾軍領導階層的關聯。不過朱進行得十分謹慎，一直等到他的主要對手都死去之後，才於一三六八年即皇帝位，定年號為「洪武」。他派遣軍隊北伐，迫使元朝朝廷撤出其京師大都；然後於一三七二年，又命大軍北征蒙古草原，以防止蒙古人捲土重來。朱元璋接下來收復由另一股紅巾軍勢力占據的西南省分四川，而原本在蒙古人控制之下的高麗王國，也被迫承認新建立的大明。到了一三七九年，烏斯藏（即今西藏）也承認新政權的正統。

❶ 譯按：應為濠州鍾離縣，即今日的安徽省滁州市鳳陽縣。
❷ 譯按：郭子興。

大明帝國關鍵年表

一三六八年	明朝肇建。
一三七〇年	恢復科舉取士。
一三九八年	開國皇帝朱元璋駕崩。
一四〇五年	鄭和首次「下西洋」。
一四〇七年	《永樂大典》編成刊行。
一四二一年	明朝京師由南京遷往北京。
一四四九年	土木堡之變：明朝就此轉為防禦態勢。
（約）一五〇〇年	商業印刷興起。
一五一四年	首艘葡萄牙船隻抵達中國。
一五三一年	「一條鞭法」開始施行。
一五五〇年代	開始修築長城。
一五九〇年代	《西遊記》開始流通於坊間。
一五九三年	《本草綱目》刊行。

一六〇一年	利瑪竇（Matteo Ricci）定居北京。
一六〇二—〇四年	歐洲開始狂熱愛好中國瓷器。
一六二八年	華北亂事蜂起。
一六四四年	明朝為滿洲人所滅。

洪武之治，一三六八—一三九八

洪武皇帝宣稱，他要恢復蒙古人統治時期被摧殘蹂躪的社會，重建漢家天下。朱元璋表示明朝將恢復唐（六一八—九〇七）、宋（九六〇—一二七九）舊規，但是實際上他保留了不少蒙古人引進的政治特色。這些沿襲自蒙古的做法，例如由世襲軍官統率的兵役制度，以及承襲元朝形式的中央政治體系等，都是顯著的例證。洪武皇帝的朝廷設左右丞相，負責掌理日常政務；設大都督府，主管天下馬步軍兵；設都察院，以監察百官。在京師之外，在各地設置布政使司管理民政，這是現代中國行省的前身。明朝在發展中央政治體制時，很早便追隨朱元璋打天下的胡惟庸扮演重要角色，他後來被任命為左丞相。然而，由於胡惟庸在官僚集團之中建立起舉足輕重的影響力，導致他被控以謀逆大罪：一三八〇年，洪武對他下手

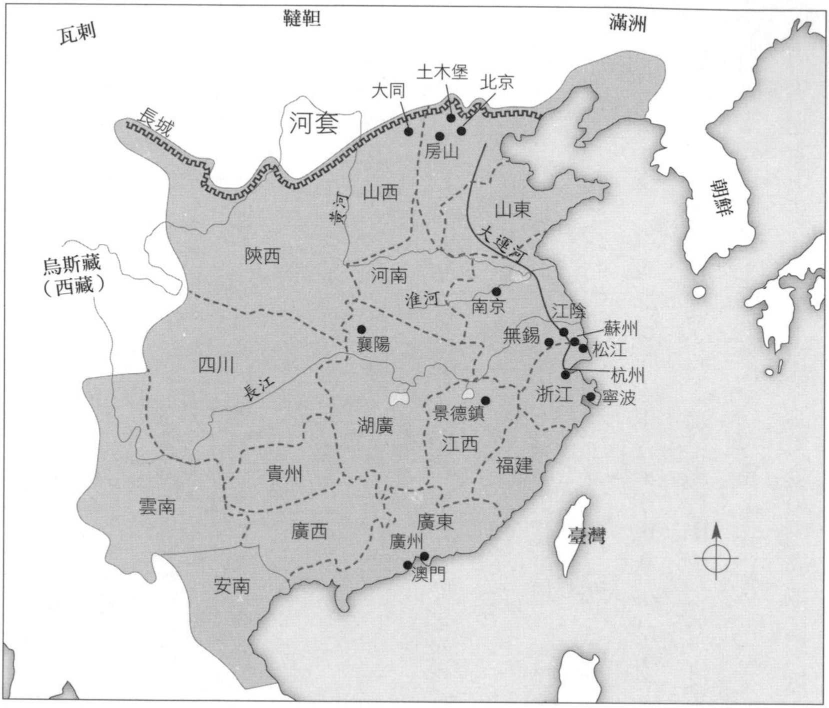

大明帝國地圖

了。胡惟庸遭到處死，另外還有一萬五千餘人因為被指控附從他謀逆而遭到整肅。胡惟庸案之後，丞相一職遭到廢黜，大都督府被一分為五，洪武皇帝形同自兼首相。

洪武是一個勤奮又負責的皇帝。他督導新法典的公布和普及，發動移民屯墾計畫，並且鼓勵紡織和貿易。他做了兩件事情，特別值得銘記。第一件事情，是恢復舉辦在元朝久已停辦的科舉考試。在科舉金榜題名，再一次成為進入朝廷任官的康莊大道，而朝廷的官僚集團則由一萬五千名官員所組成。在科場得意的士子之中，只有區區數百人能得到最高等級的頭銜，也就是進士。一三九七年，洪武皇帝察覺進士榜單當中竟然全無北方士子，於是下令採用一套比例配額制度，以確保科舉考試能收納各式各樣的群體。

洪武的另外一項重大改革，與土地賦稅體系有關。一三七〇年（太祖洪武三年），皇帝下詔，要舉國之內每一家戶都須有一份戶帖，上面登載該戶成員的狀態及職業。這些紀錄都被合併寫進「黃冊」之中。朱元璋還下令清丈全國土地，製作出一部詳載土地所有權狀況的圖冊。由於這部圖冊繪製圖表內容形似魚鱗，所以又稱作「魚鱗圖冊」。農村家戶被編組進「里甲」系統之中，每一百一十戶人家，編為一「里」，共同負擔繳納賦稅，以及承擔勞役。[2]

上述對於明代初年朝廷各項舉措的描述，產生了一個疑問：這些算是國家做出的成績嗎？明代朝廷是否已經施展了直到十六世紀歐洲各國才得以行使的各項權力？由洪武皇帝創設的這套行政治理體系，被歷史學者形容為「強而有力、綱舉目張、而且雄心勃勃，意圖掌握百姓的一切社會生活」。[3] 看來似乎是對國家職能的描述。此外還有一些明代朝廷活動的例證，可以證明當時國家具備干預社會的能力：對出版印刷的控制，以及各藏書樓當中收入官方書刊；對佛教寺院暨僧侶的規範；以及對暴力形式的壟斷掌握等。不但如此，這些體系、這些控制手段，都是在整個大陸上實施的。從這個證據看來，使用「國家」一詞似乎是適當的。然而，明代皇帝並不是完全不受拘束的專制君主，因為他必須遵守祖宗成法。國家對社會的干預需要仕紳的配合——仕紳就是那些子弟考中科舉，以及曾經有親族成員在朝中任官的家庭。而反過來在仕紳這邊，他們也十分明白，必須將自身社群的利益考慮進去。明代的國家力量擁有相當大的權力，對社會進行治理與干預，但是同樣這個國家力量，也必須和地方菁英爭奪資源控制權，並且接受這樣一個事實：國家力量無法改變由宗族血緣主導的社會習俗。[4]

洪武皇帝於一三九八年龍馭上賓，葬於南京近郊紫金山麓的明孝陵。直至今日，他身後的評價毀譽參半。一方面，朱元璋因為驅逐蒙元、以無比堅毅的決心推動建立起明朝的國家體制，而得到讚譽，受人景仰。然而在另一方面，他卻因為其統治的專橫殘暴以及歷次整肅的暴虐無道，而備受抨擊批判。朱元璋的性格裡有一項可取之處，或許值得在此一提。他與髮妻馬皇后的感情始終深厚，馬皇后於一三八二年薨逝，洪武自此未再立后；她在世時或許已經盡其所能，對生性猜疑、錙銖必報的洪武皇帝發揮了挽救的影響。

永樂之治，一四〇三—一四二四

太祖洪武皇帝駕崩之後，由皇太孫繼位❸，但是很快的即遭到皇叔燕王篡位。燕王朱棣原來是北方邊境軍隊的統帥，他奪位登基之後，改年號為永樂，是為永樂皇帝。永樂宣稱他的前任無能且敗德，好為自己的篡位之舉開脫辯解。然而終其在位年間，永樂一直遭受指控，說他是「篡位謀逆者」。

永樂在位期間以兩大舉措為後世所知。首先是他拍板定案，將京師從南京遷往北京，那裡是他的權力穩固地區。他在即位之後不久便決心遷都，並且選定元朝的大都作為他的新京城。新都建造了一座有九千餘間宮室的皇宮，主要的殿宇坐北朝南，整個建築群位在北京的南北向中軸線上。一四〇六年，朝廷開始籌集建築材料。大量的楠木從四川運送北上，全程達一千五百公里（約九百三十英里）。在河北房山採石場開採出巨大的漢白玉石，當中一塊重達一百八十公噸，於冬季時藉由結冰封凍的河面拉運到施工地點。為了建造宮室，朝廷徵用了百萬名罪犯及民伕，另外還有十萬名工匠。於此同時，大運河已經疏濬完畢，並且向北延伸，以確保北京的糧食供應。北京紫禁城於一四二〇年完工落成。翌年，皇帝便率領眾臣工遷徙至新京師。[5]

永樂皇帝的第二項重大舉措，是尋求企圖心宏大的對外政策。在他即位之初，軍事威脅來自亞洲內陸。一四〇四年（成祖永樂三年），帖木兒汗國大汗起兵準備攻打明朝，但是在

❸譯按：建文皇帝朱允炆。

隔年病死於征途之中。在蒙古草原，韃靼和瓦剌兩部仍然對明朝構成威脅。永樂先後對韃靼和瓦剌發動五次親征，並運用「分而治之」的策略，重挫瓦剌。皇帝陛下於最後一次親征歸途時駕崩，但是明朝的邊境仍然未能安定。

一四〇五至一四二一年間，永樂皇帝下令進行六次大型遠征「下西洋」。他派遣大隊人馬出洋的動機為何？至今仍不清楚。或許永樂是要尋找被他篡位的姪子的下落，因為有傳言指出，這位被奪位的皇帝仍在人間，而且逃往海外。永樂「下西洋」更有可能的動機，是要搜尋寶藏，並且提高當今皇上的聲譽，以及四鄰藩屬的承認。

率領「下西洋」船隊的指揮官是鄭和，他不但是來自雲南的穆斯林，也是永樂皇帝的親信部屬。首次「下西洋」於一四〇五年七月出航，遠征船隊由六十二艘艨艟巨艦[4]、二百五十五艘中小型艦隻，以及二萬七千八百七十人組成。船隊造訪爪哇、滿剌加（Melaka，即麻六甲）、斯里蘭卡和印度西南的加爾各答（Calicut）等地。這些地方的使節隨船隊一同返回南京，向朝廷進貢。兩年之後船隊再次造訪加爾各答，除了賞賜該邦國王封賞、衣冠誥命和禮品，還豎碑紀念此行。第三次「下西洋」，航行的是先前兩次的路線；斯里蘭卡國王試圖要打劫鄭和的船隊，結果他被打敗，淪為階下囚，被送到南京。第四次「下西洋」於一四一三年啟航，規模更大。船隊中有六十三艘長達八十公尺（二百六十二英尺）的巨艦，比當時的西班牙標準三桅帆船（全長約三十公尺）還大上許多。此次遠航經過加爾各答，來到波斯灣的「忽里模子」（Hormuz，即荷里茲島），船隊中的部分船隻還到「阿丹」（Aden，即今日亞丁）靠岸，最遠到達非洲東岸的「麻林地」（Malindi，即今日肯亞的馬林迪）。一位船隊成員在抵達「天方國」的麥加（Mecca）時，對當地的居民有如下的描述：

> 其國中人物魁偉，體貌紫膛色。男子纏頭，穿長衣，足著皮鞋。婦人俱戴蓋頭，不見其面。說阿剌畢（即阿拉伯）言語。國法禁酒，民風和美。雖貧難之家，悉遵教規，犯法者少，誠為極樂之界。[6]

一四一七年（成祖永樂十五年），鄭和的船隊再次造訪非洲海岸，並且帶回了可觀的貢物與珍禽異獸，其中就包括中國人首次見到的長頸鹿。鄭和率領的最後一次「下西洋」遠航規模較小，主要任務是護送久居大明的各邦使臣返回家鄉。船隊曾經抵達「秩達」（Jiddah，即今日沙烏地阿拉伯的吉達），但是沒有證據可以佐證，鄭和的船隊曾經到過美洲或澳洲。

在永樂皇帝於一四二四年駕崩之後，船隊曾再一次出海遠征，來到波斯灣，但這是最

---

❹ 譯按：即「寶船」。

後一次「下西洋」了。在一方豎立於福建的碑上，鄭和撰寫碑文，總結了他遠航所達成的成果：

自永樂三年，奉使西洋，迨今七次，……，大小凡三十餘國，涉滄溟十萬餘里。觀夫海洋，洪濤接天，巨浪如山，視諸夷域，逈隔於烟霞縹緲之間。而我之雲帆高張，晝夜星馳，涉彼狂瀾，若履通衢者。[7]

但是到這時候為止，遠航海外的計畫就被放棄了。二十年來，大明朝展現其海上強權的力量，並延伸擴展了朝貢體系。「寶船」確實將財寶帶回中國，但是「下西洋」本身究竟是否有利益可言，則要打上問號；而在永樂皇帝駕崩以後，他們所擁有的政治優勢也不再明顯。在十五世紀結束之前，中國在地理知識和商業貿易上的領先優勢，很快就被在後追趕的葡萄牙人後來居上了。[8]

長城與軍事挫敗

永樂皇帝逝世標誌著明朝向外擴張階段的結束。發生於一四四九年的「土木堡之變」是

「明代最嚴重的軍事挫敗」，[9]此役迫使明朝改採防禦態勢，並且一直維持此種態勢，直到本朝於兩個世紀後覆亡為止。

「土木堡之變」是因明朝試圖掌控蒙古草原緩衝地帶而起，所謂緩衝地帶，指的就是草原和內地之間的中間區域。其中，位於陝西以北、黃河以南的河套地區，是兵家必爭之地。如果明朝控制這塊區域，便能對草原發揮影響力；反之，如果明朝失去了對此地的控制，邊境便有遭到突破的危險。太祖洪武皇帝已經認識到河套的重要性，因此在該地區部署了一系列駐軍把守。然而到了永樂在位年間，雖然在此地區頻繁發動作戰，卻盡撤前線外圍駐軍，因此將河套一帶的控制權拱手讓人。

到了一四四〇年代，明朝所稱的瓦剌，也就是漠西蒙古，出了一位統一各部的新領袖也先（Esen）。瓦剌在明初被朝廷納入朝貢體系，因而獲得入貢之權。然而，瓦剌對於處在向明朝朝貢的地位深感不滿，尤其是在一四四八年（英宗正統十三年），當時瓦剌派遣規模相當龐大的使節團入貢，卻遭到明朝當權的司禮監掌印太監王振輕蔑對待，便大為憤怒。隔年，也先率領大軍攻打明朝北境的重鎮大同。當前線緊急軍情報到朝廷時，王振竟然慫恿當時年僅二十二歲的正統皇帝（一四三五—四九在位，一四五七—六四復辟）御駕親征，出兵反擊。儘管前線深知與蒙古人作戰十分危險的將領紛紛提出警告，朝廷還是在倉促之間集結了五十萬軍隊，隨皇帝出征。大軍開拔時在天降大雨、側翼部隊遭到蒙古軍隊打敗的情形下，行軍十六天，試圖追擊蒙古人。王振後來終於叫停，大軍在後撤時卻直接開進也先在土木堡布好的陷阱。明軍被包圍殲滅，皇上遭蒙古人俘虜。

當皇上被俘蒙難的噩耗傳回北京時，軍民亂成一團，有人向朝廷提出應該遷都避難的建議。然而就在此時，兵部侍郎于謙挺身而出，擔當大任。朝廷擁戴正統皇帝的弟弟登基（景帝朱祁鈺），人心秩序稍微恢復。對明朝而言，幸運的是，此時也先在蒙古各部的領導地位開始搖搖欲墜。一四五〇年（景帝景泰元年），被也先俘虜的皇帝❺放棄重登皇位的要求，獲釋返回北京，但是兩位皇帝同處京師，持續引起禍亂。一四五七年，太上皇發動復辟政變，奪回皇位，于謙被下獄處死。于謙在國家危難時挺身捍衛的精神流芳後世，供奉在位於北京的祠堂裡，受後人崇敬；多年來，許多進京趕考的士子都會來于謙祠堂參拜，以求能得到英靈庇佑。[10]

「土木堡之變」是一個重大的轉捩點，代表明朝和之前的其他朝代一樣，放棄對草原緩衝地帶的爭奪，對於草原上各部改採防禦策略。這項防禦策略尤其又以修築「邊牆」長城為明顯象徵。該地區並不是第一次修築長城。秦始皇（西元前二二一－前二一〇在位）就曾下令在此修築長城，以防衛帝國的北方邊境，鞏固預警防禦措施。

在整個一四七〇年代，明朝內部一直就出兵征討和修築長城、並派兵駐守的成本與優勢為何進行辯論。修築長城的主要支持者余子俊，後來被任命為修造河套一帶地區長城的負責官員，他修築了全長九百六十五公里（六百英里）的邊牆，以封鎖此一地區。修建長城的價值，在一四八二年（憲宗成化十八年）時顯現出來：當時蒙古分途入侵，就頓挫於長城之下，遭遇守軍迎頭痛擊。雖然如此，一直要等到一五五〇年代，蒙古的新首領俺答汗（Altan Khan）對明朝的邊防構成嚴重威脅時，長城的修築才開始進行。接下來的五十年之間，明朝由西向東修築長城，並附有能發出警報的堡壘敵樓，以警告入侵。相較於之前由當地民眾用夯土壓實所修造的防禦結構工事，新的城牆完全是磚石建造。為了支持修築長城，朝廷開設了磚窯和採石場，並開闢了多條運輸路線。據說，原來用夯土為建材，需時一個月能夠完成的工作，現在同樣時間，改用石材，需要一百個民夫才能完成。[11]

明代的專制政治

明朝政治的特色，通常被稱作「明代專制政治」。太祖洪武皇帝決定廢黜丞相，皇帝本人親自兼領宰相職務，如此一來便確保朝廷沒有任何部分有自主之權。各省地方政府受到嚴格監督，府縣等級地方單位也未能確保享有如西方某些市鎮那樣的自由權利。儘管中國已

❺譯按：即英宗朱祁鎮，明朝奉他為太上皇。

經發展出一套精細微妙的司法體系，各級法司卻不能挑戰帝國皇權的施展。專制政治的架構還得到特務監控系統的協助支持。洪武運用一批稱作「檢校」的情治人員，以及名為「錦衣衛」的群體，糾舉被朝廷懷疑為不忠的臣民。朱元璋懲治貪官汙吏是出了名的嚴酷。有一段時間，官員貪汙收賄，只要罪證確鑿，一律斬首，貪官的首級掛在高竿上示眾，軀體則剝下皮來，內部塞以稻草，公開懸示，以儆效尤。

明宣宗宣德皇帝（一四二六—三五在位）重新整頓職司監督百官的都察院職能。他在位年間，有二百四十名官員被降貶，六百五十九名官員遭到彈劾，有二百五十一份奏摺呈送到御前，提出建議供皇帝陛下參考，或直言對皇上進諫。後者是一項雖然脆弱、卻歷史悠久的傳統：只要官員、臣子認為皇帝、人主未能適當履行職務時，他們有責任對皇上提出勸諫。在這類盡忠直諫之中，最有名的例子出現在一五六五年（世宗嘉靖四十四年）：當時有一名素來有嫉惡如仇、守正不阿直聲的官員海瑞，向皇帝陛下呈遞了一份奏摺，直接彈劾嘉靖皇帝本人。海瑞因此而被捕下獄，直到嘉靖駕崩方才獲釋。海瑞此次著名的直諫到了日後文化大革命時期還會被人記起，當時有一齣名為《海瑞罷官》的新編歷史劇，被批是含沙射影、抨擊毛澤東。❻

明代統治與專制政治相關的另一個層面，是太監宦官在政治中扮演的角色。由於宦官本身並沒有獨立的權力基礎，因此就成了維護帝國專制政治最為可靠的力量。太祖洪武皇帝很清楚前朝宦官干政的禍害，因此特地下令在宮門前豎立鐵牌一塊，上書：

> 內臣不得干預政事，犯者斬。[12]

雖然如此，宦官還是奉命掌理祕密警察機構，而在宣德皇帝在位年間，還在宮中設立內書堂，教導宦官讀書寫字。宦官因此就成為皇帝的私人祕書。洪武年間，皇宮中只有區區數百名宦官。到了十五世紀末，太監的人數已經成長到約一萬人；而截至明朝滅亡前，宮中宦官已達十萬之眾。宦官人數之所以增加，其中一個原因是為了供養明朝的皇室。到一六〇四年（神宗萬曆三十二年）時，明朝宗室人數據估計已經超過八萬人。宦官人數增加的另一個原因，是他們在履行朝廷禮儀與傳遞公文奏疏等方面，都扮演不可或缺的角色，正是因為這

---

❻譯按：新編歷史劇《海瑞罷官》係明史學者、北京市副市長吳晗於一九五九年響應毛澤東號召而編寫的，於一九六〇年送北京京劇團排演。全劇強調海瑞「直言敢諫」的精神，海瑞不畏權貴、平反冤獄，因而被朝廷免官。本劇推出時，還頗受毛澤東讚賞，詎知到了一九六五年，上海《文匯報》登出姚文元〈評新編歷史劇《海瑞罷官》〉一文，評價登時逆轉。姚文元稱《海瑞罷官》影射毛澤東為昏君嘉靖。攻擊《海瑞罷官》，實際上他的目標是吳晗的後臺、北京市委書記彭真。批鬥《海瑞罷官》是文革的序幕，吳晗於一九六八年被捕入獄，後來死於獄中。

個角色，使得他們被後來的學者稱為「明朝專制機器不可或缺的潤滑油和齒輪」。[13]

若干太監在朝廷中權勢薰天，可呼風喚雨，以至於他們被學者稱為「宦官獨裁者」。[14]一手釀成「土木堡之變」的太監王振，在朝廷中的角色前面已有提及；明代最惡名昭彰的「宦官獨裁者」，首推魏忠賢，他在天啟皇帝（一六二一－二七在位）時手握大權。皇上不斷賞賜魏忠賢，還放縱他施行恐怖統治。

明代的經濟發展

大明帝國的版圖含括中國本部，也就是以漢民族為主體的內地十五省，但是新疆、西藏、滿洲與內蒙古並不包含在內。雖然絕大多數的明朝臣民都是漢人，但是仍然存在著許多少數民族群體，尤其以西南各省為多。一三六八年明朝建國時，全國人口約為六千五百萬。到了一六四四年時，全國人口數已經攀升到一億五千萬了。明代開國時，全國約有四億畝可耕田地（一「畝」約等於七分之一英畝）。到了明朝覆亡之時，全國可耕地增加到五億畝。可耕地之所以增加，部分是由於雲南、貴州兩省得到移民屯墾，在這些地方開闢耕地的緣故。更多的耕地，加上更高的農作產能，使得糧食供應在最低限度勉強能跟上人口的增長。

早在宋代時即已出現過一次農業革命：新作物的引進（包括快熟的占城稻種，每年可以二熟）、灌溉系統的延伸，以及土地自由市場的被採用。在明代統治的三個世紀裡，農業技術並沒有顯著的躍進革新，但是有諸多持續不斷的改良出現。在明末時還有來自美洲的作物引進中國，特別是番薯、花生和玉米。當時江南一帶若干最好的地段開始栽種棉花，並且發展出大型織綿產業。變革是經濟發展的關鍵因素，在某些氣候與交通條件適合改善的地區，農業型態便從原來生計作物的經濟型態，轉換到迎合市場需求的某種特殊作物。

在明代，內部和對外貿易有顯著的擴展。市鎮的數量急遽增加，內陸貿易量也持續成長。中國進口了大量的原物料，特別是香料和來自東南亞的木材，並且成為世界最大成品出口國。絲綢大量出口到長崎以及馬尼拉，然後從馬尼拉又販售到西班牙。江西的景德鎮，每年都燒製百萬件瓷器出口外銷。景德鎮燒製的瓷器有多種造型與釉彩，但是以藍色底釉彩和彩色琺瑯裝飾的瓷器最是聞名遐邇。有些產品是為朝廷燒製，在質量上受到嚴格的要求把關。出口到穆斯林世界的瓷器，以花草和抽象圖案作裝飾；銷往歐洲的瓷器，則繪以基督教的主題圖案與盾牌徽飾。有一則十六世紀的記載提到景德鎮：

> 萬杵之聲殷地，火光燭天，夜令人不能寢。戲之曰：「四時雷電鎮。」[15]

十六世紀晚期，葡萄牙商人開始購入景德鎮的青花瓷，按照運送這些瓷器的葡萄牙卡拉克帆船（carrack）之名，稱中國青花瓷為「喀拉克」（Kraak）。一六〇二年和〇四年，有兩艘葡萄牙卡拉克帆船被荷蘭人繳獲，連同船上超過二十萬件的中國瓷器，都被送到阿姆斯特丹拍賣，開啟了一波歐洲人對中國瓷器狂熱迷戀的熱潮。

明朝出口瓷器和絲綢，換得巨量的白銀流入：在一五七〇到一六二〇年這段時間內，幾乎所有在南美洲和日本銀礦開採出的白銀，最後都流入中國。因而有學者評論道，是「明代中國——而不是倫敦或塞爾維爾（Seville）——才是十七世紀開始時的世界經濟中心，明朝當時在全球經濟上的重要性，可堪與一八五〇年的大不列顛，或是與今日的美國相提並論」。[16]

我們經常看到一種說法，認為明代是一個技術發展停滯的時代，使得中國未能朝工業革命進行轉變。對於箇中原因，有各種各樣的解釋。有一種解釋，認為是官僚集團的保守主義心態限制了技術發展的進步，另一種說法則指出資本不足，或市場受到侷限；還有第三種看法，表示交通運輸和市場營銷上的持續進步，匡正並緩解了供應上的瓶頸。

然而，在一位歷史學者的眼中看來，明代中國並不是一個停滯的年代。英國學者白馥蘭（Francesca Bray）在她的著作《明代中國的技術與社會》（*Technology and Society in Ming China*）中申論道，[17]技術與機件裝置的改良和傳播，最重要的是再加上運輸技術和設施的重大發展，使得經濟規模一直持續擴張到十八世紀為止。她舉當時的造紙業與印刷產業發展為例證，以支持自己的論點。在宋代時，紙張已經大量生產，供作政府使用。到了明代，商業印刷的迅速增長導致造紙產業的蓬勃發展。僅江西的某個縣就有三十家造紙作坊，每家有一千到二千名工人。活字印刷術早在十一世紀中葉就已發明，但是上千個字挪動排版造成的問題，使得業界繼續使用木版印刷，尤其適合於規模較小的商業印刷。大約從一五〇〇年前後開始，商業印刷快速成長。包括農業專書在內的出版品紛紛問世，其中有一部是宋代❼王禎所著的《農書》，也在一五三〇年（世宗嘉靖九年）推出商用版本。還有其他農業著作提供了農業機具（例如龍骨水車）的使用圖解與文字說明，這些機具同時既可以用於灌溉，也能夠排出農地積水。在《天工開物》一書中，作者宋應星（一五八七－一六六六）解釋了織機等機具的操作方式，這類織機可以織造出帶有花樣的衣服布料。到了一五五〇年代，有許多書籍都能以製作精美的圖片、插圖與地圖進行說明。這些書籍要價相對低廉，不少家中擁有藏書閣的人家，收藏書籍達到數百部之多。[18]

明代的國家力量在規範上述這些經濟發展時，扮演的角色不多。朝廷最關切的兩件事，分別是收取賦稅和監管貨幣。朝廷收入的兩大主要來源，一是自明初以來便開始徵收的土地稅，各種勞役也包括在內；二則是朝廷壟斷的鹽稅。太祖洪武皇帝有鑑於江南一帶不支持他、反而擁戴他登龍之路上的對手❽，因而在這地區的蘇州和松江兩府施以懲罰性的重稅。

❼譯按：應為元代。

他曾經試圖改革土地稅，尤其是著重在施行所謂的稅額分配制度，責成豪富人家負責徵收所在地區的穀物稅。但是在實務面上，明代國家的技術能力實在跟不上這些雄心勃勃的改革計畫。不僅如此，這些改革計畫全部都根據一個錯誤的假設制定：即賦稅的層級是一項沉重的累贅。在江南各省或許如此，但是以全國而論，這樣的賦稅層級實在太輕，不足以支應朝廷應該履行的職能。務農之家因為不堪稅負沉重而逃亡，從而使得財政短缺更形加劇。自一五二八年（世宗嘉靖七年）起，朝廷的財政便一直處在虧損狀態。從一五三一年開始，朝廷採行一系列改革措施，後來稱為「一條鞭法」。改革的關鍵之處，在於將土地稅與徭役合併為一次繳交，且須以白銀支付。「一條鞭法」改革先在南方施行，然後逐漸擴展到帝國其餘各地。它被描述為近代賦稅制度的開端，但是實情距離描述可說相差甚遠。在某些地區，以實物繳納賦稅與服勞役的情形仍舊存在，而土地稅制也益發的繁瑣複雜。

明代國家在貨幣政策上的表現同樣也是毀譽參半。紙鈔首先發行於宋代之時，但是在元朝末年，由於浮濫發行，導致通貨膨脹，以及白銀短缺。明代初年朝廷採取強制手段，規定必須使用紙鈔，但是這種紙鈔無法兌現，因此快速貶值。到了一四五〇年，紙鈔停止發行；因此中國這個世界上第一個發行紙鈔貨幣的國家，就被迫轉換改採銀銅雙本位制：一兩（或一盎司）白銀，等於一千個銅錢。

明代的社會

豪門世族的菁英，在南宋時期已經徹底消失了；到了明代，因家世而能享有特權者，只剩下皇室宗親了。這個時代真正的社會菁英是仕紳，或者說是讀書之人。英文「gentry」一詞翻譯成中文，對應的是紳士（即仕紳），意思是「官員與學者」。讀書人能否正式加入仕紳群體，端看是否通過朝廷的科舉考試，科舉是招募人才出任政府官員的管道。科舉體系的濫觴，最早能溯源到西漢年間（西元前二〇六－西元九年），到了宋代時完全確立。蒙古人對漢人官員並不信任，因而在元代大部分時間裡，科舉都是停辦的。明太祖洪武皇帝雖然對大臣不屑一顧，卻很明白重新恢復科舉考試的重要性，因為科舉能招攬有才能的人進入朝廷。新一輪的科舉考試於一三七〇年恢復舉辦，考生須展現自己對儒家經典的了解與對射箭本領的掌握。[9]到了下個世紀，科舉考試的形式與內容正式確立。科舉考試分為三級，最低一階是初試，在縣城舉行。通過初試的考生可以參加每二到三年於府城舉行的府試。通過府試者可

---

8. 譯按：張士誠。
9. 譯按：明代科舉各級考試皆以《四書》、《五經》為出題範圍，要求考生以古人語氣，「代聖人立言」；答題文體有固定標準，稱為「八股文」。此外不須考較射箭。明代武舉，考生須先通過筆試，然後測考馬上射、步射，寫策論一道。

以得到「秀才」（或生員）頭銜，擁有豁免勞役、不受官府體罰的特權。然後他們可以參加每三年在省城舉行的第二階段考試，稱為「鄉試」。通常有數千名考生參加，但是其中只有二百分之一的生員能得到「舉人」資格。舉人已經有資格得到授官，在朝廷任職。第三級，也是最高級的考試，是每三年於京城舉行的「會試」。通過「會試」的考生稱為「進士」，他們的最後一場考試，由皇帝陛下本人親自主持。鯉躍龍門成為進士，就代表進入了選拔擢用高級官員的人才庫；擁有進士功名者，在任何時候於整個帝國境內約有二千至四千人。

科舉這項非凡傑出的制度，其他任何大帝國無法望其項背，它選拔出受過高等教育的人員出任政府公職。應試的要旨，強調對儒家經典的深入了解，帶有極度灌輸、教化的意味。科舉考試測驗的範圍有限，而這個範圍在一四八七年（憲宗成化二十三年）採用知名的「八股文」應答格式之後，變得更為狹窄。應答的策論寫作必須分為八「股」，文長不得超過七百字，大量使用排偶和對比。

科舉這項特殊的系統是否能拔擢出真正有才能的人？根據一項一九六七年時的經典研究，[19]分析了一三七一到一九〇四年間，共一萬四千五百六十二位考中進士者的社會背景，分析的標準，是新科進士的三代祖先是否也曾取中進士。在明朝初年，有五七．六%的進士出身寒素，祖上沒有功名；到了明末，出身貧寒之家的進士比例，仍然維持在四九．四%的高點。一直到了清朝，出身寒素的比例才降到四〇%以下。這一研究所得出的結論認為，在一個大型社會中出現如此向上提升的社會流動，堪稱是工業革命之前的無與倫比的事例。[20]自從這部研究專著出版以來，後續有進一步的研究表明，科舉應試者出身自一個家有餘財、且可支應長期研讀應考開銷的富裕人家，極具重要性；而這些富裕大戶之所以家有餘財，通常都是擁有土地的地主之家。一旦有家中成員成功躋身官僚集團，將會為這一家在物質上帶來極大的好處。高級官員的子弟或許不必通過科舉，而因庇蔭出任官職。此外，朝廷時常出現財政短缺的困境，此時可能會出售官職或榮銜給豪富之家。

在明朝末年時，仕紳及其親屬的人數或許已達五十萬人，他們同時在地方事務上也扮演相當關鍵的角色。仕紳協助朝廷派到地方的最低階官員，也就是縣官，管理地方上的行政事務。他們履行了不少本來該是地方官府應該負責的職能，例如籌集如灌溉工程等公共建設款項，並監督施工情形。他們立下建築屋舍和運用地方孔廟的示範榜樣，並且在孔廟張示太祖洪武皇帝於一三九七年頒布的道德勸諭：

孝順父母，尊老敬祖，教導子弟，平和度世。[21]

對仕紳來說，提倡教育尤其重要。在洪武一朝之初，皇帝下詔，命天下各府、縣都要成立儒學（公立學校），每個村都要設置學堂，以教育所有學齡男童，這被學者稱之為「十四世紀世界的非凡之舉」。[22] 綜觀整個明代，至少建置了九千餘所這樣的學校。上述這些作為，或許可以解釋為中央朝廷行使強大國家力量的證明。然而到了晚明之時，提倡設置學校的發動者，已經轉移到地方菁英身上了。中央朝廷與地方仕紳的這種夥伴關係，有部分是基於雙方的共同利益，但是雙方同時也彼此在競爭利權，這對於明朝的權力平衡均勢來說，極為重要。[23]

很多論著談及明代女性的社會地位，都來自於男性書寫當中她們被呈現的方式。在歷朝歷代的正史與地方志裡，強調的都是那些恪守「婦德」的女性，如果她們喪偶寡居，最顯著的是她們對於亡夫的守貞與節操等美德。節婦中的傑出典範可能會得到朝廷的表揚，或建立牌坊。寡婦改嫁會受到譴責，而節婦自盡則會受到讚揚。從宋代開始的女子纏足習俗，現在大為風行。這種對女性在社會中應扮演適當角色的觀點，只有偶爾才遭受挑戰。思想離經叛道的作家李贄（一五二七－一六〇二）就主張，女子的智慧與男子相侔，應當接受教育。儘管儒家頌揚女子的貞節操行，可是歌伎文化卻蓬勃發展，晚明時期描寫痴心歌伎與才子學者之間愛情故事的戲曲大受歡迎。知名的歌伎柳如是成為以學問聞名的大臣錢謙益（一五八二－一六六四）的小妾。夫婦倆一起編書並賦詩多首。[24]

明代的哲學、藝術與文學

宋代時出現儒學復興運動，使得一連串的思想學派應運而起，「理學」就是其中之一。理學思想由宋代大儒朱熹集大成，朱熹對儒家經典的注釋，後來所有應考科舉士子都必須接受熟讀。明代時理學仍然居於正宗地位，但是有另一派學說興起。這派學說稱之為「心學」，強調良知固有，以及知行合一。「心學」的主要提倡者是王陽明（一四七二－一五二九），他一生文武雙全，在仕途及統兵作戰方面都有傑出表現。王陽明對於「心即理」、道德直覺的重視，在日後將會給日本帶來很大的影響，他的學說在日本被稱為「陽明學」。

明代出現了不少傑出的知識盛典。一四〇七年，《永樂大典》編成，這部大典卷帙達一萬二千冊，收羅歷代大量與治理、歷史、地理相關的著作典籍。另一部偉大的著作是《本草綱目》，該書以符合邏輯的順序介紹了近一千九百種具備潛在醫藥價值的素材。《本草綱目》的作者李時珍（一五一八－一五九三）遍覽所有相關文獻，並且實地收集了許多在書中以圖解說明的藥材。他在《本草綱目》中提及天花接種及麻黃等藥物的使用，是來自於對草麻黃（*Ephedra sinica*）這種藥材的研究，並且將此一藥材運用於哮喘和支氣管炎的治療上。除此之外，《本草綱目》還羅列了約八千種藥劑處方。

在繪畫藝術方面，最活躍、也最重要的領域是山水風景畫。當中有一個畫派，是文人學者閒暇時作畫所發展出來的風格。[25] 文徵明（一四七〇—一五五九）這個畫派當中的著名代表人物，他本是蘇州的詩人與書法大家，他筆下的山水畫展現出文人藝術的樸素風格。董其昌（一五五五—一六三六）以書法和詩文著稱，在他闡釋之下，認為這類文人山水畫深具美學的理想特質。在董其昌看來，此種文人山水畫家所尋求的並不是捕捉外在的現實，而是希望透過藝術，來傳達自己性格中的內在真實。[26] 文徵明也因為他在蘇州園林「拙政園」發展當中扮演的角色而為後人銘記，⑩至今拙政園仍然是明代美學理想世界的代表作。

城市社會的發展與出版業的種種進步，同時還促成了大眾文學的興起。中國三部著名的小說：《三國演義》、《水滸傳》和《西遊記》，之前以手抄本流傳，到了明代都推出印刷版本。惡名昭彰的小說《金瓶梅》則於一六一〇年（神宗萬曆三十八年）問世。這部小說將明代晚期社會生活的生動面貌，和露骨的性行為描寫結合在一起，被描述為中國第一部真正意義上的小說。科場失意的蘇州士子馮夢龍（一五七四—一六四六）收集「話本」故事，以白話寫成《喻世明言》。書中許多故事描繪了形形色色的女性角色，有藝人、悍婦、拆散人家庭者，以及隱士。在那個時代的詩人之中，袁宏道（一五六八—一六一〇）和他的兩位兄弟因為他們在作品中傳達出自個人經驗的真誠情感而為人所知。

晚明最傑出的戲曲作家，首推湯顯祖（一五五〇—一六一六）。他筆下最為聞名的劇作《牡丹亭》，描寫一對年輕的愛侶在夢中初見幽會的故事。這齣曲目是為崑曲而作，崑曲是中國現存戲曲中最古老的一種。朝廷維持了多個戲班，演員多達數百位，每日登臺演出不同的戲目。

明代的西方接觸

在元朝覆亡之後，由歐洲通往亞洲的陸路斷絕；而自從明朝停止「下西洋」，也不再試圖尋求與外界進行接觸。取而代之的是葡萄牙人，他們建立了通往中國的海上航線。首艘葡萄牙船隻於一五一四年（武宗正德九年）抵達中國，三年之後，被任命為葡萄牙使節的托梅·皮萊資（Tomé Pires）來到廣州，最終獲准進入北京。到了一五五〇年代，葡萄牙人已經在澳門建立起貿易據點。一六三六年（思宗崇禎九年），英國人約翰·威德爾（John Weddell）率領首支英國遠征船隊航向中國。這支船隊的目的，是挑戰葡萄牙人在明朝幾乎等於壟斷的貿易地位。船隊中有一位名叫彼得·蒙蒂（Peter Mundy）的旅遊家，根據自己對此地人們日常生活的觀察，寫成十分生動的記載。他羅列記載下許多「中國的優良美德」：

---

❿ 譯按：文徵明曾為拙政園三十景作畫，並各繫詩一首。

> 這個國家可以說在以下各方面都相當出色：它古老、巨大、豐饒、健全、富足。至於統治的藝術及方法，我認為即便將全世界的王國都加在一起，也不能與它相提並論。[27]

一五五二年（世宗嘉靖三十一年），在日本宣教多年的天主教耶穌會士沙勿略（Francis Xavier）在南中國海的一座小島上病逝。他最終未能獲准在中國傳教，被視為是使信徒皈依基督的阻難與挑戰。一五七七年（神宗萬曆五年），耶穌會神父范禮安（Alessandro Valignano）來到澳門，二十五年後利瑪竇（Matteo Ricci）入北京城，而且獲准在此永久定居。利瑪竇對於中國經典的知識，使他贏得朝廷的接納。在利瑪竇向明朝朝廷進獻的各項技能之中，有一幅世界地圖[11]，將中國置於地圖中心，並於一六〇七年刊印於一部明代百科式類書裡[12]。利瑪竇於一六一〇年逝世，但是耶穌會仍繼續在中國進行傳教事業；一六一八年時還有二十一名耶穌會士由歐洲啟程前往中國。他們帶進的是各式各樣的學問和知識，例如天文占星術、幾何算術，以及工程力學等，並且為朝廷所接受。其他修會的傳教士，尤其是道明會（Dominican）和方濟各會（Franciscan Friars）的修士，也在沿海各省站定腳跟。

明代的衰弱與覆亡

一六四四年，明朝被內部的叛亂推翻，而叛軍隨即又被入侵的滿洲人打敗。

傳統中國史學以朝代興衰循環來解釋明朝滅亡的原因。根據朝代興衰說，舉凡王朝的興起，必是由雄才大略且品行高超的人主所肇建，但後繼的君主無法維持此一必需的道德標準。如果他們罔顧失德行為的警告（以徵兆的方式出現），天命便會轉移到下一個新王朝的創立者身上。[28] 一些近代的歷史學者認為，朝代興衰循環說有一定的道理，但是這些道理是基於經濟和治理的原因，而不是道德因素。新朝代的開國之君掃平群雄，建立有效能的政府，抽取適度的稅賦，並確保邊境的安全。到了日後的統治者執政，政府統治的成本上升，豪門大戶開始逃避稅賦，邊境的防務變得備多力分。隨著時間流逝，官員變得貪腐，公共建設疏於照護，農民負擔的稅賦日漸沉重。最後農民不堪苛政，揭竿而起，推翻王朝。

如果用朝代興衰之說來解釋明代的覆亡，那麼值得注意的是：明代後期有好幾位皇帝是少不更事的幼主，或是皇上將大權交付給身旁的宦官太監。譬如嘉靖皇帝（一五二二—一

⓫ 譯按：即《山海輿地全圖》，後改稱《萬國輿地全圖》。
⓬ 譯按：《三才圖會》。

五六六在位）長期怠忽朝政。而宦官攬權，一個顯著的例證出現在無能的天啟皇帝（一六二一—一六二七在位）執政期間，獨攬朝政的大太監魏忠賢便於此時崛起。

明朝覆亡原因的另一種解釋，牽涉到明代晚期菁英階層對社會、經濟變動的回應。值得注意的是，太祖洪武皇帝心目中那個「耕者有其田」、自給自足的理想農耕社會，到了十六世紀初，已經因為地主鄉紳群體的成長而破壞無餘了。[29]仕紳發現，科舉考試及第的競爭增加，官場宦途上的風險也提高了。因此仕紳改變了他們關注的方向，從原來以國家事務為中心、著重儒家入世的導向，轉為接受佛教信仰、隱含退出公眾生活的用意。[30]

國家與仕紳之間的關係，還因為一次儒家學人的重新振作而受到傷害。這次儒者論政之風的振興，造成朝廷內的派系紛爭。十六世紀後期，許多私人講學的書院興起，不少學者與致仕官員在此悲嘆儒家綱常沉淪、朝廷政風背信棄義。在這些講學地當中，最著名的是位於江南無錫的東林書院。後來學者認為，東林學派「一手促成了他們以為自己正在拯救的王朝崩潰」。[31]

明代末期，特別是一六二六到一六四〇年這段期間，中國經歷了一段非比尋常的惡劣氣候：低溫酷寒、乾旱和洪水。到此時為止，明朝的經濟一直由流入的白銀支撐，用以償付中國出口貨物。但是，一六二〇年代歐洲的貿易低迷，再加上一六四〇年代和菲律賓及日本的通商中斷，使得白銀的流入減少，絲綢產業受挫，糧食作物的價格飆升。然而，白銀流入中國數額下降最劇烈的階段出現在一六五〇年代，當時明朝已經覆亡。[32]

農民叛亂是造成明朝滅亡的直接因素。根據統計，在明代統治的後半時期發生匪患與民變的頻率，遠遠高於明代的前半時期。[33]這些事件並不是社會變革造成的結果，因為它們在明朝境內商業化程度較低的地區反而比較常見；它們也不是對朝廷失政更嚴重情況的反應，因為暴亂事件的數量和程度是逐漸遞增的。民變之所以增加的主要原因，在於國家強制力量的衰退。這一點使得農民得到鼓舞，讓他們在艱困之時敢於設想，在亂世中最佳的生存之道便是落草為寇。[34]一六二八年，民變在陝北爆發。陝西北部是相當貧窮的地區，不但沒有江南各省的繁榮，而且在惡劣氣候受災程度上更遠逾南方。陝北的安全秩序，原本仰賴駐軍維護，現在已經毀壞無遺，許多官職空缺無人遞補，而還在任上的官員則無力賑濟災難性的饑荒。

而當時明朝還面臨外敵滿洲人的威脅。滿洲人是一一二二年建立金朝的女真後裔。後來努爾哈赤（一五五九—一六二六）一統滿洲各部，並於一六一六年在滿洲南部建立後金國。一六二九年，繼承努爾哈赤汗位的皇太極發動首次入侵中原作戰。儘管後來滿洲人收兵退回關外，但是皇太極繼續效法明朝的政府組織，並且從漢人專家那裡學到了鑄造大砲的技術。在一六三〇年代後期，滿洲人的後續入塞劫掠分散了朝廷的注意力，讓朝廷從原來剿辦內部叛亂，轉到北方邊境用兵。李自成是民軍的領袖之一，此時他已經招攬了若干仕紳成員投入其陣營。一六四三年李自成攻陷襄陽，開始自建朝廷，並宣布減租減稅。隔年他便宣告建立新王朝，並且向京城北京進軍。就算是到了這個時候，明朝本應該還有可能組織有效的抵抗，但是大片疆域淪喪、軍隊瓦解、財政崩盤，民心士氣也幾乎損耗殆盡。終於，一六四四年四月二十四日，李自成攻進北京，當晚崇禎皇帝上吊殉國。

在這個時候，滿人入關似乎還不太可能成真。然而，有數位明軍高級將領（其中有一個就是東北邊關守將、最為惡名昭彰的吳三桂）拒絕歸順李自成，反倒承諾會和滿洲人結盟。他們的行動或許是出自一己的利益，或是因為看到滿洲人維持現狀的保證更為誘人。一六四四年六月，滿洲人開進北京，向百姓宣告：如果他們歸順，保證毫髮無傷。李自成的民軍很快就被打敗。在滿洲人將統治區域延伸到江南時，出現了幾起英勇的抵抗，像是江陰城，在全城民眾拒絕剃髮歸順後，滿洲人發動屠城。此後抗清戰鬥此起彼落，一直要到一六六二年，明朝最後一位皇帝[13]退到緬甸遭到逮捕且處死之後，大明王朝才算是真正煙消雲散。

[13] 譯按：南明永曆皇帝朱由榔。

CHAPTER 3

東南亞：高棉帝國

（802–1566）

South-East Asia: The Khmer 802-1566

海倫・伊比特森・傑瑟普

（Helen Ibbitson Jessup）

乍看「高棉帝國」一詞，或許在讀者心中一時之間得不出什麼清晰的形象。「高棉帝國」不會像「羅馬帝國」那樣，召喚出開疆闢土的征服形象，或許也不會像「大英帝國」，令人聯想到一系列的法典律條、行政治理基礎設施和語言。許多西方人士對於高棉的了解，可能僅限於它最知名的首都與宗教中心：吳哥城。[1]可是，吳哥其實是一個政權的樞紐，這個政體最早可追溯到六世紀或更早之前的柬埔寨南部，而且還是十二世紀時一整個文明世界的中心，其文明影響力廣泛傳播分布到整個東南亞地區。

高棉人是否締造了一個帝國？當然，他們的文化和語言構成了一個賡續二千餘年的連續體，在更大的場域上盛行了數個世紀之久。這個場域包括了近代的泰國東北部、大部分的越南湄公河下游三角洲地區（這裡的人仍講高棉語）以及寮國南部。藝術與建築猶可看出昔日高棉在這些地區統治的霸權蹤跡，但是高棉的控制似乎取決於各附庸身上。它通常是透過家族連結建立起來，而不是以軍事上的征服。在越南中部稱為「占婆」（Champa）的地區，這樣的關係有所不同，占婆後來也成為一個重要的國家。高棉偶爾能控制這個地區，但是權力均衡的局面經常產生變動，斷斷續續爆發戰事。

高棉人留給世界的最偉大遺產，可能是他們一手創造的非凡藝術與建築，至今仍在吳哥窟等歷史遺跡景點令世人震驚。他們的歷史遺跡與雕刻具體傳達出高棉王權思想實體的表達方式，高棉人認為國王統治的權力來自於他與眾神的儀式公開關係。保存在這些遺跡上的浮雕和銘文同樣也至關緊要，因為它們是今天我們獲取高棉當時情況的主要史料來源之一。除了少數曾經遊歷該地的中國人留下了記載，關於此處的書面紀錄今已不存。高棉人的另一項成就，是他們對水資源的傑出掌控。從最早的幾個世紀起，他們就開鑿運河水道，將許多地方與主要河道湖泊連通，提供運輸水道網和灌溉與祭祀用水。他們改變河流的流向（其中如暹粒河〔Siem Reap River〕幾乎完全是一條人工河），開鑿巨大的蓄水庫或堤壩；這裡的西巴萊湖水庫（Western Baray），堤壩全長超過八公里（五英里），至今仍存。

孕育帝國：早年歲月

關於柬埔寨最早的書面記載，來自西元三世紀時的中國使節。[2] 他們見到了一個農業社會，四面圍牆的皇宮殿宇和村落，金屬加工技術與類似印度的文字。中國的史書稱這個橫亙今日越南南部和湄公河下游三角洲地區的國家為「扶南」，但是當時高棉人如何稱呼則不清楚。高棉國主都冠范（Fan）姓，這可能是「盤」（pon）的音譯，「盤」則是七世紀時出現在高棉雕刻銘文中的社會階級。西元二四三年，扶南國主范旃（Fan Chan）曾向中國❶進獻舞者

❶譯按：三國時東吳。

高棉帝國關鍵年表

約二〇〇—二五〇年	中國史書中首見扶南國的記載。
五一四—五三九年	留陁跋摩（Rudravarman）統治時期，這是最後一任扶南國主，以及首位真臘國主。
八〇二年	闍耶跋摩二世（Jayavarman II）被奉為一統四海的君主，即「轉輪聖王」（Chakravartin）。
八七七—九〇〇年	因陀羅跋摩一世（Indravarman I）和耶輸跋摩一世（Yashovarman I）在位年間，國都位於訶里訶羅耶那（Hariharalaya）。
約九〇〇年	耶輸跋摩一世將國都遷至吳哥地區。
九二一—九四二年	來自科克（Koh Ker）的闍耶跋摩四世（Jayavarman IV）統治時期。
一〇〇二—一〇四九年	蘇利耶跋摩一世（Suryavarman I）在位期間，拓展高棉帝國版圖。
一〇五〇—一〇六六年	優陀耶迭多跋摩二世（Udayadityavarman II）統治時期；巴普昂寺（Baphuon temple）和西巴萊湖水庫建成。
一一一三—一一四五年	蘇利耶跋摩二世（Suryavarman II）在位期間，吳哥窟開始興建。

一一七七年	占婆入侵吳哥，弒殺國主。
一一八一—一二一八（？）年	闍耶跋摩七世（Jayavarman VII）在位期間，將占族從吳哥驅逐出去，立大乘佛教為國教。
一二九六年	中國（元朝）使節周達觀造訪真臘，回國後寫下《真臘風土記》，詳述在吳哥經歷。
一四三一年	高棉首都由吳哥遷至今日所稱之金邊地區。
一五六六年	安贊一世（Ang Chan I）駕崩。他在位期間曾重占吳哥數十年。

與土產，這表示雙方有雙向交流。

扶南國的首都可能位在吳哥博瑞（Angkor Borei），該地今日是柬埔寨茶膠省（Takeo），鄰近聖山達山寺（Phnom Da）。吳哥博瑞是一個規模相當大的城市，有水道網絡與河道和其對外港口澳蓋（Oc Eo）相連。考古學者從這裡發掘出的古物，證明扶南國與印度、中國，甚至是羅馬帝國都有往來。海上貿易是扶南國繁榮的基礎，不過到了六世紀中葉，像澳蓋這樣的轉口港埠已經漸趨冷清，這是因為造船技術的改良，使得船隻可以穿越外海，而不必像從

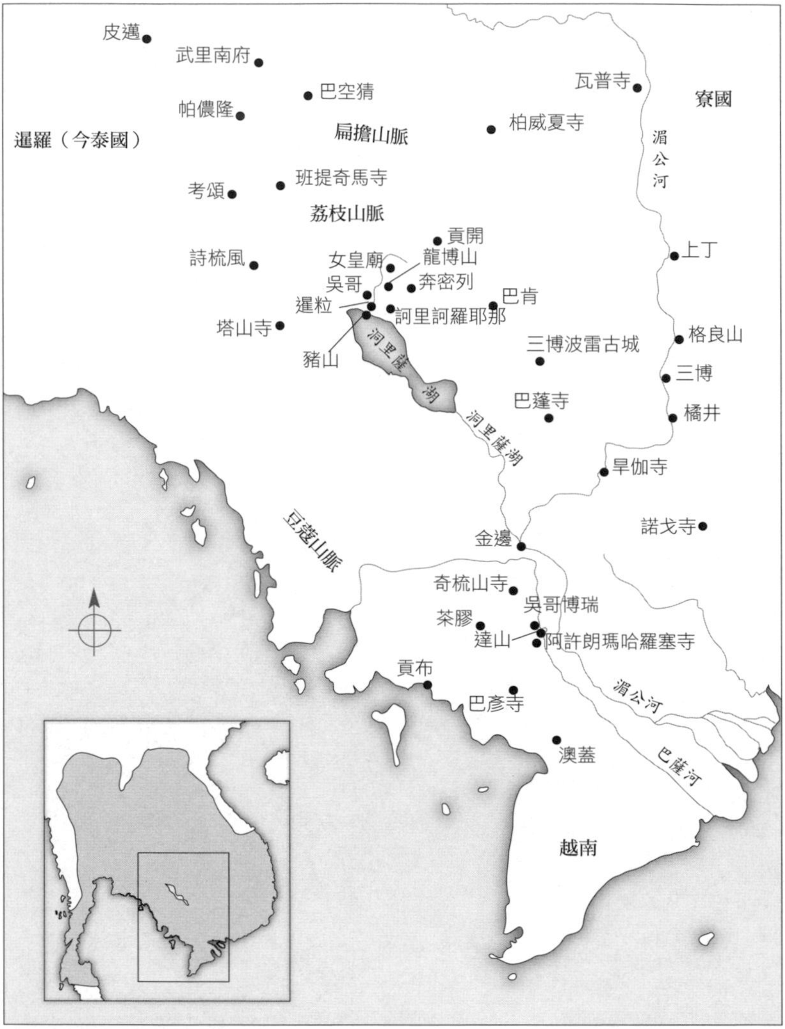

高棉帝國地圖

方框中顯示地區，為闍耶跋摩七世在位期間（1181—1218），高棉王朝極盛時期的版圖。

前那樣緊緊沿著海岸航行。因此扶南的經濟也不可避免地受到了衝擊。

扶南的國勢日衰或許也能在七世紀初的中國史書記載中看出端倪，據史書記載：當時扶南被大將質多斯那（Chitrasena）征服，質多斯那所屬之國，在中國史書中稱為「真臘」，據說原本也是扶南的藩屬之一。[3]從當地的梵文和高棉文字碑文可以看出，扶南與真臘兩國的統治者之間彼此有親屬關係。根據中國史書記載，留陁跋摩（Rudravarman）是末代扶南國主——據說他是國主闍耶跋摩（Jayavarman）之子，但是此外的情況後世一無所知——然而在一方西元六六七年的碑文當中，同樣是這一位國主留陁跋摩，卻被認為是扶南國主拔婆跋摩一世（Bhavavarman I）和其他真臘國主的繼承者。[4]更有可能的解釋是，真臘的崛起，不代表敵對與征服，而是反映出權勢向內陸轉移的趨勢，內陸中心城市以農業創造出的財富，抵銷了海上貿易衰弱的頹勢。

扶南國與地理位置更北的真臘國（其國都位於今日三博波雷古城〔Sambor Prei Kuk〕一帶）之間有著親族關係的史料證據，又因為這兩個地區的藝術風格近似而得到增強，在雕塑藝術上尤其如此。達山寺（Phnom Da）中黑天（Krishna，印度教神祇之一，或譯為奎師那、克里希那，舉起牛增山〔Govardhana〕以保護農民免受因陀羅神〔Indra〕所施之懲罰性暴風雨侵襲）形象所展現出的靈性與自然主義風格，均與今日柬埔寨最為珍貴的文化寶藏之一、七世紀初期三博波雷古寺聖殿中的女神難近母（Durga）形象，在美學上有緊密關聯。難近母女神被描繪成打敗阿修羅牛魔王（Mahisha）的強大神祇，祂的形象也和達山寺的雕塑一樣，代表早期歷史上高棉人高超的動態雕塑技巧。[5]

扶南與真臘的建築風格都極為精緻。在吳哥博瑞（Angkor Borei），遺址除了磚瓦廢墟之外幾無孑遺；可是在達山附近，阿許朗瑪哈羅塞寺（Ashram Maha Rosei）卻兀自屹立。這座小佛寺由玄武岩砌成，石材想必是遠途運輸而來，因為整個柬埔寨只有北方的桔井省才出產玄武岩。能夠搬運如此大量的石材到地勢陡峭之處，足以證明當時社會和技術組織都到達很高的程度。計畫之縝密，裝嵌石塊之嚴絲合縫，寺壁、山牆和屋頂比例之均衡和諧，都是建築工藝老道的明顯例證，這可不是初入行者的試驗作品。

能夠展現早期高棉國家力量各種成就的諸多建築，至今仍存在於三博波雷古城；在可確認的二百五十七處建築遺址之中，有數十處神殿依然保持清晰可辨識的良好狀態。三處主要的歷史建築遺跡群，分別被標明為古城的北、中、南三面——構成了摩訶因陀羅跋摩一世在位時（約六〇〇—六一六）都城的核心區域，到了他的兒子伊奢那跋摩一世（Ishanavarman I）繼位時（約六一六（？）—六三七／三八），則稱這座都城為「伊奢那城」（Ishanapura）。城內大部分的寺廟都以細磚建成。有些廟宇有門框、假門、石楣、細廊柱和砂岩門檻，不過在許多寺廟裡，這些元素都是刻在砌石磚上的裝飾。它們很多是正方形，也有長方形格局，包括了南邊和北邊兩處主要建築群；它們的內層神殿是柬埔寨境內規模最大的。有一組特別有趣的寺廟群是八角形格局，是本地區的特殊建築樣式。[6]

三博波雷古城現存建築當中有一項顯著特徵，就是雕刻在小陵墓群外牆上的精緻浮雕圖畫。這些外牆浮雕的保存狀況通常比主建築內的浮雕要好，透過它們可以想見建築在鼎盛時期的外觀模樣。浮雕中描繪的國王、眾神、侍衛和隨從通常擺出生動的姿勢，使我們得以瞥見當時高棉社會的結構；覆蓋建築的灰泥碎塊至今仍保留在原處。

儘管吳哥博瑞和伊奢那城的藝術或許令人感到深刻印象，但是這幾個國家政權的力量所及範圍，卻還不足以被定義為帝國。伊奢那跋摩一世之子——拔婆跋摩二世（Bhavavarman II）所統治的領域，同樣也不夠格稱作帝國。一直到闍耶跋摩一世（Jayavarman I）登基為王前後（約六五五—六五七），都沒有顯著的史料證據，可以指稱真臘國的勢力已跨出都城。闍耶跋摩一世的國都所在位置，目前仍不清楚，不過名稱可能是普蘭達拉普拉（Purandarapura）或因陀羅補羅（Indrapura）。[7]從銘文裡可以看出，宗教基礎的建立與整合（涉及土地，也因此在經濟和領土上意義重大），現在集權中央，而非地方控制。頭一次，銘文裡包含了對王室諭令的蔑視，而且提及王室侍從人員具備的各項職能，這就代表行政管理的複雜程度正不斷的提高。到了西元八世紀，原來王室「盤」的稱號被「拉譚」（mratan）取代，這是一種授予的頭銜，不是得自傳承。小部族首領的權力，現在被勢力最強大者吸納接收。

闍耶跋摩一世可能於六八一年駕崩，王位由其女兒闍耶黛維（Jayadevi）繼承。她即位的時間不明，不過首次提及她的銘文，時間為七一三年，當時她在位已有三十二年了。所有她在位年間的銘文都在今天的吳哥地區發現，所以她的都城大概也位於這裡。七一三年以後，可以推斷當時有幾個活動中心。統治者，包括一系列多位國主都在三波城（Shambhupura，位在湄公河流域的桔井省），其中有三位是女王。[8]至少在西元八世紀中葉時，這個王朝是獨立存在的。這一地區充分利用湄公河流域富饒腹地及商業交通有關的貿易優勢位置。銘文證實，從北部的上丁（Stung Treng）一直到湄公河下游三角洲地帶，都在這個王朝的統治版圖之內。

另外一個統治集團裡的國主，他們王號的字尾綴語用的是「迭多」（ditya，意思是「太陽」）而非「跋摩」（varman，意思是「保護者」），這些國主的統治中心在波瓦補羅城（Bhavapura）。碑銘文字裡還提及的城邦是杜魯瓦補羅（Dhruvapura）、毗耶陀補羅城（Vyadhapura）以及因陀羅補羅城。所以，除了拔婆跋摩二世到闍耶黛維這一支王室傳承之外，似乎共有十七支王室傳承世系。這些城邦大部分都記載在單一碑銘裡面，但是從它們的如此多的數量和分布範圍看來，這時的柬埔寨還沒有到達帝國中央集權的程度。

宗教與印度文化影響

在中國史書裡提及的高棉國主都有「范」這個頭銜，而最早期的高棉碑文裡則使用「盤」這個稱號。「范」和「盤」都是高棉文字。到了五世紀時，國主和部族首領的稱號裡都包含梵文，並且使用「跋摩」作為綴尾。[9]此一來自印度的影響是從何時開始在東南亞傳播的？至今尚不清楚，但是考古證據顯示，時間應該在西元第一世紀或更早。貿易商很可能是一開始傳播文化影響的人，既有來到高棉的印度商賈，也有到印度經商的高棉人。印度人是否曾在高棉一帶建立永久屯墾區？則沒有史料證據可以證明。銘文顯示了權力繼承及繼承模式的改變，以及治理詞彙的變化，這說明高棉很可能正在採用更為適合統治者領土擴張雄心的印度式社會結構。

高棉人頭目「盤」的階級地位與家族倫理的關係，比起跟土地的關係還要緊密；碑銘文字顯示，社會地位和土地管理權不是傳給「盤」的兒子，而是傳給他姐妹之子。此種母系繼承模式是許多東南亞社會當中的特色。它們甚至很有可能解釋了扶南國主傳承的模式。甚至在吳哥王朝時代（從九世紀初開始到十五世紀中葉），由父親傳給長子的產業繼承模式還很少見，偶爾可見傳給較年幼的兒子，更常見的是舅父傳給外甥。[10]如前所述（參見本章注四），當物質財富日漸擴充昌盛、許多小部落被整併成為相當規模的大領地之時，對那些部族領袖來說，為了確保權力與財富能夠留在直系子嗣之中，採取印度父系社會的繼承模式是頗為合宜的策略。

除了引進男性主導的社會階級制度，印度帶來的影響之一，是在許多碑銘上使用梵文。印度模式同時還影響高棉的雕塑藝術。達山與三博波雷古城的雕像藝術形式和印度笈多（Gupta）王朝時代的美學大有關聯，舉凡橢圓面孔、精緻人物造型，以及優雅扭擺臀部的「三屈」（tribangha）姿態，都進到高棉雕塑藝術之中。在建築藝術方面，高棉佛寺也採用印度神廟「錫哈拉」（Shikhara）上塔形式。最重要的是，印度文化將佛教與婆羅門教帶進高棉人的宗教信仰之中；雖然印度宗教未能全盤接收高棉的宗教信仰，在銘文中卻表明印度眾神與本土神祇並存。這是祖靈（neak ta）重要性的證明，至今祖靈仍然備受尊崇。

與這些神靈有關的是關於起源的神話，它們顯示出高棉本土與印度外來信仰結構中的共同元素，尤其是代表水和陰間統治者的蛇神那伽（naga），以及象徵神祇家園的山脈，這一點或許能夠解釋兩種文化鏈的和諧共存。有一則傳說，提到一位名叫憍陳如（Kauṇḍinya）的印度人，因為受到夢境啟示，而走水路來到高棉。他張弓搭箭，朝執掌大政的女王（她是那伽王之女[2]）座船射去。兩人共結連理，女王之父飲下她治下土地的水，遂創造出一塊名為「甘勃智」（Kambus）的土地。「甘勃智」在八一七年一塊占族人的碑銘中首度出現，用來指稱柬埔寨人。「甘勃智」一詞在高棉文碑銘上最早登場，是國主因陀羅跋摩一世（Indravarman

二）在位年間（八七七—八八九）；當然，它也是現代「柬埔寨」（Cambodia）一詞的由來。現存高棉版本的起源傳說認為，高棉王國起自於一棵名叫「科斯勒」（Kok Thlok）的大樹。[11]這則神話傳說將起自於陸地的印度文化與起自於江河的高棉文化整合歸併起來，因為後者的起源傳說認為，陸地是從一座湖泊當中出現的。

無論印度文化是如何傳播到柬埔寨來的，它業經後者的徹底吸收：梵文銘文顯現出很高的文學素養及碑銘標準。實際上，在西元六世紀初，兩名扶南僧侶便曾奉中國南朝梁的皇帝❸之命，將梵文經典迻譯為中文。

「轉輪聖王」（Chakravartin）：九世紀初的四海之主

有關八世紀時的文字史料，如今甚少留存：僅有十六件碑銘存世。這使得歷史學者認定此時期為一衰弱階段，但是若從建築與雕塑的蓬勃發展來看，卻是另一番截然不同的面貌。譬如聖空傍山寺（Prasat Wat Kompong Preah）和巴蓬寺（Prasat Phoum Prasat）等寺廟都擴大了規模，

❷譯按：柳葉公主。

❸譯按：梁武帝蕭衍。

並且在先前的遺址上添增了細節裝飾。亞揚（Ak Yum）寺位於現在以興建西巴萊湖水庫沙土回填形成的土丘西南角，提供了高棉建築巔峰時期建築風格的原型：寺山（temple mountain）。此時期的雕塑藝術，尤其是橘井地區那些造型生動的女性神祇雕塑，[12]同樣也反駁了史家認為柬埔寨發展陷於停滯的論點。史料跡證稀缺的情況一直延續到九世紀，而除了一件碑銘算是特例之外（參見本章注八），在西元七九一年之後，有長達八十年以上的時間，都沒有碑銘文字留存；而這段時間卻是發生許多重大改變的階段。關於這段時期的情況，我們必須看吳哥王朝時期一段回顧此時期的碑銘。當中資訊最豐富的遺跡在考頌（Sdok Kok Thom），這座神廟遺址現在位於泰國境內，靠近泰國與柬埔寨邊境的小鎮波別（Poipet）。這段碑銘文字成於一〇五二年，作者出身於一個僧侶祭司世家，這個家族世代為高棉王室效勞，已有二百五十年的歷史。[13]該家族的創世祖名為席瓦卡瓦亞（Shivakaivalya），他來自阿寧迪塔婆羅（Aninditapura），獲得波瓦婆羅（Bhavapura）城主封賜土地。上面所有提到的地名，全都位於今日柬埔寨磅湛省（Kompong Cham）的諾戈寺（Banteay Prei Nokor）一帶。這個地方很可能也是闍耶跋摩二世（Jayavarman II）的家鄉，他來自毗耶陀婆羅城（Vyadhapura），是新王朝的開創者。碑塔上的高棉文寫道：

> 陛下拜里迷蘇剌（Parameshvara，意思為「至尊之主」，闍耶跋摩二世駕崩後的稱號）

在摩醯因陀山（Mahendraparvata）創建「神王崇拜」（Kamraten Jagat Ta Raja）之信仰，並且（將席瓦卡瓦亞之家族）建置為永遠侍奉神明之祭司。[14]

「神王崇拜」（Kamraten Jagat Ta Raja）一詞，字面上的意思是「統治四海之主」，如果轉譯成梵文，寫作「神王」（devaraja）。這個詞有可能指涉的是陽具（linga）、雕像或是聖火，它的本義究竟為何目前難以證明，而試圖對其橫加界定的嘗試仍然充滿爭議。[15]國主咒誓道：「此家族之外，無人能任奉神祭司一職。」這項承諾維持了二百五十年，歷任侍奉神明的大祭司之職，皆由現任者姊妹之子繼承。接下來，「……陛下在摩醯因陀山統治四海」，[16]一位名叫希蘭耶陀摩（Hiranyadama）的婆羅門僧侶訓練席瓦卡瓦亞家族，教導他們主持儀典。他口誦密宗經文，立闍耶跋摩二世為「轉輪聖王」。除此之外，他還確立了「神王崇拜」，或「神王」信仰。

在摩醯因陀山（今荔枝山）上舉行的祭典，代表闍耶跋摩二世的地位來到高峰。不過如此權力顛峰並非偶然倖致，而是從七七〇年左右開始一系列精心策劃的運動所達成的最高成就。席瓦卡瓦亞在隨著國主歷次遷都時所留下的記述，提供後人觀察的基礎，了解闍耶跋摩二世擴張疆域的雄心。每一次遷都，所有隨駕眾臣及他們的眷屬、侍從都伴隨著國主重新到另一地安頓，進行一次近乎輪迴轉生的過程。他所到之處，碑銘文字稱其為國主的，包括可能位於西北邊的普瓦迪撒（Purvadisha），以及山布普拉（Sambhupura），闍耶跋摩二世似乎在此迎娶了他最後一任或倒數第二任王后，[17] 因而藉此將他的勢力範圍由湄公河谷往北延伸。從這裡，「……國主陛下在訶里訶羅洛耶（Hariharalaya）統治天下」。訶里訶羅洛耶這個地方今天叫做羅洛士（Roluos），位置靠近後來的吳哥窟，且毗鄰洞里薩湖（Tonle Sap），地理形勢上相當優越，因為此處不但漁獲量豐富，而且是連結湄公河水系的樞紐。「接著，國主陛下建立阿曼蘭卓城（Amarendrapura）」。這座城位於今天馬德望市（Battambang）的西北邊，此地土壤豐饒，適合農耕，位置鄰近出口為暹羅灣（Gulf of Siam）的河流，此前伊奢那跋摩一世和闍耶跋摩一世都曾在這裡建立據點。由於闍耶跋摩二世之前的幾任國主致力擴展、鞏固疆域，他才得以控制一片比今日的柬埔寨還要廣袤的地區。

闍耶跋摩二世將他舉行祭祀的聖地命名為摩醯因陀山（意即「因陀羅之山」），使得這座設置真臘國主婆羅門聖殿的山峰，產生了權威與神聖之感。摩醯因陀山在象徵意義上的重要性，很可能大於其地理形勢上的意義：雖然荔枝山是諸多溪流的發源地，但是要在高地上保持水源供應，想必還是嚴峻的挑戰。而稍後國都便遷回了訶里訶羅洛耶。西元八五〇年時，闍耶跋摩二世或許就是在這裡駕崩的。他遺下的王位，由其子闍耶跋摩三世繼承。

訶里訶羅洛耶：九世紀的權勢鞏固

後世的真臘國主們都頌揚闍耶跋摩二世，認為他是君王的典範，是帝國偉業的真正開創者。做為開疆拓土的君主，他毫無疑問是最有效率的統治者，可是與前任與後繼者不同的是，他在位期間幾乎沒有留下什麼實質的史料證據。除了一個可能的例外之外，幾乎沒有任何一座佛寺或雕像，可以確定是於他在位期間修成的。[18]是否這是因為國主鎮日忙碌於戰略擴張，在每座都城留駐的時間皆太匆促，致使難以修碑造銘？還是他對於自己的統治充滿信心，認為不須樹立任何實質物事以資輔助？無論上述問題的答案為何，九世紀時在荔枝山為數可觀的建築和雕塑，和他之間都沒有任何關聯。

關於闍耶跋摩三世的紀錄甚少，他在位至八七七年，死後獲得「毗濕奴（Vishnu，又名遍入天）護法」（Vishnuloka）的謚號，他也是高棉歷史上少數宣稱奉毗濕奴為守護神的君王。這一點為九世紀時在荔枝山（即摩醯因陀山）上的佛寺遺跡提供了一道線索。這些寺廟遺跡有許多令人印象深刻的毗濕奴雕像，與濕婆林伽（Shiva linga）截然不同，後者之後有了擬人化的形象，通常是高棉寺廟中人物塑像的主要題材。[19]「毗濕奴護法」的稱號說明了闍耶跋摩三世就是建造這些廟宇的發起倡議人，而廟宇堂皇的結構也表明國勢的強固與穩定。我們還可以據此推論，雖然國主駐蹕於訶里訶羅洛耶，而荔枝山（摩醯因陀山）仍然具有它象徵意義上的地位，而且獲選為他設立祭祀聖廟的所在。

母系傳承再一次在因陀羅跋摩一世（Indravarman I，八七七—八八九在位）繼位一事上發揮作用，因為其母乃是闍耶跋摩二世王后的親族。考頌的碑銘如此記載：

> 在陛下伊史瓦格珞伽（Isvaraloka）統治期間（這是因陀羅跋摩一世身後所獲尊號），……統治四海之主……位於訶里訶羅洛耶……。席瓦卡瓦亞的侄孫伐瑪希瓦（Vamashiva）為國主之師。[20]

伐瑪希瓦並非四海之主座下的大祭司，而是大祭司的兄弟，這顯示席瓦卡瓦亞家族非但是「神王崇拜」永久的護法，更是王室子弟的保傅。席瓦卡瓦亞一族地位的日益重要，也表明王廷和統治階層的複雜程度。

八七七年，因陀羅跋摩一世甫繼位時，便宣告周知：「……自即日起五日之內，吾將開始挖掘。」[21]這也許指的是因陀羅塔塔迦湖（Indratataka）的興建工程，此湖是高棉君主興築的第一個大型蓄水庫工程；或者這句話指的是他在位期間修建的兩座廟宇：聖牛寺（Preah Ko）與巴空寺（Bakong）；又有可能，所指的是上述三者全部。上述這三大建設立下了一個先例，也就是如水池、渠道等公共建設的維護，以及祖廟和宗廟社稷（通常是一座寺山）的修建。

因陀羅跋摩一世治下各項建設顯示，只有精密成熟的國家組織，才有辦法駕馭、掌握技術和組織層面的專業知識。

聖牛寺的礎柱銘文上，在向濕婆神致敬之後，先是列出了因陀羅跋摩一世繼位的時間及家譜世系，然後詳細描述他的王室財產（「莊嚴的獅子王座、〔宮殿〕……以及〔樓閣〕……皆由陛下親自設計，且以黃金製成」）；讚揚他的本領（「……擁有一切德行及所向披靡的英勇」）以及堂堂儀表（「……那麼該如何區分……他的御容與月亮呢？」）最後將他和眾神祇相提並論。[22] 銘文第二十八節標示了聖牛寺每一座塔奉祀神祇的獻祭時間（八七九及八八〇年），前邊東側的三座供奉的是男性神祇，後方西側的三座塔供奉的則是女性神祇。某些廟塔內壁石楣上的銘文可以識別出的神祇，與因陀羅跋摩一世的一位祖先有關連，其男性先祖供奉在東側廟塔，女性則在西側。

聖牛寺礎柱的背面，由因陀羅跋摩一世之子耶輸跋摩一世（Yasovarman I）在八九三年刻上銘文，敘述獻祭給兩座塔所供奉的神祇。這座磚砌的寺廟在建築期間曾以砂岩作為補充建材。[23] 建築技術的品質、雕刻的精美與圖像的複雜程度，共同為柬埔寨寺廟建立了新的雄心與規模，而且顯現這個王國日益雄厚的力量和自信心。

巴空寺是因陀羅跋摩一世的社稷宗廟，證明了高棉此時的國力擴張。該寺礎柱刻撰銘文的時間是西元八八一年。這是一座五層階梯金字塔，內底為紅土，外敷以砂岩，高近三十公尺（約九十八英尺）、基座長六十七公尺（二一九英尺）、寬六十五公尺（二一三英尺）——如此龐然巨物，想必在因陀羅跋摩一世即位之初便已開始興建。巴空寺山周圍由較小的神龕圍繞，包括以下引文所述的八座磚塔：

> ……供奉濕婆神的八種不同化身……地、風、火、月、日、水、空與祭祀。[24]

寺山規模之雄偉、雕琢之精緻，在在顯現出國主宏大的雄心壯志，佛塔裡曾經供奉著的神祇雕塑也呼應著這一權力的展現。它們的雄偉與圖像的超然，和三博波雷古城（Sambor Prei Kuk）裡雕塑那種自然天成的意象，構成了鮮明的對比。

關於闍耶跋摩二世或三世在位時期在訶里訶羅洛耶留下的遺跡，史料頗為欠缺。王宮所在的位置很可能也是在訶里訶羅洛耶，因為這是京城的一項重要特徵；不過近來有一種看法，認為王宮和其他高棉民間建築一樣，是由易腐朽的建材造成的，其位置在瑞孟提寺（Prei Monti）以北的一塊高地上。[25] 在這裡發現高品質的中國唐代及其他朝代的陶瓷，顯示這些都是外邦進口的奢侈品，為「王宮位於此處」的說法更加添增說服力。

因陀羅跋摩一世在位時及之後的碑銘文字，雖然沒有提及任何戰果，卻都頌揚他是一位英勇的戰士。目前已知他在位時將勢力範圍拓展到今日泰國蒙河流域（Mun Valley）接近烏汶

一：這是一幅波斯細密畫，畫中成吉思汗（畫卷右方騎綠盔甲馬者）正與金兵交戰。這幅畫卷可能描繪的是1211年的蒙金居庸關之役——蒙古人稱居庸關為「察卜赤牙剌」（Chabchiyal）——此處是金朝重兵把守的山隘口，關後即為通往金朝腹地之路徑。

二：拉施特（Rashid al-Din）所著《史集》（*Compendium of Chronicles*）中的插畫，畫的是1258年，蒙古軍隊大掠巴格達的情景。圍城的蒙古軍隊使用浮橋和攻城機具。

三：這是一幅由絲綢和金線編織而成的大型掛毯，描繪一位登基為王的王子，左右各有一位蒙古將領及阿拉伯或波斯大臣侍立在側。掛毯技術發明於中國，但肖像畫的技術說明，其起源應在更西邊。這幅掛毯或許是在伊兒汗國伊朗或伊拉克境內的中國織匠所編製，或是由其督造，時間大約是1305年。

四：明代董其昌〈婉孌草堂圖〉立軸，繪於1597年。董其昌是晚明最偉大的書畫家。董在兩個山水畫派之間的差異做了知名論斷：北派畫家多為職業及宮廷畫師，而那些「南派」山水畫家則是業餘及文人墨客。

五：長城的金山嶺段，位置在北京北方145公里（90英里）處。本段長城是戚繼光在1567至72年間重修的，戚繼光因之前在東南抵抗倭寇獲捷而聲名大噪。他在這段時間也在本段長城構築了67座瞭望敵樓。

六：明代仇英（1494－1552）彩墨立軸〈觀榜圖〉細部。此畫描繪參加科舉的士子們在即將放榜時群集榜牆前的情景。這幅立軸所畫時間為嘉靖19年（1540），名符其實的說明了「放榜」情景。

七：吳哥窟的中央神殿塔樓，這是世界上規模最大的宗教遺跡，高42公尺（138英尺），神殿占地200公頃。神殿上的五座蓮花座塔樓象徵須彌山，即婆羅門教眾神祇的居所，中央塔樓最高，周邊環繞四座輔助塔樓，象徵須彌山的山峰。

八：巴普昂寺山的浮雕，位於暹粒市大吳哥城遺址內，雕製時間約為1060年。這座宏偉的寺山由於過於陡峭，在過去數世紀中發生過多次坍塌。2010年時，由法國與柬埔寨共組的古蹟復原維修工程完成，讓遊客再一次能親睹這充滿韻律動態及自然風格的浮雕。

九：柬埔寨大吳哥城內巴戎寺的佛像塔。

十：吳哥窟的一面飛天浮雕。為數多達1,780餘尊的「飛天」浮雕，也就是那些在攪乳海翻騰過程中創造出來的曼妙舞者，是柬埔寨最珍貴的雕刻藝術。其各種各樣的姿勢、表情與服飾，為蘇利耶跋摩二世時代宮廷的理想美學，提供了一個令人信服的見解。

十一：在這幅知名的十六世紀土耳其細密畫中，鄂圖曼帝國的艦隊停泊在法國的土倫（Toulon）港。當時法國與鄂圖曼土耳其帝國結盟，共同對抗哈布斯堡王朝，1543年，海雷丁．巴巴羅薩（Hayreddin Barbarossa）率領的鄂圖曼海軍艦隊在土倫港過冬。

十二：1578年，在卡爾斯（Kars）附近爆發的徹爾德爾（Childir）之戰，是鄂圖曼土耳其帝國與伊朗薩非王朝在高加索山的漫長戰爭中（1578－1590年），土耳其所獲得的第一場重大勝利。鄂圖曼軍隊由將領拉拉．穆斯塔法帕夏（Lala Mustafa Paşa）統領，打敗了薩非王朝軍隊。

十三：伊斯坦堡的蘇萊曼尼耶大清真寺（Süleymaniye Mosque）內部一景。這座大清真寺是由蘇萊曼的首席建築師米馬爾．希南（Mimar Sinan），於1550年至1557年間所主持建造。這座清真寺被認為是鄂圖曼帝國建築的經典傑作，位於一個大建築群的中央位置；這個建築群包括蘇萊曼及其王后的陵墓、學校、一所醫院、一處招待所、公共廚房、商隊驛站、土耳其浴澡堂及商鋪。

十四：伊斯坦堡橫跨金角灣（Golden Horn）的加拉塔（Galata）大橋，伊斯坦堡的加拉塔區及其著名的加拉塔塔樓，這張照片約拍攝於1890年。加拉塔是熱那亞人建立的商業貿易殖民地，歷經拜占庭與鄂圖曼帝國統治，到十九世紀時仍然是帝國的歐洲居民最喜愛的去處。

十五：沙阿伊斯邁爾（1487－1524），這位波斯薩非王朝的創建者，是一位極具個人魅力的領袖，在外高加索對抗烏茲別克的戰役中獲勝。這是取自十七世紀顏料與水墨對開畫本《世界愛戴的沙阿伊斯邁爾》（*Tarikh-e alam-ara-ye Shah Ismail*）。

十六：伊斯法罕「世界形象廣場」南側皇家大清真寺巨大入口兩側高聳的宣禮塔。這是薩非王朝在歷來各都城所建造的第一座、也是唯一一座可舉行大型主麻聚禮的清真寺，因此代表了什葉派信仰作為波斯薩非王朝國教制度的重大進展。

十八：著名沙阿太美斯普版本《列王紀》中的〈凱尤瑪爾斯的王廷〉（Court of Gayumars），描繪波斯上古傳說中首位君主和他在山峰頂上的宮廷。繁花開滿樹梢，岩石綻放絢色，畫面邊緣伏藏著動物與人的臉孔，人們正在諦聽文明藝術，野獸狀至馴服。其細節之豐富、色彩運用之強烈、構圖之生動，使得這幅畫及其編繪者蘇丹・穆罕默德（Sultan Muhammad）被一部當代的藝術史論著選為那個時代最富傳奇性的創作者及作品。

十七：這件瓷器的陶土材質、青花釉和龍紋圖形，都顯現出自蒙古時期以來中國瓷器在波斯製陶業者及其荷蘭買主當中所受到的喜愛程度。荷蘭商人將受到中國風格影響的薩非瓷器和真正的中國瓷器混在一起，運到歐洲市場上販售。

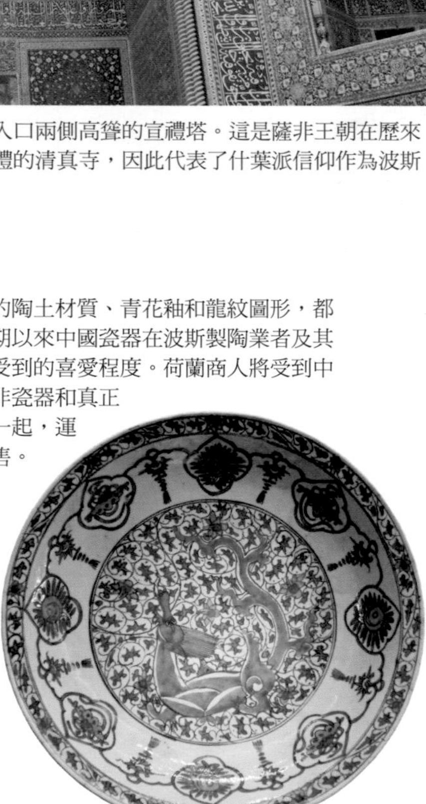

چو آمد به برج حمل آفتاب
جهان گشت با فر و آیین و آب
کیومرث چون شد جهان کدخدای
نخستین بکوه اندرون داشت جای
بتابید ازان سان ببرج بره
که گیتی جوان شد ازو یکسره
سر تاج و تختش بر آمد بکوه
پلنگینه پوشید خود با گروه
ازو اندر آمد همی پرورش
که پوشیدنی نو بد و نو خورش

十九：皇帝阿克巴之父胡馬雍位於德里的陵寢，座落在一處以開國君主巴布爾引進諸風格為藍本設計的庭園裡。這座陵寢原本可能有意作為王朝歷代皇帝的陵墓，不過從未付諸實現。

二十：《巴布爾回憶錄》（*Baburnama*）書中的一幅插圖，圖中人是首位蒙兀兒帝國皇帝，他正親自指揮修造一座階梯形御花園，園中溝渠縱橫，引水灌溉。巴布爾認為印度原先是不遵法紀的混亂國度，建造這樣格局方正對稱的花園，能夠為印度建立秩序。

二十一：蒙兀兒帝國的高層菁英女性多負責以像清真寺、客店、水井、花園這類建築來裝飾、美化城市。皇后努爾·賈漢（Nur Jahan）向來熱心支持建設，她為父母修造了圖中這一座精雕細琢的大理石陵墓，位於一個格局方正、井然有序的花園裡。今日，這座陵墓以她的父親，蒙兀兒帝國的財政大臣伊堤瑪德·道拉（Itimad al-Daula）命名。

二十二：圖中人或許就是權勢熏天的皇后努爾·賈漢，她正在款待丈夫、皇帝賈漢吉爾（Jahangir）以及未來的沙阿賈漢、王子赫拉姆（Khurram）。這位皇后是手握大權的一號人物，歐洲貿易商對她的影響力尤其畏懼，因為她能掌控數條主要貿易路線，並對往來的商客抽稅。

二十三：奧朗則布以長矛刺向一頭被激怒的大象，他的父皇沙阿賈漢及眾兄弟在一旁觀看。奧朗則布是蒙兀兒帝國第六任皇帝，以作戰本領高超與英勇聞名，他打勝多場戰役，卻也讓帝國因長年用兵與境內持續騷亂而國勢大衰。

二十四：在這張朝代世系圖中，帖木兒坐在畫面正中央，他的後代子孫，一直到奧朗則布，分坐於兩側；這張圖提醒了我們，蒙兀兒帝國其實是中亞帖木兒王朝的延伸。蒙兀兒帝國在印度的統治延續到1858年方才告終，但是即使在帝國滅亡之後，關於他們極為富強、文化上散發璀璨光芒的成就，仍然鮮明生動的存留在次大陸人們的記憶之中。

二十五：一份顯示出日本人對於「黑船」好奇心的印刷品：「黑船」其實是美國海軍戰艦，因為從其蒸汽引擎中噴冒出隆隆翻騰的黑煙，故而得名。

二十六：薩摩藩的武士。薩摩藩是領導明治維新、推翻德川幕府統治的主要地方諸侯力量之一。照片中可以清楚看出，影中人的穿著和配戴武器混合了西洋與日本兩種型態。

二十七：日本女學生揮舞國旗和櫻花花束，為「神風特攻隊」的飛行員送別。櫻花象徵人生苦短的本質，用來比喻這些執行自殺攻擊任務而犧牲的年輕飛行員。

（Ubon）一帶，因為當地一份成於八八六年的文獻，提到他將人們從生與死的重擔裡解救出來。[26] 因陀羅跋摩一世的繼位者屢次聲稱，他的王國聲威「從大海直抵中國」，這類說法實在應該謹慎看待：王室誇張的溢美之詞並不總是根據事實而來。不過，因陀羅跋摩一世治下的「甘勃智」（即柬埔寨，首次出現於八一七年占族語〔Cham〕碑銘文字記載中）毫無疑問的是一個大國。有關行政控制的史料付之闕如，因此偏遠地方的治權可能是交給附庸部落來治理。所以，這個王國還不足以被稱作是一個帝國。

繼承父親王位的耶輸跋摩一世（八八九年繼位至十世紀初），同樣也修造了一座彰顯祖先的寺山，即洛雷（Lolei）寺建築群，矗立在因陀羅塔塔迦湖中心一座人工島上，這也是所謂湄本（Mebon）建築風格的首次出現。[27] 洛雷寺啟用於八九三年，四周設有四座磚造殿塔，分成前後二排，分別供奉男性（前排）與女性（後排）的守護神祇，殿塔的門楣、廊柱和壁龕，都採取聖牛寺風格，雕琢極為精緻。

吳哥根基：十世紀初期

大約在西元十世紀一剛開始時，耶輸跋摩一世將都城遷往距舊都十五公里（即九英里）開外的吳哥，此前他早已在這裡大興土木，進行各項修建工程。我們並不清楚他決定遷都的理由。❹在八九〇年時，他已經開始興建大型蓄水池，命名為耶輸馱羅塔泰卡（Yashodharatataka），也就是今天的東巴萊湖。這是高棉人在水利工程上展現雄心壯志的驚人例證，因為這次工程使得暹粒河的流向隨之改變。十二則保存至今的碑銘文字提到，國主陛下創立了上百座耶輸陀羅神廟（Yashodharashrama），其中有四座位在巴萊湖南岸。[28]這些神廟奉祀諸多神祇，當中也包括佛陀，顯現出高棉許多君王在宗教上兼容並蓄的態度。

在新都城內，被稱作「耶輸陀羅補羅」（Yashodharapura）的中心區域，國主在城內一座小山丘上建立王室家廟，他親自命名為「耶輸陀羅山神廟」（Yashodharagiri），也就是今天的巴肯寺（Phnom Bakheng）。根據碑銘文字，這座神廟是以須彌山為原型建造的，須彌山是婆羅門教神祇的居所。這座寺山矗立在陡峭的山壁上，外鋪砂岩，位置優越，且有豐富肖像雕塑，展現出高棉宗廟建築的一種新高度。該廟位於高六十五公尺（二一三英尺）的山峰，有五層階梯式臺基，頂層上梅花式分布著五座寶塔。五座寶塔當中，一座居中央位置，略高於周圍四塔，象徵婆羅門教眾神祇居住的須彌聖山。這種梅花式的分布格局後來成為高棉建築的普遍模式。[29]

高棉中部平原上的少數幾座丘陵，它們平緩的高度與在人們心目中的崇高形象簡直不成比例；可能耶輸跋摩一世想要增加自己的能見度，因此分別在都城東北邊的龍博山，以及都城南邊、靠近洞里薩湖的豬山上，都闢建了多座廟宇。這些建築當中，包括三座奉祀印度教三大主神濕婆、毗濕奴和梵天的寶塔。

耶輸跋摩一世與其父因陀羅跋摩一樣，儘管關於他指揮戰役的紀錄付之闕如，仍然被頌揚為一位驍勇強悍的戰士。雖說他在位時間相對而言比較短暫，但是碑銘文字記載卻相當豐富，而其分布範圍之廣，說明即便此時王朝的主要建築還是侷限在都城一帶，其統治勢力範圍也已經接近帝國規模。到了耶輸跋摩駕崩的時候（他去世的時間不詳，不過應該在九一〇年之前），碑銘文字顯示：在他治下，王國的版圖在西邊與今日緬甸的撣邦（Shan State）接壤，在東邊與占婆（現在越南中部）接鄰，北抵寮國的占巴塞（Champassak）和中國的雲南一帶，南邊直達今日泰國境內的暹羅灣。

耶輸跋摩一世之後的兩任國主都是他的兒子。西元九一二至九二二年間的碑銘文字提及當時的國主是曷利沙跋摩一世（Harshavarman I），而在九二五年，則有一處銘文提到他的兄弟，伊奢那跋摩二世（Ishanavarman II）。他們仍然以耶輸陀羅補羅為都城，只是有關他們統治時期的記載甚少，廟宇和碑銘也不多見。高棉的國界在這個時期沒有什麼變動，或許這是

❹ 譯按：有種說法指出，舊都訶里訶羅洛耶周圍密邇分布先王所立神廟，新王耶輸跋摩展布不易，故而決定遷都。新都鄰近水源亦是考量之一。參見：Charles Highham, *The Civilization of Angkor* (Los Angeles, CA: University of California Press, 2004), 62-65

因為闍耶跋摩四世（Jayavarman IV）在位時（九二一或九二八—九四二）情勢局面複雜的緣故。闍耶跋摩四世是曷利沙跋摩和伊奢那跋摩二世兩人的姨父。

宏偉的貢開

西元九二一至九二八年間，正當曷利沙跋摩和伊奢那跋摩二世兩人仍在耶輸陀羅補羅為王之時，闍耶跋摩四世在距離吳哥東北邊八十公里（約五十英里）處的丘葛雅（Chok Gargyar，意為榮耀之城，在若干碑銘文字中稱作「林伽補羅」〔Lingapura〕，今日叫做貢開）莊園內，自立為柬埔寨之主。由於沒有史料顯示，這幾位君主同時並立的時候曾爆發過衝突，因此可以推想：闍耶跋摩四世原先是附庸屬邦之主，直到伊奢那跋摩二世於九二八年駕崩為止，這時前者就成了「轉輪聖王」。考頌寺裡的碑銘是這樣說的：

> 在陛下帕拉瑪濕婆帕達（Paramashivapada，伊奢那跋摩二世死後獲得的稱號）在位期間，國主遺下耶輸陀羅補羅，在丘葛雅城御宇，並將神王崇拜信仰帶至此處。[30]

這時，出身自席瓦卡瓦亞家族的大祭司伊許安墨提（Ishanamurti）已經在這裡站穩腳跟。

日期不清楚，但很可能是在九二八年授予國主「轉輪聖王」此一最高頭銜。

貢開位於一片乾燥荒瘠的地方，而闍耶跋摩四世究竟是從哪裡取得豐沛的資源，而得以實施他規模宏大的建築計畫，還不得而知。從眾多水塘的遺跡看來，這裡曾經有一個範圍廣泛的灌溉水利系統，其中有一項早期的工程，或許是闍耶跋摩四世的蓄水湖，稱作「拉侯」（Rahal）。貢開建築群超過六十餘處建物。貢開神廟及其各個組成部分那雄壯宏高的比例，與寺廟內的雕像交相輝映。規模如此龐大的建築群，在短短二十多年間就告完竣，想必建築工程在此期間是連續不斷進行的。看來闍耶跋摩四世頗以建築上的輝煌成就為滿足，因為沒有史料顯示，他與繼承王位的兒子曷利沙跋摩二世（他只在貢開統治兩年時間，即九四二－九四四年）將邊境拓展到既有領域之外。

十世紀後半：重返腹地

羅貞陀羅跋摩二世（Rajendravarman II）於九四四年繼承王位。他將都城遷回耶輸陀羅補羅，並且保留這個名稱沒有更動；到了九四七年，自本世紀初年即動工興建的巴薩曾空寺（Baksei Chamkrong）完工落成。該寺的銘文中說，國主發動征討占婆的戰事，焚毀其都城而歸。銘文裡還提到國主曾認真研習佛教。[31] 羅貞陀羅跋摩二世對宗教採取一種兼容並蓄的態度，這可能是受到他王廷重臣迦維因陀羅梨摩多那（Kavindrarimathana）的影響，後者不但位居要職，也是一位佛教僧侶，於羅貞陀羅跋摩在位期間負責宏偉建築的興建。[32]

羅貞陀羅跋摩任內建的第一座寺廟，是位於東巴萊的東湄本寺山（East Mebon temple mountain），於西元九五二年落成。這座寺山有可能是他崇祀祖先的家廟，只不過在形式上採用金字塔造型，顯得不太尋常。東湄本寺山類似巴肯寺，為梅花式座落格局，其門楣窗櫺雕刻為所有高棉建築中最精美顯著者。羅貞陀羅跋摩的社稷宗廟比粒寺（Pre Rup），於九六一年落成，距離前一座寺山啟用不過八年時間。比粒寺以紅磚築成，飾以砂岩材質的門戶及階梯，同樣也是梅花式的座落格局，同樣也雕飾精美，布局開闊。比粒寺有三層基臺，底層寬五十公尺（一百六十四英尺），全高十二公尺（四十英尺），比例和諧，這使得比粒寺名列為高棉寺廟建築外觀最為賞心悅目的寺廟之一。迦維因陀羅梨摩多那還主持了巴瓊寺（Bat Chum）的興建，該寺於九六〇年落成，主結構為三座磚堂，這是一座當時少見的佛教寺院；迦維因陀羅梨摩多並且開始建造皇宮。

興造寺廟不但與行此虔敬之舉所受功德福報、布施者迴向受得的光榮讚頌有關，它也是控制土地的必需之舉，因為統治集團必須掌握一定的土地，以供養王廷和其所需的隨從臣僚。能在內地腹心地帶進行數量如此多的建設計畫，其統治權力幾乎可以肯定是相當的鞏固。而雖然高棉與今日泰國東北部一帶的貿易看來日漸增長，然而在羅貞陀羅跋摩在位之時，王朝的邊界並未有所擴展，這種情況一直延續到羅貞陀羅跋摩之子闍耶跋摩五世（Jayavarman V）繼承王位以後。從西元九四四年羅貞陀羅跋摩登基為王，一直到闍耶跋摩五世（九六八年繼位，崩於一〇〇〇年或一〇〇一年）駕崩為止的這段期間，以社會基礎建設的鞏固為顯著的特色，這當然也反映出國家組織的完備和社會秩序的和平良好。

闍耶跋摩五世繼位時相當年幼。❺他的師傅是一位婆羅門祭司，名喚耶若婆羅訶（Yajñavaraha），出身自一個世代出任祭司聖職的家族，其影響力逐年增加。九六七年，也就是羅貞陀羅跋摩駕崩當年，由耶若婆羅訶主持興建的女王宮（Banteay Srei）落成，隔年啟用，該寺以複雜精美的浮雕聞名於世。闍耶跋摩五世統治時間很長，他在位期間開始興造寺山茶膠寺（Ta Keo），不過一直到他駕崩，該寺未能完工落成，而且在隨後的動盪時期遭到忽視；他在位時也數次整修王宮，很可能還擴建位於宮中的小型重要寺山「空中宮殿」（Phimeanakas）。九六八年落成的印音坷賽寺（Prasat Preah Einkosei），地基上有兩方重要的碑銘。[33]它們提供了贈禮、贈與和承租的細節，牲畜、作物和貿易貨物的種類細目，以及各種以貴重金屬製成的祭祀法器與雕像。由此這些銘文向我們開啟了一扇窗戶，讓我們得以看見此時的高棉社會在法律和財務層面發展出的複雜程度。

❺譯按：當時他年僅十歲。

帝國的憧憬：蘇利耶跋摩時代的國勢上升

闍耶跋摩五世過世後，由其王后的姪兒繼位，是為優陀耶迭多跋摩一世（Udayadityavarman I）。他在位僅短短一年，其原因至今仍不清楚。他也沒有留下任何影響或痕跡。繼承優陀耶迭多跋摩王位的是闍耶毗羅跋摩（Jayaviravarman I），其家世不明。他在位期間，蘇利耶跋摩一世（Suryavarman I）自立為王，後者顯然出身自東北的貴胄家族。蘇利耶跋摩一世持續向西邊進展，終於在西元一〇一〇年討平各部，取得霸主地位：

> 他揮劍擊破成團的敵人……〔並且〕……在戰役中，從一位由其他王者環伺的國王手中，贏得整個王國。[34]

他的統治需要正當性這一點，可以從一〇一一年、皇宮大門刻上的效忠誓言上推斷得出。誓言上有四千名宣誓者，發誓永遠向國主效忠。這份誓詞要求宣誓者「歃血為盟」，倘有背叛不忠者，將會墮入「第三十二層地獄」。

蘇利耶跋摩一世在位期間，見證了「神王崇拜」大祭司席瓦卡瓦亞家族之前從無間斷繼承的結束。考頌的碑銘記載，當時國主諭令在位的大祭司薩蒂濕婆（Sadashiva）：

還俗，以迎娶……其王后之妹。[35]

薩蒂濕婆獲得「皇家祭司暨第一階級臣工之首（Kamsten Shri Jayadevi Pandita）」的頭銜。[36]儘管這是一個崇隆的頭銜，卻也可以看作是蘇利耶跋摩一世藉著破壞大祭司家族一成不變的權威傳統，以確立起自身統治正當性的主張。

蘇利耶跋摩一世是頭一位持續不懈將高棉霸權擴展到帝國格局的國主。他控制了羅斛（Luovo）——此地就是今日泰國的華富里（Lopburi）——當時屬於昭披耶河（Menam）流域、勢力延伸到馬來亞半島，由孟族（Mon）建立的陀羅缽地（Dvaravati）王國。蘇利耶跋摩在位期間，沒有對占婆發動戰事的記載。他是藉由在領地周邊建立大廟的方式，來宣揚高棉統治的聲威。這當中就包含了對既有神廟的擴大改建，例如位在泰國和柬埔寨邊界的扁擔山脈上，一處建造在陡峭險峻岬角的柏威夏寺（Preah Vihear），就是如此。[37]在王國邊陲重要據點的大神廟內，都設置了被稱為「蘇利耶梅席瓦」（Suryameshvara）的金質林伽；如此一來，中央的權威在王國的各個前哨頭一次變得顯而易見。

蘇利耶跋摩一世建造的許多廟宇，都和柏威夏寺一樣建在山頂上，如此便不須建造金字塔形廟基，而能夠構成須彌山的象徵力量。在這些神廟當中，位於南邊的奇梳山寺（Phnom

Chisor）和西邊的塔山寺（Wat Ek）便名列其中。蘇利耶跋摩還擴建瓦普寺（Wat Phu），該寺位在林伽聖山（Lingaparvata）之上，是高棉歷史上最早期的幾處祭祀聖殿之一（現在位在寮國境內）。此外，他更在吳哥東北邊的巴肯寺內修築神龕，在王宮內擴建空中宮殿的寺山，並且很可能還建造了部分今日位在泰國的披邁（Phimai）石宮。[38] 他在位期間沒有建立新的寺山，以他這樣一位名列柬埔寨歷史上在位時間最長、統治權勢最高的君主來說，這一點頗令人費解。或許空中宮殿的擴建，已能滿足蘇利耶跋摩對於設立社稷宗廟的需求。或許寺山作為「神王崇拜」及濕婆教林伽總本山的象徵意義，以及國主權力樞紐的地位，對於蘇利耶跋摩而言並沒有那麼重要，因為他很可能是一位大乘佛教徒。不過即使如此，他在國內仍然保持濕婆信仰，並且在國境之內遍造林伽。[39] 這位國主對於京城建設的關注重點，可想而知是放在公共建設上面，當中包括多座蓄水池塘的闢建，這表示該城的人口已經增加。規模浩瀚的西巴萊湖水庫，完工於十一世紀的後半段，其建造可能便是起始於蘇利耶跋摩一世在位期間。像這樣在都城中具備可觀公共建設的擴張，加上王廷威權在精心籌劃之下延伸到其國境的最邊陲之處，在在都印證出一位具有深刻帝國霸權意識的睿智聖主形象。

蘇利耶跋摩駕崩之後，由其子優陀耶迭多跋摩二世（Udayadityavarman II）繼承王位，據說新君相當嫻熟印度教經典；他在位期間，重新確立神王崇拜的重要性，挑選出身自聖職世家薩達迭塔瓦庫拉（Saptadevakula）出任大祭司，而不是長期擔任此職務的席瓦卡瓦亞家族。優陀耶迭多跋摩二世在位期間，因為於一〇五〇年與占婆爆發戰事而頗受困擾，不久之後，南邊又發生亂事。這場叛亂，以及之後的亂事，都遭到高棉名將桑格拉瑪（Sangrama）平定。碑銘記載對優陀耶迭多跋摩二世的成就多所揄揚，但是這位國主真正的傑出貢獻在於他興建的寺山，也就是巴普昂寺（Baphuon Temple）——該寺大約是他在位期間落成的，而這座寺廟也成為一種藝術風格的名稱，十一世紀大多數藝術作品都是這種風格之下的產物。碑銘文字描述巴普昂寺乃是一座「黃金之山」，這表示該寺和其他所有高棉歷史遺跡一樣，石材之外敷以灰泥，可能還鍍上金箔。巴普昂寺是高棉所有金字塔型（即須彌臺座）神廟裡規模最大的一座，其外牆刻有雕工精美的敘事浮雕。而在此時完工的西巴萊湖中一座島上，也有一座寺廟，名喚梅本（Mebon），寺內供奉一尊體積驚人的青銅鑄毗濕奴臥像。根據估算，這尊銅像完好無損時，身長約有六公尺（二十英尺）。[40]

一〇六六年，優陀耶迭多跋摩二世過世後，王位由其弟曷利沙跋摩三世（Harshavarman III）繼承。曷利沙跋摩三世在位十四年，這段期間戰亂相尋。他很重視各項宗教原則，但是在他當政期間，高棉社會並未出現顯著改變。在他之後，王位落入另外一支血脈傳承，是為闍耶跋摩六世（Jayavarman VI）。

十一世紀晚期：北方的強權

闍耶跋摩六世（一〇八〇—一一〇七在位）首次在碑銘文字當中被提及，是出現在一〇八二年的一則記載之中。闍耶跋摩六世出身自摩悉陀羅補羅（Mahidharapura）王朝，長期以來，這個王朝歷任的統治者們可能一直是吳哥王朝國主的藩屬，但是究竟發生了什麼事，使得闍耶跋摩六世掌握了中央大權，至今仍不清楚。儘管闍耶跋摩六世在吳哥成為神王，他很可能還是繼續居住在披邁，該座石宮中央神殿中有一座造型獨特的錐形高塔，是日後吳哥窟同樣造型塔樓的先聲。這個地區相當繁榮，在文化上享有很高的名望。[41]所謂「武里南寶藏」（Buriram hoard）當中所藏的八世紀佛陀及菩薩雕像，顯示大乘佛教存在於這一地區。雖然寺內也供奉婆羅門教的神祇，披邁仍被奉為佛教寺院，或許反映出密教的合一趨勢。建成時間稍後的另一座大寺廟帕農隆寺（Phnom Rung）則是婆羅門教寺院，所以無法從寺廟建築當中推斷闍耶跋摩六世本人的宗教信仰。闍耶跋摩六世的大祭司迪瓦卡拉盤迪塔（Divakarapandita）是優陀耶迭多跋摩二世在位時的高官，曷利沙跋摩三世時出任大祭司，日後闍耶跋摩六世之兄、陀羅尼因陀羅跋摩一世（Dharanindravarman I）繼承乃弟王位時期（一一〇七—一一一三），迪瓦卡拉盤迪塔繼續擔任大祭司，顯示同一套儀軌延續四代君王。

陀羅尼因陀羅跋摩在其胞弟闍耶跋摩六世死後，無奈結束原來的禪修生活，繼承王位。

記載闍耶跋摩六世的碑銘出現在北部地區，而那些記載曷利沙跋摩三世的碑銘則在吳哥附近，因此可以推論：對於新政權的抵抗，持續了很長一段時間。彼此敵對爭鬥的派系，一直到蘇利耶跋摩二世（Suryavarman II）到來，才受中央王廷的節制。年輕的蘇利耶跋摩，是摩悉陀羅補羅王朝諸位國王母系這一邊的侄孫。銘文裡提到，在他接受教育後，「仰仗兩位師傅之力」，並且「……跳躍上坐在大象頭的敵人的國王，他殺了他」。[42] 意思是追隨曷利沙跋摩三世的部眾遭到擊敗。蘇利耶跋摩二世接著又在為時僅一日的戰爭裡，打敗了他的舅公陀羅尼因陀羅跋摩一世。蘇利耶跋摩掌握政權，結束了一個動盪階段；在之前這段時期裡，高棉王國不但沒有對外擴張，整個國家反而陷入內部自相紛爭之中。

蘇利耶跋摩與吳哥窟時代

蘇利耶跋摩二世在位期間（一一一三—一一四五或五〇），改變了高棉帝國的對外關係，這是之前的君主們都未能達成的。蘇利耶跋摩大概是高棉史上最好戰的君主，他在一一二八年發兵遠征今日越南北部的大越國（當時大越和占婆結盟），並且在一一二八、一一三二九（這次是浮海以水師征討）、一一四七、一一四八及一一五〇年，五次出兵攻打占婆。[43] 這幾次戰役大都無功而返，其中還包括試圖利用占婆北邊的毘闍耶（Vijaya）與今日越南南部賓童龍（Panduranga）敵對的局面，扶植他的妻弟河梨代跋（Harideva）為毘闍耶之主，不過最後仍然以失敗收場。十三世紀時，元代史學家馬端臨記載柬埔寨派遣使節向中國朝貢，這是自九世紀之後高棉的使節首次出現在中國的史書記載之中。一一一六年（北宋徽宗政和六年），兩位高棉的重臣獲派為朝貢使臣前往宋朝，停留了一年之久。[44]蘇利耶跋摩的向外發展，促使他在一一二〇年和一一二八年兩次派出使節團與各國商討貿易通商問題，最後問題都得到解決。上述這些文獻記載，為後人提供了罕見的視角，得以看見當時的經濟議題：因為大多數的高棉碑銘記載都和宗教廟宇有關，對於外國貿易著墨不多。

蘇利耶跋摩二世在位期間的高棉文碑銘都立於北方，包括瓦普寺和柏威夏寺，這大概是他鞏固邊境地區控制之舉。摩悉陀羅補羅轄下各邦仍然持續建造寺廟，而深受高棉影響的風格也依舊主導了此時華富里的宗教寺廟建築。高棉和中國的關係可能促進經濟的繁榮，而高棉似乎仍然在西邊和北邊保持其霸權地位（中國史料稱此時高棉的聲威達於緬甸）。然而幾次對占婆和大越用兵均告失敗，清楚說明蘇利耶跋摩二世建立帝國霸業的野心，並未能使其版圖擴張，超過之前歷代君主的疆域。

且先不看蘇利耶跋摩二世對外擴張受挫，他最高的成就其實在建築層面。位在吳哥城中央的塔瑪儂（Thommanon）和周薩神廟（Chau Say Tevoda）的小寺廟群，位在東巴萊湖東側、精心雕琢的班蒂色瑪（Banteay Samré），以及在吳哥城東北邊大約四十公里處（約二十五英里）的奔密列（Beng Mealea）建築群——更別提瓦普寺的增建部分——每一項都足以讓他躋身建築史上最偉大的高棉君主之列。然而縱然這些寺廟建築已經極為出色，它們與名列世界建築奇蹟的吳哥窟相比，盡皆顯得黯然失色。

吳哥窟的各項統計數字便讓人嘆為觀止。整座寺城聖殿呈長方形格局，南北方向軸線長一千三百公尺，東西軸線寬一千五百公尺（即長四二六五英尺、寬四九二二英尺）。圍繞周匝的護城河將近有二百公尺（六五六英尺）寬，周長超過五公里（三英里），內城則以高四點五公尺（十五英尺）的紅土石牆圍繞，包圍城牆的外側四角；護城河占了五分之一面積。圍牆之內是一個占地寬闊的廣場，或許這裡曾經設置了數百棟與寺廟功能相關的房屋（這些屋舍和其他高棉建築一樣，都使用一般非永久性建材搭建）。連續不斷的迴廊通往中央愈漸升高的臺座，最後來到有五座寶塔的聖殿平臺上。寺廟平面布局具備印度教的「曼荼羅」（mandala）諸元素，以及層層上升的五座平臺，使得整座廟宇更增添須彌山縮影的雙重象徵意義，而高出聖殿四十二公尺（一三八英尺）的中央寶塔部位，則與寺廟下方的井適成對照映襯，高塔和深井共同構成了連通陰間世界、塵世人間和天界的宇宙樞軸（axis mundi）。

吳哥窟供奉的毗濕奴神像，面朝西方，這在通常座西朝東的高棉寺廟中相當少見。蘇利耶跋摩二世是高棉歷代君王中少數崇信毗濕奴的國主。有種說法，認為吳哥窟面朝西的格局具備喪葬功能，因為在婆羅門教信仰中，西方代表死亡，不過西方也和毗濕奴有關聯。

吳哥窟雖然規模宏大，卻也在比例和細節上體現出各種精妙巧思：窗櫺、門楣和山牆上豐富的浮雕——尤其是那一千七百八十餘尊的「飛天」浮雕，這些模樣陶醉的天界舞者，穿戴各色各樣服裝與頭飾——總是能納入一系列雄偉壯觀的空間整體之中。在這些奇觀裡，包括第三進院落的廊廡牆上，那八幅綿延約八百公尺（二六二五英尺）長的敘事浮雕。這些敘事浮雕之中，有些取材自印度史詩，如《羅摩衍那》（*Rāmāyaṇa*）與《摩訶婆羅多》（*Mahābhārata*）。其中一幅著名的鑲嵌浮雕，雕畫的是毗濕奴翻攪乳海，創造出長生不老藥「甘露」（amrita）的神話場景。南面廊廡牆上雕畫的主題則是蘇利耶跋摩二世校閱軍隊的場面。這一系列的浮雕，除開它在美學上的成就不論，不啻是向我們提供了關於當時高棉軍隊、武器、車輛、服裝、儀式器材、牲畜和植物草木等極其寶貴的樣貌和情況。

近來有一項研究表明，吳哥窟被賦予諸多複雜的天人宇宙論意義。[45] 蘇利耶跋摩二世或許算是柬埔寨史上最勤奮的帝國版圖建構者，不過就算他在其他方面一無所成，光是修建出吳哥窟這一項成就，便足以確保他在人類文明貢獻者的神殿之中，擁有一席之地。

佛教定為國教：闍耶跋摩七世時代

蘇利耶跋摩二世的王位由耶輸跋摩二世（Yasovarman II）繼承（他約在一一五〇年後繼

位，至一一六五年駕崩），後人對他的事蹟所知不多。耶輸跋摩二世遭到權臣特里布婆那迭多跋摩（Tribhuvanādityavarman）謀害，後者篡位為王，於一一七七年討伐占城❻時陣亡。這時，摩悉陀羅補羅王朝的一位王子闍耶跋摩正在外流亡，他是前國主陀羅尼因陀羅跋摩二世（Dharanindravarman II）之子，信仰佛教，之前可能曾統治過吳哥一段時間。王子的流亡地點，究竟是否如某些說法指出的駐留在占城，還是停留在巴肯的大聖劍寺？如今不得而知。但是當他聽到耶輸跋摩二世遭推翻的消息後，便束裝返國，準備奪回國家。一一七七年，在占城入侵之後，闍耶跋摩率領麾下軍隊進軍吳哥，在隔年打敗侵略者，並殺死占城國主。一一八一年他登基為王，是為闍耶跋摩七世（Jayavarman VII）。國境之內現在動盪不安，而他必須平定僅僅一年後在西邊馬里揚（Malyang）爆發的亂事，同時還要重新恢復殘破不堪的都城。

一一九一年，闍耶跋摩七世以報從前兵敗之仇為名，興兵攻打占城，罷黜其國王，奪占其土地。此後數年之間，領地的控制權反覆易手，不過一直到十二世紀末，高棉對占城都占盡優勢。中國史料稱闍耶跋摩七世的聲威及於馬來半島，而到了十二世紀結束時，高棉帝國的聲勢已達於顛峰。

❻譯按：即先前的占婆。

雖然在高棉歷史上，已經出過幾位信奉佛教的國主，闍耶跋摩七世卻是頭一位定大乘佛教為國教的君王。在其王后闍耶麗（Jayarajadevi）的支持下，他提倡悲憫寬恕，並興建公共設施。闍耶麗去世後，他立其姐因陀羅黛維（Indradevi）為后，她是一位知名的佛教學者。闍耶跋摩七世興辦的大型建設計畫裡，包括醫院、佛堂、供奉四時不滅聖火的神龕、驛館，以及道路和橋梁。上述這些建設，都使得從披邁寺到高棉首都之間的所謂「皇家之路」（Royal Road）朝聖路線，變得更為便利。賽豐（Say Fong）的一處醫館精舍裡的碑銘是這樣告訴我們的：

> 國主不以自身痛苦為意，而以百姓的苦難為苦難。46

闍耶跋摩七世的雕像都將他塑造成一位沉思者的模樣，未穿戴冠冕或金飾，以符合一個修行佛法之人謙和沖退的形象。

除了這些慈善人道的公共設施建置，以及扁擔山脈以北的諸多碑銘以外，國主闍耶跋摩七世著手展開一項大型寺廟群建設計畫，該計畫耗費資源甚鉅，勢必會為國境之內帶來沉重的負擔。在這些寺廟中，規模最大的是一一八六年建成的塔布蘢寺（Ta Prohm），和一一九一年完工的聖劍寺（Preah Khan）。塔布蘢寺崇奉的是般若波羅蜜多（Prajñāpāramitā），祂是佛教經典中智慧的化身，寺中同時也奉祀國主的母親及兩位祭司師傅。聖劍寺是為了紀念國主的父親，主要奉祀的是慈悲的聖觀音菩薩。兩座寺廟規模極大：塔布蘢寺內住有一萬二千六百四十名人眾，當中包括六百名舞者；而為聖劍寺效勞的人，接近九萬八千人之多。兩座寺廟群都按照線性規劃配置，包括許多附屬廟宇，以及中央位置的大型主廟。雖然這兩大寺廟建築群在名義上都是佛寺，不過在廟宇群中卻都有崇祀婆羅門教神祇的小神堂，這顯示一般高棉人看待宗教的兼容並蓄態度，其包容程度已經又提升到一個新的境界了。

闍耶跋摩七世闢建了一座新城市：大吳哥城（Angkor Thom）；[47] 新城的地點毗鄰他在位時最重要、也最神祕的建設樞紐地帶——這一建設，就是闍耶跋摩七世的社稷宗廟，巴戎寺（Bayon）。巴戎寺和大吳哥城可能都起建於十二世紀末。巴戎寺和其他的寺山建築不同，它沒有四面高牆與護城河環繞，不過整座大吳哥城則有一條護城河圍繞，再加上每面長三公里（一點九英里）、高八公尺（二十六英尺）的紅砂岩圍牆，或許等同算是這座寺廟建築群的外城。有一項近年來的研究探究了巴戎寺的歷史，但是寺內多座塔樓上生動引人注目的佛頭浮雕，其身分究竟為誰，至今仍有爭議。[48] 這些佛頭是按照何人面孔雕刻的？根據各方推測，認為是聖觀音、婆羅門和闍耶跋摩七世本人。

巴戎寺的敘事長浮雕當中，既有歷史和神話的場景，也有日常生活的描繪，提供後人對於高棉社會的深刻觀察材料。造型自然、神態慈悲的神祇和人像獨立塑像，同樣也具有所謂

「巴戎寺」風格；而這個時代則以其青銅和石材雕像著稱，尤其是以國主闍耶跋摩為形象所雕鑄、遍布國境之內的雕像更是如此。

闍耶跋摩七世晚年興辦的幾項大型建設，位於今日柬埔寨西部邊境班迭棉吉省（Banteay Meanchey）的班迭奇馬寺（Banteay Chmar）建築群便是其中之一。這座寺廟奉祀的是國主夭折的太子，以及幾位執干戈以衛社稷的將領。現在這座寺廟已經傾頹破敗，並且被洗劫掠奪，但它仍是吳哥窟之後規模最大的建築群，擁有超過八百公尺（二六二五英尺）、以「巴戎寺」風格雕塑的重要歷史浮雕。[49]

衰弱的年代？

闍耶跋摩七世可能駕崩於一二一八年（或許是稍後），由其子因陀羅跋摩二世（Indravarman II）繼位（一二一九—一二四三在位）。我們對於這個時期的情形所知不多，但是許多闍耶跋摩七世在位時發起的建築計畫很可能還繼續進行。碑銘記載付之闕如：因陀羅跋摩二世在位時期唯一提及國主的碑銘，便是記載他的死去。繼承他王位的是闍耶跋摩八世（Jayavarman VIII），這位新國主又將國教改回婆羅門教，而且可能要為國境之內到處破壞佛像的舉動負起責任。這時位在今天泰國境內的素可泰（Sukhothai）王國已經逐漸崛起，動搖高棉的控制，使泰族人侵入高棉的領地。歷史學者們曾經推測，高棉之所以走向衰敗，可能是由於水、農業、貿易及人力等各種資源紛告枯竭以致，可是這種推斷卻和周達觀的記述❼相違背。周達觀是元朝皇帝派來的使節，曾於一二九六至九七年間造訪過大吳哥城。周到達的時候，正是因陀羅跋摩三世（Indravarman III）即位之年（一二九六—一三〇八在位）。因陀羅跋摩三世是頭一位崇奉小乘佛教的柬埔寨國君，小乘佛教信仰自此開始在柬埔寨興盛起來。周達觀的第一手報導相當珍貴，也是外界關於柬埔寨的文字當中資訊最豐富的記載，更是今日我們了解高棉社會的諸多知識來源。[50]

在周達觀對於柬埔寨的記述裡，鉅細靡遺的描寫節慶與祭典，還有朝廷的堂皇盛況與繁榮，這似乎和大多數學者關於這段時期的詮釋裡設想的那個衰敗社會相去甚遠。一直到最近，歷史學者才認為高棉將首都從吳哥遷往南方的金邊，是由於不堪暹羅武力愈來愈頻繁的侵擾所致，而且最終在一四三一年泰族犯境時被迫放棄吳哥。最近已有學者指出，遷都可能是考量新都城具備更佳的對外貿易通路優勢，在形勢上得以同時運用洞里薩湖與湄公河流域內陸與海外的通商管道。[51] 而且，在這些年代當中，高棉不但曾在若干戰役當中獲勝，其國主安贊一世（Ang Chan I，一五一六—一五六六在位）更是重新將都城遷回吳哥城，倘使暹羅

❼譯按：即《真臘風土記》。

武力仍然控制著這個地區，是不可能會有這樣的舉措出現的。不過即使如此，控制權仍舊反覆易手，而暹羅人自十六世紀起一直保持對柬埔寨西北部大部分地區的占領，直到一九〇七年，被迫交還給柬埔寨法國保護邦（French Protectorate）為止。

十七世紀時高棉文學創作蓬勃發展，當中包括柬埔寨版本的《羅摩衍那》、敘事史詩《利恩歌》（*Reamker*）。在十六到十九世紀當中的大部分時間裡，高棉王國深受對外戰事所困——先是與暹羅人作戰，後來則是對抗越南；與此同時，內部還不斷出現因爭奪政權而起的鬥爭。而自一八六三年，法國開始在柬埔寨建立殖民統治以來，內部的衝突紛爭就不斷出現，綿延整個殖民時期，一直到柬埔寨於一九五三年獨立才告一段落。獨立後的柬埔寨，在一九五〇年代歷經過一段振奮人心的繁榮歲月，然而這段榮景隨即因為越戰引發的動盪，以及「紅色高棉」（Khmer Rouge）統治的恐怖歲月（一九七五—一九七九）而遭到摧殘殆盡。[8]之後越南入侵柬埔寨[9]，動亂局面延續，直到一九九三年，柬埔寨在聯合國的支持下舉行全國大選，才建立了現在的政府。[52]這段複雜而漫長的歲月和任何評價「柬埔寨曾是一個帝國」的說法都完全扯不上關係，而往昔那光榮的日子在十五世紀之後日漸黯淡，那帝國的熊熊烈焰也隨之熄滅了。

高棉帝國

我們應該如何評價高棉帝國？如果帝國是一個向外擴張、威壓四鄰的政體，則高棉缺乏像成吉思汗或羅馬帝國那樣主導局面的力量。高棉也不像大英帝國那樣，在各從屬領地上加諸一套新的統治與法律體系。高棉的立國型態更與印尼的海上強權如位於蘇門答臘（Sumatra）的三佛齊（Srivijava）、位於東爪哇（East Java）的滿者伯夷（Majapahit）等王國迥異，它的土地與內陸腹地相連，其政權提倡一種由與君主有關聯的眾神授予統治權力的君主制概念。這種君主與神祇間關係的顯著表現，為高棉國主行使其角色之權利提供了證明。這項基本概念最終構成了高棉文明的獨特面向：持續建造令後人驚異的寺廟、雕像和碑銘以榮耀神明，而統治者藉此取得正當性。這一章節裡所陳述的這個古老高棉帝國，最終應該從它那無與倫比的藝術及建築遺緒當中來評價界定。

---

❽ 譯按：「紅色高棉」最初是柬埔寨左翼勢力的統稱，後來指的是柬埔寨共產黨以及之後改稱的民主柬埔寨黨。一九六二年，柬埔寨當局取締柬共勢力，共產黨人轉入地下活動，在中共、越共的支持下，組織軍隊，不斷壯大，最後於一九七五年推翻親美的高棉共和國，上臺執政，隔年改國名為「民主柬埔寨」。紅色高棉的領導人為總書記波布（Pol Pot），他深受中共革命路線影響，上臺執政伊始，便實施激進共產主義，並仿效中共發起「大躍進」，強制勞動、整肅政敵。由於酷刑、處決及營養不良，據估計紅色高棉執政短短四年，約造成二百萬人死亡。

❾ 譯按：柬越戰爭，一九七五至一九八九年。

CHAPTER 4

小亞細亞及其他：鄂圖曼帝國（1281–1922）

Asia Minor and Beyond: The Ottomans 1281-1922

蓋博・雅果斯頓
（Gábor Ágoston）

十三世紀後期，鄂圖曼帝國崛起自小亞細亞西部，最終於六個世紀之後，在第一次世界大戰期間土崩瓦解。在軍事武功上，鄂圖曼帝國橫掃四鄰，所向無敵；在行政治理上，鄂圖曼帝國的官僚體系井然有序，臻於完美；在文化藝術上，鄂圖曼帝國輝煌燦爛，大放異彩；這些成就，使帝國在世界歷史上位列前茅。雖然從教義上來說，鄂圖曼帝國遵奉伊斯蘭教，不過實際上它是一個多宗教、多民族的政體，以務實的作風和相對寬容的態度，統治著巴爾幹（Balkan）、安那托利亞（Anatolia）及中東各民族達數百年之久，而上述這些地方在帝國崩解以後，都陷入極度動盪和戰亂之中。鄂圖曼帝國享國之綿長，文化之璀璨，以及統治之紀錄，再加上他們在塑造近代歐洲和中東歷史上的重大意義，都確保帝國能在世界歷史上保有一席特異之位置。

鄂圖曼帝國在世界史上的重大意義

以王朝創建者奧斯曼（Osman I，一三二四年駕崩）為國號的鄂圖曼酋長國（或稱鄂圖曼侯國），在十三世紀後期崛起於安納托利亞（即小亞細亞，大致上為現代土耳其版圖）。鄂圖曼侯國原來是安納托利亞地區突厥人建立的諸多侯國之一，它們在一二四〇年代蒙古大軍入侵之後紛紛立國，隨即終結了當時魯姆蘇丹國（Rum Seljuq）的統治，因而在本地區形成權力真空。到了十五世紀中葉，鄂圖曼逐一擊敗四鄰的突厥人穆斯林各邦，並將土地納入日漸茁壯的帝國版圖。他們還橫渡赫勒斯滂（Hellespont，即今達達尼爾海峽，Dardanéllia），征服巴爾幹半島上信奉東正教的斯拉夫諸國，包括了中古時期的保加利亞（Bulgaria）、波士尼亞（Bosnia）及塞爾維亞（Serbia）。在一四五三年，鄂圖曼帝國的蘇丹穆罕默德二世（Mehmed II，一四四四—一四四六、一四五一—一四八一在位）——鄂圖曼帝國史上最具才幹的君王之一——攻下了東羅馬帝國（或稱拜占庭帝國）千年之久的都城君士坦丁堡。穆罕默德二世隨即便以君士坦丁堡作為帝國的京城。在官方文件和錢幣上，鄂圖曼帝國管他們的新首都叫「科斯坦丁尼耶」（Kostantiniyye），這是阿拉伯語或鄂圖曼土耳其語對君士坦丁堡的拼法。而與此同時，人們（尤其是一般民眾）也開始使用「伊斯坦堡」（Istanbul）這個名稱——這是希臘語「到城裡去」一詞的衍生轉義詞。從十五世紀後期到十七世紀末，穆罕默德二世的歷代繼承者們相繼開疆拓土，擴展帝國版圖，北到匈牙利，南抵葉門，西迄阿爾及利亞（Algeria），東至伊拉克。一五二九年和一六八三年，鄂圖曼大軍進攻奧地利哈布斯堡王朝的首都維也納，兩度兵臨城下，不過兩次都以失敗收場。從一六八三年的圍城到一六九九年之間，哈布斯堡王朝糾集歐洲各國，包括波蘭、威尼斯、梵諦岡和莫斯科大公國（Muscovy，這是俄羅斯當時的名稱），組成一個國際同盟，設法收復了奧地利大部分的土地。不過，直到一八七八年，鄂圖曼帝國仍舊統治著巴爾幹半島的大部分地區，而且一直到第一次世界大戰

鄂圖曼帝國關鍵年表

十三世紀後期—一三二四年	王朝創建者奧斯曼一世在位。
一四五三年	蘇丹穆罕默德二世（Mehmed II）攻陷君士坦丁堡，拜占庭帝國滅亡。
一五一六—一七年	蘇丹薩利姆一世（Selim I）征服原為馬木留克蘇丹國統治的敘利亞和埃及。
一五二六年	蘇丹蘇里曼一世（Suleiman I）擊敗匈牙利人，鄂圖曼帝國與哈布斯堡王朝交戰。
一五五五年	鄂圖曼與伊朗薩非王朝在阿馬西亞（Amasya）簽訂和約，兩國邊境趨於穩定。
一六九九年	《卡洛維茨條約》（Treaty of Karlowitz）簽訂，結束神聖同盟（Holy League）與鄂圖曼帝國之間的戰爭；鄂圖曼割讓匈牙利給哈布斯堡，割讓莫里亞（Morea）給威尼斯。
一七六八—七四年	第五次俄土戰爭，戰後克里米亞（Crimea）汗國脫離鄂圖曼帝國獨立；俄羅斯成為鄂圖曼帝國境內東正教各屬邦的保護國。

一七八九－一八〇七年	塞利姆三世（Selim III）在位期間，嘗試進行現代化改革。
一八三九－七六年	坦志麥特（Tanzimat），帝國進入改革時代。
一八七六－一九〇九年	蘇丹阿卜都勒・哈米德二世（Abdülhamid II）持續進行現代化改革。
一八七八年	柏林會議（Berlin Congress）召開；蒙地內哥羅（Montenegro）、塞爾維亞和羅馬尼亞脫離鄂圖曼帝國獨立。
一九〇八年	青年土耳其黨人革命（Young Turk Revolution），試圖重新建立議會民主體制以拯救帝國。
一九一四－一八年	鄂圖曼帝國在第一次世界大戰中淪為戰敗國，失去阿拉伯半島領地，安納托利亞遭到協約國占領。
一九二二年	土耳其大國民議會（Grand National Assembly）廢除鄂圖曼蘇丹體制。
一九二三年	《洛桑條約》（Treaty of Lausanne）簽訂；協約國軍隊撤出伊斯坦堡；土耳其共和國宣告成立。

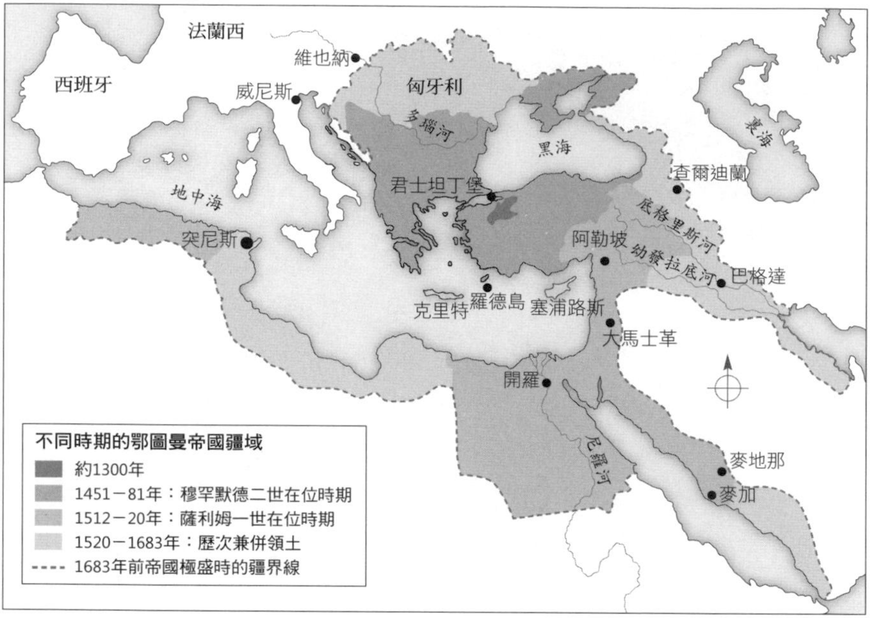

鄂圖曼帝國地圖

地圖顯示鄂圖曼帝國在1683年之前全盛時期的疆域。

時為止，也仍然保有在中東的領地——這是一項相當了不起的成就，即使是十八、十九世紀時伊斯坦堡對周邊各省的控制通常已經徒具虛文，如此成就還是足堪稱道。

從十五世紀中葉起，一直到一次世界大戰時滅亡為止，鄂圖曼帝國都在歐洲強權政治當中扮演關鍵的角色。到十八世紀中葉為止，它也是唯一一個能與歐洲基督教各國一決雌雄的伊斯蘭帝國。十六世紀時，鄂圖曼帝國與奧地利哈布斯堡王朝之間在地中海沿岸地區的對抗，只有同一世紀、法蘭西瓦盧瓦（Valois）王朝與哈布斯堡在歐洲的衝突，或是二十世紀冷戰時期，美國與蘇聯及雙方盟國陣營的競爭，可以相提並論。

即使在鄂圖曼帝國已過了全盛期（十五－十七世紀）之後，它仍舊是國際政治當中的主要因素。十九世紀時，鄂圖曼帝國不但有遭到歐洲列強（即法國、英國、德國、奧地利、俄羅斯等國）瓜分的可能，在巴爾幹半島更遭遇到方興未艾的民族主義運動，因此成為當時國際關係上一個重大的議題，被歐洲稱為「東方的問題」。對鄂圖曼帝國而言，這叫做「西方的問題」，也代表一個改革與重整秩序的年代，用土耳其語來說，叫做「坦志麥特」（Tanzimat），意思是「重整秩序」，時間從一八三九至一八七六年。當時帝國政府的主要議題分別是：如何現代化、並強化帝國軍隊、財政以及行政官僚體制的能力，以求能因應十九世紀現代化的各種新挑戰；如何反制歐洲列強帶來的干預及影響；還有如何遏止帝國境內信仰基督教的各少數民族間興起的分離主義運動。

鄂圖曼帝國位列歷史上享國祚最長的多民族、多宗教大帝國之一。從立國疆域來說，它可以和羅馬人、拜占庭人在地中海沿岸建立起來的更知名帝國相提並論；就相似的多民族兼容並蓄而言，它能和毗鄰的奧地利哈布斯堡、俄羅斯羅曼諾夫（Romanov）等王朝等量齊觀；而同樣是伊斯蘭大帝國，它與中東的阿巴斯哈里發帝國（Abbasid Caliphate，七五〇－一二五八）、波斯薩非王朝（一五〇一－一七二二），以及印度的蒙兀兒帝國（一五二六－一八五八）相比，也毫不遜色。究竟鄂圖曼是如何從當初一個小亞細亞西部的偏遠小侯國，搖身一變成為伊斯蘭世界最光輝燦爛的大帝國？到底鄂圖曼是如何治理這個擁有多個民族、多種宗教的大帝國？還有，鄂圖曼帝國是如何度過漫長的十九世紀、從所遭遇到的諸多挑戰中存活下來？

由蕞爾小邦至龐然帝國

鄂圖曼帝國的開創君主，出色地運用一二四三年蒙古入侵摧毀魯姆蘇丹國、小亞細亞形成權力真空地帶，而拜占庭帝國又無暇顧及此地區的良機，趁勢崛起。當時拜占庭帝國甫於一二六一年，從拉丁十字軍（Latin Crusaders）手中奪回都城君士坦丁堡，因此將絕大部分的心力放在如何鞏固帝國在巴爾幹半島的統治，致使他們忽略了對安納托利亞領地的防禦。鄂圖曼帝國也相當走運，因為在拜占庭帝國內戰的動盪時期，為他們出兵突襲提供了機會，通常是作為拜占庭各股交戰勢力當中之一的盟友。一三二四至一三六二年在位的鄂圖曼蘇丹奧爾漢一世（Orhan I），是奧斯曼一世之子兼繼承者，他成為爭端勢力之一的拜占庭皇帝約翰六世·坎塔庫澤努斯（John VI Kantakouzenos，一三四七—一三五四在位）的盟友，並且在一三五二年時，以約翰六世盟軍的身分，堂而皇之地將軍隊開進歐洲，在達達尼爾海峽歐洲這一端的辛比（Tzympe）建立起他們的首座橋頭堡。

鄂圖曼的第三代蘇丹是穆拉德一世（Murad I），他在位期間（一三六二－一三八九），運用軍事征服、外交手段、政治聯姻，再加上善於把握拜占庭內戰的時機，將直屬帝國管轄的版圖擴張了三倍以上。現在，帝國的版圖已達二十六萬平方公里（十萬四百平方英里），平均分布在東南歐與小亞細亞兩地。穆拉德一世之子巴耶濟德一世（Bayezid I）在位期間（一三八九－一四〇二），繼續推進鄂圖曼的勢力，北方直達多瑙河畔，東邊來到小亞細亞的幼發拉底河，幅員達到約六十九萬平方公里（二十六萬六千四百平方英里）。穆拉德、巴耶濟德父子在位期間，對於鄂圖曼帝國的軍事、地方與中央的行政治理，有非常重要的發展。知名的「耶尼切里」軍團（Janissaries）——其名稱來自於土耳其語的「新軍」（yeniçeri）——便在一三七〇年代組建起來。這支軍團原來是蘇丹的御林親軍，用意是在土耳其各地軍頭控制的武力之外，另行建立一支忠於朝廷的軍隊。到了一三八九年，鄂圖曼與塞爾維亞爆發科索沃戰役（Battle of Kosovo）時，耶尼切里軍團已經成為蘇丹麾下一支精銳步軍，有兩千名士兵。在一三八〇年代，鄂圖曼開始施行所謂「德夫希爾梅」（devshirme）制度，也就是兒童少年徵召制，目的是補充耶尼切里軍團的兵源。按照這個制度，定期從帝國轄境內信仰基督教的各地區徵召年齡在八到二十歲之間的基督徒少年服役。這些少年在改宗皈依伊斯蘭教、並且於安納托利亞從事農墾七或八年之後，便進入耶尼切里軍團，成為新進士兵。

穆拉德還選認了首任「大法官」（kadiasker），這個詞原意是軍隊中的軍法官，後來成為鄂圖曼宗教機構之首腦。此外，約在奧爾漢一世在位末期，或是穆拉德在位時，蘇丹任命了第一批「桑賈克貝伊」（sancakbeyi），也就是州級行政單位「桑賈克」（sancak）的地方行政首長。之後巴耶濟德繼位，各個「桑賈克」組成省級行政單位，頭兩個建省的地區，分別是魯米利亞（Rumelia）——土耳其語稱「魯米利」（Rumeli），意即「羅馬人之地」，也就是巴爾幹半島；以及位於小亞細亞的安納度魯（Anadolu），即安納托利亞。

巴耶濟德在巴爾幹半島上東征西討，所向披靡，使匈牙利國王西吉斯蒙德（Sigismund）深感震驚，心生警惕。西吉斯蒙德（一三八七—一四三七在位）是鄂圖曼帝國在歐洲實力最雄厚的強鄰，他出面倡導、組織了一次十字軍，試圖遏制鄂圖曼的擴張，但是十字軍東征聯軍卻於一三九六年在多瑙河畔的尼科波利斯（Nikopol）慘遭鄂圖曼帝國擊敗。最終，暫時阻擋住鄂圖曼大軍腳步的不是歐洲十字軍，而是帖木兒這位崛起自中亞、作風殘酷的大軍統帥、蒙古穆斯林。一四〇二年七月二十八日，帖木兒在安卡拉一役（battle of Ankara）中擊敗巴耶濟德。蘇丹巴耶濟德一世被俘，之後於囚虜生涯中過世，帖木兒限縮鄂圖曼帝國的版圖，使之回到穆拉德一世即位之初的幅員。安卡拉之役慘敗之後，隨即而來的是蘇丹王位空懸，巴耶濟德諸子之間爭奪大位的十年內戰（一四〇二—一四一三）。不過，對鄂圖曼帝國來說幸運的是，帝國的基本制度已經根深柢固，社會中有很大部分的臣民都支持奧斯曼王室重新恢復權位。而這些基本制度，即包括根據稱為「蒂瑪爾」（timar）分封制而建立的土地所有權制度，受封者得到朝廷分封的土地或采邑、賦稅，中央與省級的軍政組織職位。

歸功於上述這些基本制度，以及繼任蘇丹穆罕默德一世（Mehmed I，一四一三—一四二一在位）與穆拉德二世（Murad II，一四二一—一四四四、一四四六—一四五一在位）收拾江山、統一全國的努力奮鬥，鄂圖曼帝國收復了大片之前丟失的領地。穆拉德二世還透過手腕高超的外交折衝樽俎，以及對外用兵，帶領鄂圖曼帝國度過一四四三至一四四四年的危機歲月。當時帝國內外交困：先是受到位於小亞細亞科尼亞（Konya）的卡拉曼（Karamanids）侯國攻擊，接著又有匈牙利領導的歐洲十字軍犯境，內部還有叛亂的威脅。到了一四五一年，穆罕默德二世（Mehmed II）登上鄂圖曼帝國的蘇丹大位，便為帝國，同時也為它的四鄰，開啟了歷史上新的一頁。

帝國及其挑戰

一四五三年五月二十九日這天，穆罕默德二世攻陷拜占庭帝國的都城君士坦丁堡。對於鄂圖曼帝國與巴爾幹半島上、小亞細亞和地中海沿岸的各民族來說，這是一個極具歷史意義的重大事件。從鄂圖曼帝國的角度來說，攻下君士坦丁堡不啻是拔除了橫梗在蘇丹治下歐洲與亞洲各省之間的一顆硬釘子。占領君士坦丁堡，同時讓帝國得到一處主導歐洲與亞洲、地中海與黑海之間通商路線的司令臺，也是動員人力和經濟資源，應付東西兩邊戰事的絕佳後勤補給中心。對穆罕默德二世這位年輕而雄心勃勃的蘇丹來說，攻陷君士坦丁堡，讓他獲取在穆斯林和基督教世界渴求已久的聲威。現在，他成為「征服者」（Fatih），是自從西元六七四年阿拉伯倭瑪亞王朝（Umayyad）哈里發穆阿維亞（Muawiya）第一次包圍君士坦丁堡以來，首位實現穆斯林昔日夢想的君王。穆罕默德二世也認為自己是拜占庭帝國皇帝的繼承人，是羅馬帝國的凱撒。

穆罕默德二世將君士坦丁堡改造為他治下帝國的都城。他下令強制居民入城安置，並闢建新的住宅和商業區，藉此充實城市人口；他還在清真寺與市場周邊，建造了許多住宅或商業區，其中以征服者興建的清真寺建築群和大巴札（Covered Bazaar）商鋪最為聞名。穆罕默德二世放棄原來的都城愛第尼（Edirne），遷入君士坦丁堡裡新建的皇宮中：他先是搬進拜占庭舊宮（Old Palace），然後入駐新宮，即托普卡匹（Topkapi）皇宮。托普卡匹宮位於金角灣（Golden Horn）和馬爾馬拉海（Marmara）之間的薩拉基里奧海角（Seragilo Point）上，不但形勢險要無匹，易守難攻，而且視野絕佳。深受外國使節與遊客欽慕的托普卡匹宮，是蘇丹和其家人的居所，建築群裡包括帝國後宮，蘇丹的嬪妃及其子女都居住於此，也在這裡接受教育；負責培訓帝國高級官員的宮中學堂；帝國議會及行政中樞所在、召開會議的殿堂；以及供僕役和侍衛值宿的外圍房舍。

穆罕默德二世於一四五九年鞏固帝國對塞爾維亞的控制，在一四六〇年代又將版圖擴張到阿爾巴尼亞，並且消滅克里米亞半島上熱那亞人建立的貿易殖民地，於一四七八年扶植克里米亞韃靼汗國（Crimean Tatar Khanate）作為鄂圖曼的屬邦，因此將帝國的控制範圍伸展到黑海之濱。然而，穆罕默德二世也遭遇到若干挫敗：例如一四五六年，他出兵圍困貝爾格勒（Belgrade），最後卻未能拿下；又如一四八〇年，他發動遠征攻打義大利南部及羅德島上的聖若望騎士團（Knights of St John），也以失敗收場。更重要的是，鄂圖曼帝國在安納托利亞東部的統治一直有爭議。直到一四七三年，穆罕默德二世才設法打敗了他在東邊的穆斯林對手：土庫曼人（Turkmen）的白羊王朝（Aqqoyunlu）統治者烏尊哈桑（Uzun Hassan）。烏尊哈桑於一四五三至一四七八年間在位，他治下版圖包括安納托利亞東部、亞塞拜然（Azerbaijan）、伊拉克與伊朗西部。白羊王朝此後仍繼續抵抗鄂圖曼帝國，直到穆罕默德二世之孫、塞利姆一世（Selim I）在位時（一五一二—一五二〇），才將此地收入帝國版圖。穆罕默德二世在位時屢次興兵，帝國常備軍的擴充，再加上他雄心勃勃的建築計畫，都使得帝國的資源告急。為了支應這些耗費，他只好採取若干不得民心的財政措施，例如反覆貶值帝國銀幣、擴充國家農業稅，以及將私有土地充公等。這些做法使得社會上大部分群體都和帝國離心離德，連舊有的土耳其菁英階層也同樣怨聲載道。

隨著帝國強鄰、波斯的薩非王朝崛起，鄂圖曼帝國在安納托利亞東邊的統治日益感受到威脅。一五〇一年，波斯什葉派薩非教團（Shia Safaviyye）牧首伊斯邁爾（Ismail）起兵擊敗白羊王朝，自立為波斯沙阿（Shah），並以什葉派當中的伊瑪目（Imami）派為新王朝的國教。❶沙阿伊斯邁爾一世（一五〇一－一五二四在位）稱自己是伊斯蘭教預言中的救世主馬赫迪（Mahdi）。對於安納托利亞東部的土庫曼人和庫德族人來說，薩非王朝的政府型態類似游牧民族部落的同盟，相較於更加中央集權的鄂圖曼帝國，似乎是更為理想的替代選擇，因為鄂圖曼帝國的統治模式危害到游牧民族的生活方式和社會結構。

由於薩非王朝不斷侵吞鄂圖曼帝國的領地，沙阿伊斯邁爾在土庫曼人之中又有極大的號召力，而蘇丹巴耶濟德二世（一四八一－一五一二在位）已經老邁，無力反制，因此在一五一二年，其子塞利姆將他罷黜。一五一四年八月二十三日，塞利姆一世在查爾迪蘭戰役（Battle of Chaldiran）之中擊敗沙阿伊斯邁爾，將帝國勢力延伸至安納托利亞東部。這場戰役經常被拿來當作大規模會戰中有效運用火器的範例。塞利姆大軍的五百門火砲及耶尼切里軍團的一萬二千名火槍兵，痛宰薩非王朝的軍隊，因為後者的主力仍然是輕騎兵，缺乏火砲及手持銃砲。此戰之後，塞利姆對位於安納托利亞東南邊、地處鄂圖曼、馬木留克（Mamluk）和薩非等帝國之間的杜卡勒迪爾（Dulkadiro lu）侯國提出領土要求，使得伊斯坦堡和馬木留克（杜卡勒迪爾名義上的宗主國）之間的關係變得緊張。

可是，想要對統治埃及與敘利亞的遜尼派（Sunni）馬木留克王朝發動戰爭，卻大有疑義。阿拉伯阿巴斯王朝的最後一位哈里發目前居留在馬木留克的首都開羅，[1]而馬木留克王朝的歷任蘇丹是聖地麥加與麥地那的保護者，朝覲（hajj）的擔保人。為了讓自己攻打馬木留克顯得師出有名，塞利姆取得一份「法特伍」（fatwa），也就是能夠詮釋伊斯蘭宗教事務的「教令」。這份「教令」指控馬木留克政權壓迫穆斯林，而且還藉由宣稱馬木留克與薩非王朝結成同盟一事，以取得出兵討伐的正當性：「援助異端者（也就是什葉派薩非王朝），自身即異端。」

一五一六年八月二十四日，塞利姆一世的大軍在阿勒坡以北的達比克草原（Marj Dabik）與馬木留克王朝的軍隊發生接觸。鄂圖曼帝國的火器，馬木留克軍隊的逃亡，底定了馬木留克失敗的命運。馬木留克王朝蘇丹坎蘇二世・葛里（Qansuh II al-Ghawri）因心臟病發驟逝，他麾下的殘兵很快便四散逃逸。接著阿勒坡與大馬士革兩城不戰而降。鄂圖曼大軍繼續追擊馬木留克敗軍到埃及，然後在一五一七年一月二十三日，於開羅近郊的里達尼亞（Raydaniya）再一次痛擊馬木留克。在馬木留克的末代蘇丹圖曼貝伊（Tumanbay）被俘遇害之後，抵抗便告崩潰。蘇丹圖曼貝伊一死，統治埃及和敘利亞超過二百五十餘年的馬木留克蘇丹國也就隨之

❶ 譯按：伊瑪目派尊崇十二位伊斯蘭教創教初始的領袖，即「伊瑪目」，故又稱「十二伊瑪目」派。

煙消雲散。其領地被併入塞利姆一世的帝國，成為鄂圖曼新設置的阿勒坡、大馬士革與埃及三省，中東歷史上的鄂圖曼帝國時代就此開始。

塞利姆一世的東征西討，為帝國拓展了一百五十萬平方公里（五十八萬平方英里）的疆土，從敘利亞和埃及等地徵得的賦稅，大約占鄂圖曼國庫總收入的三分之一。塞利姆成為麥加、麥地那兩聖地的監護人，又取得朝覲的保證者之身分，也讓奧斯曼王室在穆斯林世界獲得渴盼已久的合法正當性。但是從另一方面來說，塞利姆在穆斯林各國四處征討，卻遲遲不見他發動對基督教「不信真主者」的攻打，也損害他在穆斯林世界的威望。因此，塞利姆之子蘇萊曼一世（一五二〇—一五六六在位）繼位之後便一改乃父政策，對帝國的基督教強鄰展開進攻。蘇萊曼在位四十多年間，大約用了四分之一的時間帶領軍隊打了十三場戰役。這幾次用兵陸續將伊拉克（一五三四—一五三五）和匈牙利（一五四一）收入鄂圖曼帝國版圖，而且在一五二九年、一五三二年時兩度威脅哈布斯堡王朝的首都維也納。一五二二年，蘇萊曼出兵攻打愛琴海（Aegean）東岸的羅德島、一五三八年攻取希臘西北的普雷韋扎（Preveza），全都獲勝，讓鄂圖曼帝國成為地中海東岸的霸主。如果說鄂圖曼帝國與哈布斯堡王朝在匈牙利及地中海等地的對抗，是形塑歐洲歷史發展走向的重大事件，那麼蘇萊曼一世於一五三四至三五年、一五四八至四九年，以及一五五三年與波斯薩非王朝沙阿太美斯普一世（Tahmasb I，一五二四—一五七六在位）之間的歷次戰爭，對於伊拉克及薩非帝國產生決定性的影響。在一五五五年簽訂的《阿馬希亞和約》（Safavid-Ottoman Treaty of Amasya）中，對鄂圖曼征服伊拉克（包括巴格達在內）的事實正式加以承認。帝國的東部國界，因此在一五五五年正式確立，之後在一六三九年稍作調整，此後一直到第一次世界大戰時為止，實際上皆維持不變。

蘇萊曼一世在位年間，帝國版圖擴展到二百三十萬平方公里（八十八萬八千平方英里）。帝國人口，在十六世紀開始時，約是一千二百萬或一千三百萬人；到了十六世紀末，人口已成長為二千萬至二千五百萬人之間。從地緣政治形勢來看，鄂圖曼帝國掌控了巴爾幹半島、小亞細亞、阿拉伯和北非廣大的人力與經濟資源，而帝國中央與地方政府則具備籌集、調度上述這些資源為國家效力的本事，這使得鄂圖曼帝國成為當時世界上的超級強權。歐洲對鄂圖曼帝國敬畏有加，因為其宮廷恢弘堂皇，因此稱其君主蘇萊曼一世為「大帝」（The Magnificent）。帝國臣民及穆斯林世界的人們則稱他是「立法者」（Kanuni），因為正是在蘇萊曼當政之時，系統化修纂出一部蘇丹或世俗的法典，也就是《卡農》（*Kanun*），並和伊斯蘭宗教法規「沙里亞法」（sharia）相協調。

有一種觀點，認為鄂圖曼在蘇萊曼駕崩之後就走向中衰，然而實際上帝國仍繼續在向外擴張。十六世紀後半期，鄂圖曼帝國於一五七〇至七三年的戰爭中拿下塞浦路斯（Cyprus），以及哈布斯堡王朝在匈牙利的若干重要堡壘。雖然在一五七一年十月七日，由歐洲各國組成的同盟軍隊——包括哈布斯堡、西班牙、威尼斯、熱那亞和其他諸國，也就是所謂「神聖同盟」（Holy League）——在勒班陀戰役（Battle of Lepanto）當中打敗鄂圖曼帝國，摧毀其海軍，但是鄂圖曼卻很快就恢復元氣。到了一五七二年春季，他們已經建立起一支擁有一百五十艘戰船的艦隊，配備火砲及所有需要的設備，這證明了帝國驚人的人力與經濟資源，還有其組織效率。[2]神聖同盟於一五七三年瓦解，因為威尼斯單獨與鄂圖曼帝國訂約媾和，承認塞浦路斯落入鄂圖曼人之手。

在極具才華的大維齊爾（grand vizier，即宰相）科普魯律（Köprülü grand vizier）父子帶領下（一六五六—一六七六），鄂圖曼的軍事力量捲土重來，先後在一六六〇年攻下奧拉迪亞（Oradea）、一六六三年攻陷新紮姆基（Nové Zámky），這兩座原屬哈布斯堡王朝的要塞，隨後於一六六九年奪取克里特（Crete）島。一六七二年，蘇丹穆罕默德四世（Mehmed IV，一六四八—一六八七在位）更統領大軍，御駕親征，拿下位於波多利亞（Podolia）的波蘭要塞卡緬涅茲（Kamieniec），收哥薩克烏克蘭（Cossack Ukraine）為鄂圖曼帝國的附庸屬邦。鄂圖曼帝國達於顛峰之時，版圖有三百八十萬平方公里（一百四十六萬七千平方英里），面積約略等於今日美國版圖的四成。然而，帝國過度擴張、為時漫長而又耗資甚鉅的對外戰爭（分別是一五九三—一六〇六年與哈布斯堡王朝爭奪匈牙利，一五七〇—一五九二年、一六〇三—一六一一年與一六二三—一六三九年三度征討薩非王朝，以及一六四五—一六六九年和威尼斯爭奪克里特島），使得帝國財庫自一五九二年起便一直處於虧損赤字狀態。帝國在匈牙利和伊拉克所征服的大部分土地都未能增加國家財庫收入。相反的，這些地方的治理和防備，都需要伊斯坦堡或巴爾幹半島及安納托利亞腹地的富裕省分挹注資源。

十七世紀後期鄂圖曼對外用兵接連告捷，誤導了帝國的主政者，讓他們誤以為能夠拿下維也納，打敗哈布斯堡王朝。一六八三年，大維齊爾卡拉・穆斯塔法・帕夏（Kara Mustafa Pasha）出兵包圍維也納，但是在一六八三年九月十二日這天，鄂圖曼軍隊在維也納城近郊林山（Vienna Woods）附近的卡倫山（Kahlenberg），遭到由神聖羅馬帝國、波蘭－立陶宛（Poland-Lithuania）、巴伐利亞、薩克森、法蘭克尼亞（Franconia）和施瓦本（Swabia）等邦國合組的聯軍打敗。隨後，哈布斯堡、威尼斯、波蘭－立陶宛、梵諦岡等國再組成神聖同盟，對抗鄂圖曼帝國。於一六八四至一六九九年的漫長戰爭中，鄂圖曼落敗，將匈牙利丟給奧地利，莫里亞（Morea）和一部分達爾馬堤亞（Dalmatia）割讓給威尼斯，波多利亞被波蘭－立陶宛占領，亞速（Azov）也被俄國所奪。不過鄂圖曼帝國並未傷筋動骨，因為他們隨後便在一七一一年打敗了俄國的彼得大帝（Peter the Great），之後又在一七一四至一七一八年與威尼斯的戰爭當中取勝。雖然伊斯坦堡在一七一六至一七一八年與奧地利的作戰中失去了帝國在匈牙利的剩餘領土，可是鄂圖曼人在一七三七至一七三九年對哈布斯堡的戰爭裡再次奪回貝爾格勒，以及部分的瓦拉基亞（Wallachia），也就是今天的羅馬尼亞。儘管如此，一六九九年簽訂的《卡洛維茨和約》（Treaty of Karlowitz）、一七一八年的《帕薩羅維茨和約》（Treaty of Passarowitz）以及一七三九年的《貝爾格勒和約》，終究為鄂圖曼與哈布斯堡王朝（及其盟友）的戰爭畫上句點，也象徵了鄂圖曼帝國軍事優勢的結束。在一六九九年的《卡洛維茨和約》中，史上頭一回，鄂圖曼帝國承認其交戰對手的領土完整，並接受建立明確邊界的概念。《卡洛維茨和約》也標誌著歐洲對於「土耳其威脅」（Turkish menace）恐懼時代的終結。

軍事實力

在十五到十七世紀之間，鄂圖曼帝國的軍隊是當時世界上組織最完善、薪餉待遇最優、後勤補給最充足的軍事力量。軍隊的主力由各地方行省的騎兵部隊構成，這種騎兵依照軍事封地「蒂瑪爾」制度，被稱作「蒂瑪爾里．西帕希」（timarli sipahis），即伊斯坦堡以授予封地的方式來犒賞他們的戰功。這些鄂圖曼騎兵武士平日裡有權向其封邑收取賦稅，他們則須自備武器（短劍和弓）、鎧甲（頭盔與鎖子甲）和馬匹，並在蘇丹召喚時率領其武裝的家臣向軍隊報到。十五及十六世紀時，這套「蒂瑪爾」制度為蘇丹提供了約五萬到八萬的各省騎兵部隊，同時為鄂圖曼中央政府減輕了增加稅賦和支應軍隊薪餉的重擔。而事實證明，這些西帕希騎兵也有助於維護各省的秩序。除此之外，直到十六世紀初，還有另外一支騎兵武力

「阿肯哲」（akıncı），意思是斥候輕騎兵，在軍事上仍然具備重要意義。當蘇萊曼一世於一五二一年發兵攻打匈牙利時，便在前線部署兩萬名「阿肯哲」以支援作戰。

鄂圖曼歷任蘇丹也建立起一支常備軍，時間遠早於他們在歐洲和亞洲的對手。穆拉德一世在位時組建的「耶尼切里」軍團，在十五世紀中期時約有五千人，至穆罕默德二世在位時，已達萬人之眾。直到十七世紀初，這支部隊的人數一直維持在一萬到一萬二千餘人之譜，但是之後員額開始劇烈增加：一六〇九年時是三萬七千六百人，一六六〇年時為五萬四千人。「耶尼切里」軍團人數如此劇烈的增長，是鄂圖曼帝國對於「歐洲軍事革命」的一種回應，更具體的說，是針對奧地利哈布斯堡王朝的挑戰而來，因為後者在一五九三年至一六〇六年和鄂圖曼的漫長戰爭期間，大大的提升了其步兵火銃的火力。除了「耶尼切里」軍團之外，蘇丹麾下的常備軍還包括了六支騎兵部隊，他們的人數從一五二七到一五六七年間翻了一倍，由五千零八十八人增加為一萬一千二百五十一人。另外，在上述這些部隊之外，穆罕默德二世、塞利姆和蘇萊曼一世在御駕親征、發動大型戰役時，還能夠動員、也確實動員了七萬至八萬餘軍隊，因此能夠在戰場上以兵力壓倒對手。

鄂圖曼帝國軍隊，包括徵召農村男性組成並配發裝備的未婚步兵「阿札布」（Azabs）、各省騎兵武士及「阿肯哲」斥候輕騎兵等，使用劍與弓作為主要武器。鄂圖曼人在十四世紀後半開始採用火器，並且在十五世紀初期，在蘇丹的常備軍中單獨組建了一支砲兵團，遠早於他們的對手。一五六七年時，這支砲兵部隊（包括砲手、拖曳火砲的馬車駕駛兵，以及軍械匠師）的薪餉單上列了二六七一人。一開始時，「耶尼切里」軍團是配備弓、十字弓和長矛。到了十五世紀前半，他們開始使用火繩鉤槍，穆拉德三世在位時（一五七四－一五九五）配發更多更先進的滑膛火繩槍。不過，耶尼切里軍團的傳統武器反曲弓，一直到十七世紀時仍然是威力強大的兵器。鄂圖曼人還在帝國境內遍設鑄造火砲、生產硝石和火藥的兵工廠，而且一直到十八世紀，在火砲、手持火銃、火藥和彈藥的生產製造上，都能保持自給自足。

穆罕默德二世與巴耶濟德二世當政時，鄂圖曼帝國取得當時地中海沿岸各國通用的海軍技術，使用大槳帆船作為海軍的主力艦種。穆罕默德二世在位時，鄂圖曼海軍的規模便已極為驚人：一四七五年他揮軍征討克里特島上由熱那亞人治理的港口卡法（Caffa），其艦隊便有三百八十艘大帆船。在一四九九至一五〇三年的鄂圖曼與威尼斯的戰爭中，巴耶濟德二世更大幅強化其海軍艦隊，光是在一五〇〇年底時，他便下旨建造了二百五十艘大帆戰船。巴耶濟德二世主導改造鄂圖曼海軍，使這個原來在陸地上爭雄的帝國，轉型成為海上的強權。帝國海軍在遏制葡萄牙於紅海及波斯灣等地的擴張，以及一五一六至一七年塞利姆一世征服埃及及馬木留克王朝的戰役中，都發揮極大助益。

鄂圖曼帝國在一五一七年攻克埃及以後，確實控制連通開羅與伊斯坦堡之間的海上交通線，便成為他們迫在眉睫、急需處置的任務。為此，鄂圖曼人將地中海東岸所有與其為敵的據點悉數掃滅（一五二二年攻下羅德島，一五七〇－一五七三年取得塞浦路斯）。帝國於一五一九年任命海雷丁・巴巴羅薩（Hayreddin Barbarossa）為統治阿爾及爾（Algiers）諸地的總督，之後又於一五三三年任他為鄂圖曼海軍大將軍，並且招募阿爾及爾和突尼斯（Tunis）一帶巴巴里海岸（Barbary）各邦縱橫海上的伊斯蘭海盜，以增強帝國海軍的實力，這是一個明智而經濟有效的做法，而且將帝國的影響力延伸到阿爾及爾和突尼斯。

帝國的治理

雖然歐洲人都管鄂圖曼人叫「突厥人」或「土耳其人」（Turks），他們自己可是自稱為「奧斯曼的臣民」（Osmanli），「奧斯曼」即從帝國肇建者而來。在帝國歷史的前數十年間，每一個追隨奧斯曼、加入他的陣營之人，不論民族或宗教，都被認定是「奧斯曼的臣民」。之後，這一詞指的是鄂圖曼的統治菁英，也叫做「亞斯克里」（askeri），是以他們的主要職業（即軍人）來稱呼的。納稅的主體人口，無論他們是否為穆斯林，被稱作「拉亞」（reaya），字面意義是「羊群」。不過，用「土耳其人」來稱呼鄂圖曼人，倒也不算完全錯誤——因為奧斯曼王朝皇室及其追隨者，原來都是土耳其人——但實際的情況是，經過和拜占庭、塞爾維亞和保加利亞各國王室的聯姻，再加上皇室內部透過將非穆斯林女奴納為後宮嬪妃的做法，奧斯曼皇室的後裔子孫，早就已經是多民族的混合血緣了。帝國轄境內的巴爾幹半島各省，除去自願移民或國家從安納托利亞遷來的土耳其人，大多數人口仍然是信仰東正教的斯拉夫裔。許多安納托利亞及阿拉伯的城鎮都有頗具規模的基督徒與猶太人社群，阿拉伯各省也有少數土耳其人定居。總而言之，奧斯曼王朝所統治的，是一個擁有眾多民族、宗教信仰的大帝國。

帝國的統治菁英視自己為「鄂圖曼人」，這一稱呼用意在顯示他們與奧斯曼皇室的關聯，而不是民族或國家認同；而他們將「土耳其人」一詞作為貶稱，用來稱呼安納托利亞地區那些沒受過教育的穆斯林農民。這些鄂圖曼菁英說的是鄂圖曼土耳其語，這種語言受到大量阿拉伯語系和波斯語字彙和聲調的影響，與安納托利亞的土耳其方言截然不同。這些菁英還用鄂圖曼土耳其語創作、支持，並且著迷於一種宮廷文學，而這種文學體裁是庶民大眾所難以領會的。

帝國議會「底萬」（Dîvân-ı Hümâyûn）是鄂圖曼政府最高層級的組織，它由早期蘇丹設置、由貴冑和高級官員組成的非正式諮詢組織演變而來。「底萬」本來是承擔審判和上訴的法庭，後來成為政府最高層級組織，遇戰時則轉為最高指揮機構。一直到穆罕默德二世當政時，都是由蘇丹親自主持「底萬」會議，通常在靠近蘇丹皇宮內廷大門「達加」（dergah）處舉行。因此「達加阿里」（dergah-i ali）或「最高樸特」（Sublime Porte）一詞最先指的是「底萬」會議的舉行場所，之後才演變成指代鄂圖曼帝國政府本身。

從一四七〇年代起，歷任蘇丹大多不曾親自出席帝國議會。不過，議會成員有義務向蘇丹稟報他們研商審議後的結果，並請求君王的裁准。「說謊是會送命的，」一位十六世紀時的法國外交官如此寫道，因為蘇丹「經常在能夠俯瞰上述（「底萬」）議事的窗戶邊聆聽會議進行，而不被與會眾人所注意或看見。」[3]

在蘇丹缺席會議的情況下，便由身為蘇丹當然輔弼的大維齊爾出來主持會議。在會議上，大維齊爾、其他維齊爾、魯米利亞的總督、海軍大將，以及（從十六世紀後半開始）耶尼切里軍團的「阿哈」（Agha）——也就是指揮官——代表軍方。大法官在議會上為「烏里瑪」（ulema）——也就是宗教機構——發聲。上述這些議會成員和一眾維齊爾不同，他們生來就是穆斯林，在伊斯蘭學堂「馬德拉沙」（madrasas）修業。兩位「大法官」除了擔任魯米利亞和安納托利亞兩地的最高裁判者，還擔負督導「卡迪」法官（kadi）與帝國學堂教授「穆德利斯」（müderris）的職責。伊斯蘭的大教長「薛侯伊斯蘭」（sheyhulislam），身兼首席教法學者「穆夫提」（mufti）和烏里瑪的首長，他並非議會成員，不過當兩位「大法官」出現意見分歧的情況時，便會尋求他的書面意見以作定奪。上述這些人都是他的下屬，因為從十六世紀後期起，大教長便已取得任免「大法官」、高級法官、學堂教授和宗教兄弟會首的權力。

官僚集團在「底萬」中的代表，分別是財庫官員「德夫特達」（defterdar）與總管大臣「尼許山希」（nishanci）。一五八七年時，有四名「德夫特達」掌管皇家收入。總管大臣「尼許山希」負責封驗所有帝國的文件，通過者貼上蘇丹的「圖格拉」（tughra）畫押，以確保「底萬」發出的各項命令和文件都符合鄂圖曼帝國的法律，以及宮廷檔案的慣例。總管大臣還管著「底萬」的檔案館，當中按照字母先後順序排列，存放著所有省分的稅收調查及稅務登記冊，同時還包括有關封邑和宗教捐獻土地「瓦合甫」（waqf）的文獻。

「底萬」的文職祕書（在一五三〇年代時約有一百一十人）受到「瑞索庫塔」（reis ülküttab）的監督，「瑞索庫塔」就是「底萬」的祕書長，其職務到了十七世紀時則形同外交部長。然而，到了這個時候，「底萬」議會已經不如大維齊爾府來得重要，而「最高樸特」或鄂圖曼帝國政府一詞，所指代的正是其辦公室。[4]

儘管鄂圖曼帝國經常被說成是一種「能者在位」的菁英政治，但是一直到「坦志麥特」（Tanzimat）改革時代（一八三九—一八七六）為止，帝國基本上仍然實行世襲政治。除了功績與宦途年資之外，家族關係、恩庇，以及最重要的一點：對蘇丹的忠誠，這些因素都有助於人臣一路攀升到帝國最高的官位。

從嬪妃出身的蘇萊曼一世皇后許蕾姆（Hurrem）開始，帝國的後宮也對蘇丹發揮了特殊的影響。由於許蕾姆成為蘇萊曼的皇后，對蘇丹又有很大的影響力，她和蘇丹生下不只一個皇子，而且一直在皇宮裡居住。這實際上雙雙打破了之前「一嬪妃生育一皇子」的成規，以及當皇子成年、受封為地方藩王總督（prince-governor）時，母親必須隨皇子到各省封地就藩的規定。許蕾姆與蘇萊曼一世的首位寵妃瑪希德弗朗（Mahidevran）之間的明爭暗鬥，開啟了鄂圖曼帝國歷史上著名的「蘇丹女權時期」（Sultanate of Women）。蘇萊曼當政時期，在後宮和迎娶公主的帝國駙馬爺「達瑪特」（damads）之間雙雙興起的「爭寵」之風，完全改變了伊斯坦堡的政治運作模式。

照理說，蘇丹擁有至高無上的統治權力。可是在實際上，蘇丹的權力在不同時期高低起伏各有差異。從十六世紀後期到十七世紀，歷任皇太后和蘇丹的後宮嬪妃們，在朝廷內各派系和軍方的支持和操弄之下，透過其扈從者發揮了相當大的影響力。十七世紀時，實際權力轉移到大維齊爾、還有出任大維齊爾的科普魯律家族之手，尤其在一六五六至一六九一年間，其權勢達到空前的程度。由十七世紀中葉到十八世紀末，大多數蘇丹都是虛位元首。十八世紀時，隨著眾維齊爾及帕夏（pasha）府邸與其黨徒之中產生出一個人際網絡（帕夏是帝國授予文武官員的最高稱號），在朝廷中獲取權力，蘇丹的權威更進一步的遭到削弱。

鄂圖曼帝國有別於現代的民族國家，到十九世紀的改革以前，政府的規模一直很小，員額只有一千五百名不到。這個政府的職責僅侷限在幾個關鍵領域：帝國的防禦、法律秩序的維持、資源的調度與管理，以及京城和軍隊的補給供養。近代民族國家中與政府相關的職能，像是教育、醫療和社會福利等，在鄂圖曼帝國則交由慈善信託「瓦合甫」（waqf）和公會等專業團體來辦理；而帝國的宗教與民族社群團體「米利特」（millet）在負責教育和宗教及文化生活層面上，則享有程度相當可觀的自主權。

帝國境內的基督教與猶太教神職人員豁免賦稅，其各自教團的領導人（東正教與亞美尼亞的牧首，以及猶太教首席拉比）則被責成管理他們的教會。教團領導人扮演起政府與其社群之間溝通聯絡的橋梁：他們負責徵集賦稅，主持訴訟，維持秩序，執行伊斯坦堡下達的命令，並且將各自社群的民怨傳達給鄂圖曼當局。

核心腹地、邊遠省分與屬邦

鄂圖曼帝國疆域不斷擴張，創設次一級的行政區劃就顯得有其必要。受指派治理這些行政區的軍事將領「貝伊」（bey）或「埃米爾」（emir），都會獲蘇丹頒賜一面象徵統治權力的「桑賈克」（sancak）軍旗。很快的，「桑賈克」這個詞也被用來表示帝國控制的領土，指稱帝國基本的軍事行政單位，翻譯成「區」（district）或是「州」（subprovince）。「桑賈克」的長官稱「桑賈克貝伊」（sancakbeyi），即該州的軍事指揮官。日後隨著鄂圖曼帝國持續開疆拓土，就必須再任命一位資深的高階將領來監督這些「桑賈克貝伊」。首位「貝勒貝伊」（beylerbeyi）總督——顧名思義，就是（桑賈克）貝伊的監督者——是魯米利亞總督。此人身兼帝國歐洲各省部隊的總司令、最高行政首長，以及鄂圖曼帝國魯米利亞省的總督。在一五二〇年代，總共有九十個州，合組成八個這樣的行省（beylerbeyilik）或「維拉亞特」（vilayet）。到了一五七〇年代，共有二十四個行省與二百五十個「桑賈克」。

帝國政府指定「桑賈克」州的部分農業稅收益，當作是「封邑」，稱作蒂瑪爾、「扎米特」（zeamet）或「哈斯」（has），分配給騎兵武士和他們的指揮官「桑賈克貝伊」。這些「桑賈克貝伊」還須在他麾下騎兵武士的協助下，於其管轄的州內維持治安秩序。他和州「卡迪」法官負責徵集稅收、經理農業稅，並且要協助伊斯坦堡派來的官員進行稅收普查「塔瑞爾」（tahrir）。普查在新設置的州施行，而且每過十到三十年就重新舉行一次，用以反映本地區人口規模、組成以及經濟情況等種種變遷。在普查完成之後，就根據調查的結果徵收賦稅。普查報告，有一份留在省內，另一份則送往京城，典藏於帝國議會旁的檔案館中，以備隨時查詢。這些普查，連同總結稅收法規的省級地方法典「卡農納姆」（kanunname），以及包含軍事封邑贈與紀錄的登記簿冊，全都證明鄂圖曼帝國在收集數據和處理這些資料上的能力。上述這些資料，還要再加上伊斯坦堡財政部所提供的大量財務記錄，搭配被稱作「穆希米帳冊」（mühimme defters）的帝國行政命令傳遞副本，即「重要事項紀錄簿」，為伊斯坦堡政府的體制記憶提供了長久的時間縱深。鄂圖曼帝國具備極其驚人的行政能力：時至今日，在伊斯坦堡的主要檔案館中，典藏了超過三百七十部「穆希米帳冊」，卷帙將近有十一萬頁，當中紀錄則涵蓋了十六世紀中葉到十九世紀中葉的各時期。各檔案館裡收藏的「塔瑞爾」普查紀錄簿數量將近二千冊，當中絕大部分是十六與十七世紀的記載。現存的這類簿冊裡，有很多來自於具戰略重要性的「桑賈克」州，像是阿勒坡（二十四冊）、巴格達（九冊）、波士尼亞（三十六冊）、布達（十二冊）、大馬士革（二十二冊）、迪亞巴克爾（Diyarbekir）有十四冊、艾斯倫（Erzurum）二十冊、卡拉曼（Karaman）二十冊，以及錫利斯特（Silistre）的十九冊，它們大多數的年分都落在十六至十七世紀。此外，位在安卡拉的檔案館還收藏了超過二千三百冊關於封邑及其受封者的普查簿冊，另外還有慈善信託的捐贈契約書。

鄂圖曼帝國在治理他們幅員廣袤、風土各異的帝國時，展現出極強的彈性調適能力。舉例來說，在十五世紀時的巴爾幹半島，鄂圖曼帝國行政當局經常蕭規曹隨，遵循在他們征服塞爾維亞、波士尼亞或拜占庭等地之前該地區原先施行的政策。此外，鄂圖曼帝國還盡可能嘗試將他們征服地區原來的菁英群體納入帝國的特權統治階級之中。譬如，許多原先是基督徒出身的蒂瑪爾「西帕希」騎兵，在帝國打下巴爾幹及之前拜占庭帝國特拉比松（Trebizond）地區的疆土後，紛紛在他們各自的故鄉獲得封邑以作為他們軍功的獎賞。很多地方保留了原來的土地所有權形式；帝國還從善如流，容納了之前的農業與礦產體系，有時則採納各地關於稅收與鑄幣的做法。與此類似的是，塞爾維亞、保加利亞和希臘等地的地方社群組織，在被鄂圖曼帝國征服之後仍然賡續存在，其紀錄在史料上也是斑斑可考。

在安納托利亞東部和匈牙利，蘇丹願意與在地菁英共治，均分賦稅和管轄權。從匈牙利、地中海東岸大敘利亞地區，到埃及各省，在推動日常政務時，伊斯坦堡時常仰仗地方上的領頭者、耆老或有頭臉的人物來協助進行。

可以將鄂圖曼帝國的省級行政組織具體想像成一組同心圓：距離伊斯坦堡愈近的地方，帝國控制的程度就愈高。因此我們可以將它們概分為三層：核心區域、更偏遠的邊境省分，以及羈縻鬆散的屬邦或藩屬國。在巴爾幹及安納托利亞的核心省分，鄂圖曼朝廷將大部分稅收分配給各軍事封邑，而這些封邑的受益人則為朝廷效力，出兵作戰，並且治理封地。在埃及、葉門、阿比西尼亞（Abyssinia）、巴斯拉（Basra）、巴格達或突尼斯這類天高皇帝遠的省分，則不實行「蒂瑪爾」土地分封制度，賦稅在農民的協助之下徵收。稅收必須要足以支付總督的薪俸及防禦與行政開支，如果還有剩餘的話，則繳送伊斯坦堡的財庫。

中央政府和地方菁英的相對實力以及其各種侷限，在核心地區與邊遠省分展現出極大的差異性。在安納托利亞東部，當地在一五二〇年代時人口中近二成是土庫曼及庫德族等游牧民族，伊斯坦堡被迫採取妥協姿態，沿用被鄂圖曼征服之前的慣例成規。在這些地方，當局創設了三種不同的特殊行政治理機構：「歐恰克里克」（ocaklik）、「尤吐魯克」（yurtluk），以及「胡庫梅特桑賈克」（hükümet sancaks）。伊斯坦堡任命「歐恰克里克」內的部族首領出任該地區的行政首長，此職可以世襲傳子，不過伊斯坦堡普查他管轄的「桑賈克」，並將此地的賦稅當作封邑的賞賜，分配給外人。每逢戰事發生，該地的統兵將領「貝伊」（和其他「桑賈克貝伊」一樣）就要帶領麾下兵馬，向這地方的總督報到。「尤吐魯克」與「歐恰克里克」類似，只有一點不同：「尤吐魯克」轄境內的「貝伊」頭銜無法自動由其子繼承。同樣也是土庫曼人和庫德族主要聚居區域的「胡庫梅特」，由當地族群首領作為世襲領地治理。伊斯坦堡在這些地區不能引進「蒂瑪爾」制度與「桑賈克」普查，也未派官員與軍隊進駐。不過，境內的「貝伊」仍然必須率領本部兵馬協助鄂圖曼帝國作戰。在迪亞巴克爾、艾斯倫、徹爾德爾（Childir）、凡（Van）、巴格達和舒赫索（Shehrizor）等這幾個東部省分，最遲到了一六七〇年代時，還有二五％至五五％之間的「桑賈克」州施行的是「歐恰克里克」和「胡庫梅特」制度。

在這些邊陲省分之外，則是向帝國納貢的屬邦或藩屬國，例如瓦拉幾亞（Wallachia）和摩爾達維亞（Moldavia）這兩個羅馬尼亞公國、原為匈牙利領土之外西凡尼亞（Transylvania）、今日稱為杜布羅夫尼克（Dubrovnik）的拉古薩（Ragusa）、克里米亞汗國、北非海岸的巴巴里諸邦國，以及高加索山區的各朝貢小邦。

然而，到了十七、十八世紀，伊斯坦堡在各省的權威開始衰退，權力落入地方社群及其領頭人物手中，這些人被稱為「阿雲」（ayun），意思是「重要人物」。這些「阿雲」逐漸取代朝廷派駐的代表，成為負責收稅與司法審判的實權人物。在一七六八至七四年的第五次俄土戰爭中，鄂圖曼帝國還失去了信仰伊斯蘭教的克里米亞汗國，於一七八三年遭俄國併吞。這是對鄂圖曼帝國聲望的重大打擊，嗣後引發了深刻的反省與改革。

漫長的十九世紀與鄂圖曼的最後歲月

十八世紀時鄂圖曼帝國在軍事上的連番挫敗，通常引發局勢動盪與叛亂蜂起，最終還造成兩位鄂圖曼蘇丹遭到廢黜：分別是一七〇三年的穆斯塔法二世（Mustafa II）與一七三〇年的艾哈邁德三世（Ahmed III）。本世紀的後半則見證了「阿雲」的崛起：他們當中有盜匪軍頭、地方頭臉人物，也有行政首長。在一七八七至九二年的俄土戰爭期間，他們鞏固了自身的地位，各省的許多重要行政職能，包括徵兵和補給供應，全落入他們的掌握之中。力量最強的「阿雲」能打下一片基業，建立一個偌大的自治政體，他們擁有自己的軍隊，彼此攻伐，為當地的臣民帶來不少苦難。這些豪強當中，有保加利亞的奧斯曼・帕茲萬特奧盧（Osman Pazvanto lu）、阿爾巴尼亞南部和伊庇魯斯（Epirus）的特佩鄧林・阿里帕夏（Tepedenli Ali

Pasha）、安納托利亞西部的卡拉奧斯曼奧盧（Karaosmano lu）家族、安塔利亞（Antalya）的特克留魯（Tekelio lu）家族，以及奇里乞亞（Cilicia）的科贊奧盧（Kozano lu）家族。在一七九二至一八一二年間，這類地方豪強在實際上簡直是統治了鄂圖曼帝國巴爾幹與安納托利亞領土的半邊天。不過，由於俄國對巴爾幹地區一直虎視眈眈，這些豪強很少尋求獨立。他們都明白，沒有任何一股勢力能夠獨力抵擋俄羅斯人的蠶食鯨吞；他們也清楚，唯有和伊斯坦堡談判交涉，讓他們取得合法正當地位，才能得到帝國資源的挹注。

與此同時，鄂圖曼帝國在埃及的統治，遭受馬木留克貴族與一七九八至一八〇二年拿破崙．波拿巴（Napoleon Bonaparte）入侵的挑戰。最後，在一八〇五年，由原來出身鄂圖曼帝國傭兵的穆罕默德．阿里（Mehmed Ali）奪取埃及統治權。穆罕默德．阿里憑藉麾下那支歐洲式訓練的軍隊，得以統治埃及長達四十餘年。在塞爾維亞這邊，一八〇四年爆發的亂事標誌著此後一連串民族解放戰爭的開始。到了一八二〇年代，塞爾維亞、希臘和埃及在實質上都已經是獨立狀態了。

面臨許多國內外紛至沓來的挑戰，鄂圖曼政府以發起積極的改革來應對。和歐洲一樣，對鄂圖曼帝國來說，軍事、官僚組織、教育和財政金融的中央集權與現代化，在這漫長的十九世紀裡，一直是帝國政府的首要之務；這個時代以塞利姆三世（Selim III）發起的各項改革為開端，而以帝國在第一次世界大戰當中崩解作為收場。塞利姆三世的各項改革都冠以「新秩序」（Nizam-ı Cedid）之名——用來和鄂圖曼的傳統「舊體系」（Nizam-i Kadim）區別——於一七九二年開始施行，這時正是帝國與俄國作戰又一次將要失敗的前夕。「新秩序」著重在外交與鄂圖曼的軍事改革上。這些改革最顯而易見的成果，便是在一七九四年組建的「新秩序」軍團，這是一支以當時歐洲各國陸軍作為模範而建立的現代化省級民兵武力，兵源來自土耳其的農民和安納托利亞的部族男子。（巴爾幹半島的百姓被排除在外，因為當地的「阿雲」對此表示反對。）到了一八〇七年，這支軍團已有二萬三千人。在國際外交戰線上，塞利姆在位期間，藉由以下諸多行動，讓鄂圖曼帝國整合加入到歐洲外交體系之中：帝國先是在一七八九及一七九〇年與瑞典、普魯士結成正式同盟以對抗奧地利和俄羅斯；一七九三年，在對抗拿破崙的反法同盟戰爭（First Coalition War）當中宣告中立；一七九九至一八〇一年，因為拿破崙入侵埃及，而加入第二次反法同盟戰爭；而在一七九三年，伊斯坦堡首次在倫敦開設常駐使館，一七九五年又陸續在柏林、維也納和巴黎開館。

一八〇七年，塞利姆三世因為受塞爾維亞和伊朗瓦哈比（Wahhabi）的亂事影響，致使失去統治正當性，遭到廢黜並且慘被殺害。這場原來是朝廷內反對派系策劃的祕密政變，最後演變成「耶尼切里」禁衛軍、「烏里瑪」宗教機構和伊斯坦堡暴民的公開暴亂。上述這些團體的地位與定位，因為塞利姆三世推動改革而受到威脅；而沉重的稅負與貨幣的貶值，則使得他們的生活水準受到損害。然而，從長遠角度來看，塞利姆三世推動的改革其實是非常重要的，因為這些改革引發了真正來自伊斯蘭教內部的革新論述，它們不但提供了另外一種不同於西歐的現代化道路，也及時為許多受到西方影響而興起的改革帶來了合法正當性。因此，這個時期最終為日後更為徹底的「坦志麥特」（Tanzimat）與「哈米德」（Hamidian）改革時代奠定了基礎。「坦志麥特」的意思即是「改革時代」，由一八三九年開始，至一八七六年告終；起於一八七六年、結束於一九〇九年的「哈米德」時代則是依當時在位的蘇丹阿卜都勒・哈米德二世（Abdülhamid II）命名，此次改革使鄂圖曼帝國轉型成為一個更為強勢的專制國度。

馬哈茂德二世（Mahmud II）在位期間（一八〇八－一八三九）繼續推動塞利姆的改革。他經過精心的宣傳與準備，顧及「烏里瑪」和軍方感受，成功獲得各界對改革的鼎力支持，於是能夠在一八二六年時，將反對改革的最主要勢力「耶尼切里」禁衛軍一舉摧毀，就此撤廢。在一八〇六至一八一二年的第七次俄土戰爭，以及一八二一至一八三一年的希臘獨立戰爭當中，「耶尼切里」禁衛軍的糟糕表現，和穆罕默德・阿里手下那支現代化的埃及軍隊形成強烈反差，也使得蘇丹得以順利推動軍事改革。馬哈茂德二世另行組建一支受過歐式訓練的新軍「穆罕默德的精銳勝利親軍」（Muallem Asakir-i Mansure-i Muhammadiye）人數很快便來到二萬七千人，而他麾下的另一支部隊「勝利預備軍團」（Asakir-i Redife-i Mansure）在一八三六年時已有十餘萬眾。而常設駐外使館的開設、現代化軍校、機械學校和醫學院的創建、一八三四年現代郵政體系的創立、一八三一年第一份官方報紙的創辦、朝廷抄沒高官顯要家產辦法的廢除，以及最重要的，一個徹底改革司法與政府體制的諮詢委員會的成立——上述這些，都為鄂圖曼轉型成為一個現代官僚國家奠定了基礎。

鄂圖曼國家體制走向現代化和合理化，在「坦志麥特」時期（一八三九—一八七六）全速進行。各種內閣部會及委員會紛紛仿效歐陸各國而設立，當中以成立於一八三六年的外交部發揮了很大的影響。外交部之所以應時崛起，有部分是因為在鄂圖曼帝國軍事實力逐漸衰弱的情況下，國際外交顯得日益重要，但也要歸功於外交大臣及其僚屬的專業素養。事實證明，這些外交人員對歐洲語言、社會、經濟與政府政策的掌握，對於帝國邁向現代化至關緊要。除了向內閣制政府體制過渡之外，這個時期另一個重要的發展，便是各種諮詢委員會與議會機構的創設。這些機構之中，以「最高司法規章委員會」（Meclis-i Vala-yı Ahkam-ı Adliye）最具重要意義。儘管這個委員會並非選舉產生的機構，卻具有部分立法職權，也因此得以在改革鄂圖曼法律體系與中央官僚體制時扮演關鍵角色。到了一八六八年時，這個機構已經演化發展成為「國務會議」（Shura-yi Devlet）了。

蘇丹阿卜都勒·哈米德二世在位時（一八七六—一九〇九）另一個意義重大的發展，就是在一八七七年三月正式開議的鄂圖曼帝國議會。雖然帝國議會未能履行其立法職能，不過事實證明它作為批評政府施政的論壇，卻令人意外的稱職。一八七八年二月，帝國議會召開後還不滿周年，就被阿卜都勒．哈米德二世關閉，此後一直到蘇丹於一九〇九年遭到廢黜後方告重開。然而，如果我們沿襲早年鄂圖曼史學記載，將阿卜都勒．哈米德二世說成是一個冥頑不靈的反動分子，那是不對的。相反的，他其實一直推動鄂圖曼國家體制的現代化與中央集權，只不過是以很典型的專制權威方式在進行罷了。

阿卜都勒．哈米德二世的政府，在如電報與鐵路這類現代技術的推廣和幫助之下，達成鄂圖曼歷史上前所未見的集權與效率。一九〇八年時，政府官員的人數從十八世紀初期僅一千五百餘人，上升到三萬五千多人。這類新式政府官員大部分都是在專門學校接受教育的專業官僚。一八六五年時，陸上電報線路已經鋪設到位於波斯灣的法奧（Fao）港，在阿卜都勒．哈米德二世當政時繼續拓展電報線路網，以蘇丹的耶爾德茲宮（Yildiz Palace）內設置的電報局為中心，將各省省會與中央政府連結起來。許多人畏懼的蘇丹國內情治監控體系，同樣也極度仰仗電報這項新技術。在鐵路網方面，和歐陸各國修築的鐵路網相比，鄂圖曼帝國的鐵路系統還是小老弟一個：一九一一年時，帝國鐵路總長為六四四八公里（四〇三〇英里），而奧地利哈布斯堡王朝當時全國鐵路總長是二二七四八公里（一四二一八英里），俄羅斯則為六八〇二五公里（四二五一六英里）。但是縱使如此，鐵路網也足以讓伊斯坦堡能迅速重新部署軍隊，調往陷入危難或發生叛亂的地區。然而，由於通貨現金的日漸缺乏，以及鄂圖曼帝國逐漸債臺高築——帝國於一八八一年設立國債機構（Public Debt Administration）

以來，[5]債權漸次落入外國控制——扼殺了帝國現代化的後續發展，並且嚴重戕害了政府的威信。

鄂圖曼帝國軍隊自一八四八年起開始實行徵兵制。但是，由於缺乏戶籍人口的全面普查，再加上不只是非穆斯林男丁可以豁免兵役，甚至連住在城市裡的穆斯林，以及若干職業成員（例如公職人員和宗教機構人員）也能躲過徵召，使得帝國軍隊的規模和其對手相比，顯得有些遜色。帝國陸軍在承平時期的兵力，是十八萬至二十萬人，但是這時已是第一次世界大戰前夕，這樣的兵力僅及奧地利陸軍的半數，可能還只是俄國軍隊的五分之一而已。鄂圖曼帝國軍隊裡大部分的士兵，都是安納托利亞的穆斯林農家子弟。雖然一八五六年時蘇丹已頒布詔令，宣諭所有帝國臣民不分宗教信仰，一律享有均等權利，但也須有同等的義務，然而非穆斯林役男還是能靠著繳納免役捐來避免被徵召入伍。這套系統一直保持不變，直到青年土耳其黨人（Young Turks）於一九〇九年實施不分宗教信仰的徵兵制度為止。

對於帝國的臣民而言，「坦志麥特」為他們帶來了不論其宗教與種族為何，法律之前一律平等的新時代。然而，在伊斯坦堡試圖推動這些改革，使得帝國無能的經濟與政治體系能適應現代化挑戰的同時（這一點和歐洲與亞洲其他各國相似），這些改革也表示將帶來更嚴格的國家控制與監視，更具效率的徵稅和官僚集權，因而在各省菁英與普羅大眾招致不滿與怨恨。這些改革也不符合列強各國的利益。列強希望鄂圖曼帝國保持在積弱不振的狀態，以便保持列強之間在帝國內利益的均勢，如此就可以讓帝國為列強較為先進的工業提供廉價的物料和市場。列強對於鄂圖曼帝國政府的批評，以及敦促帝國實施改革的要求，通常都言不由衷，純屬干涉鄂圖曼內政的託辭而已。例如在一八七八年，列強各國就向鄂圖曼帝國傳達希望由一位他們所指定的基督徒出任總督，以治理帝國歐洲領土各省的要求，而不是要求帝國頒布一部給予所有臣民平等權利的憲法。

受到伊斯坦堡中央集權措施威脅的地方掌權者，在日漸興起的民族主義思想裡找到了強大的意識形態武器。帝國中央的菁英曾經提出基於鄂圖曼主義（Ottomanism）與伊斯蘭主義（Islamism）的替代公民權概念，試圖反制這股民族主義運動，但終究未能成功。[2]不過，導致鄂圖曼帝國最終滅亡的，卻不是民族主義意識形態，或是所謂落後陳舊的帝國國家體制；相反的，是國內外反對力量的匯總結合，造成帝國的滅亡。帝國的現代化國家結構缺乏足夠的經濟與社會基礎。帝國推動的經濟改革通常雜亂而漫無頭緒，面對持續不斷的戰爭和叛亂、國家人力與經濟資源的日漸吃緊，以及列強各國所帶來的政治、經濟壓力，這些改革仍嫌不足。經濟發展未能到位，因此無法創造出一個識字率更高、有著強大中產階級與工人階級的現代社會。鄂圖曼帝國與俄羅斯帝國不同，後者日後改頭換面，以蘇聯的形式謀得賡續存活之道，而鄂圖曼卻與奧匈帝國一起，在第一次世界大戰時崩潰消亡。鄂圖曼帝國軍隊在大戰中的表現令對手協約國驚異，造成他們的重大傷亡，但鄂圖曼帝國及其人民也付出了極其慘重的代價：一五%的人口被徵召入伍，當中包括文職行政人員以外、將近半數的成年男子。到了戰爭結束時，陣亡人數有三十二萬五千人，傷者四十萬，帝國在戰後被勝利國瓜分，只剩下安納托利亞中部一小塊國土。雖然鄂圖曼帝國政府在一九一八年簽訂的《穆茲羅斯停戰協定》（Mudros armistice）中承認瓜分現狀，但是土耳其國民反抗軍（Turksih national resistance）拒絕接受。土耳其國民運動是由原鄂圖曼將領、民族運動英雄凱末爾（Mustafa Kemal Atatürk）領導，他們成功收復了安納托利亞，在此基礎上廢除蘇丹（一九二二年）及哈里發制度（一九二四年），並且於一九二三年建立土耳其共和國。

鄂圖曼帝國的成就

好幾個世紀以來，鄂圖曼帝國以彈性、務實的做法，加上相對來說較為寬容的態度，統治著包括土耳其、希臘、庫德族、斯拉夫、匈牙利、阿爾巴尼亞和阿拉伯等多個不同語言、不同宗教的廣土眾民。在當時，正當大多數的歐洲君主都藉由迫害、放逐和殺害那些碰

❷譯按：簡而言之，鄂圖曼主義主張，帝國臣民不分宗教、種族，皆享有平等權利；而伊斯蘭主義則強調建立一個以伊斯蘭信仰為核心的宗教政治複合體制。

巧與他們有著不同信仰的人，以圖建立起宗教同質性的帝國時，唯獨鄂圖曼帝國為那些遭歐洲驅逐的猶太人提供新的家園，並且允許猶太教與基督教的教堂、會所、學校和印刷廠繼續運作。帝國在巴爾幹與中東等地維持安定秩序達數百年之久。至於十八世紀後期，地方實權人物「阿雲」對各地百姓所犯下的暴行，或是像一九一五年「亞美尼亞大屠殺」之類的事件（此事發生在一次世界大戰及俄國入侵的動盪時期，有數十萬無辜的亞美尼亞人因此而喪命），並不能據以否定之前數百年來鄂圖曼帝國所締造的成就。十五、十六世紀時，帝國為其治下的許多地區帶來了經濟的穩定、繁榮與文化的蓬勃昌盛。地方貨流集市的擴展，薩拉耶佛（Sarajevo）和波士尼亞等新城鎮的建立，以及十六世紀時巴爾幹與安納托利亞等地人口的成長，全都是經濟繁榮的顯著象徵。

十五世紀後期到十七世紀時的鄂圖曼宮廷建築，足以和同時期的歐洲皇家建築分庭抗禮。蘇丹的托普卡匹皇宮，或是「征服者」穆罕默德二世在伊斯坦堡興建的清真寺建築群「法提赫庫里耶」（Fatih Külliyesi），以及蘇萊曼一世的「蘇萊曼庫里耶」（Süleymaniye Külliyesi），都深受歐洲人的敬佩與羨慕，證明了在工程和美學天賦上，鄂圖曼帝國的建築師完全有本事建造出能和同一時期、文藝復興時代歐洲相媲美的建築。

帝國的地理位置，與其多種族、多宗教的特色，使得歷任蘇丹和臣民皆能接觸到來自廣大地區的文化傳統與科學創新：從中國到波斯、阿拉伯世界，從中亞到歐洲以及中東。舉例來說，歷任鄂圖曼蘇丹無不進口大批中國瓷器在托普卡匹宮中使用，當中包括燒製於元代（一二七九－一三六八）與明代（一三六八－一六四四）的知名青花瓷和青瓷器皿。而鄂圖曼帝國自身的磁磚產業，則於十六世紀時在伊茲尼克（Iznik）這個城市，發展到藝術美學上的巔峰，這裡燒製的磁磚，產生了一種精巧的綜合。在其中，受到中國青花瓷的影響是顯而易見的，另外也可以看出中亞帖木兒後裔國家的傳承。

另一個表現文化創造力的領域，是傳統伊斯蘭書籍藝術，其中包括書法、裝訂和波斯細密畫（miniature painting）等；鄂圖曼細密畫傳承自波斯傳統，不過也受到歐洲人像畫和地中海製圖法的明顯影響，形成了一種鮮明的東西方融會風格。鄂圖曼細密畫的主題同樣也獨樹一幟，明顯強調記錄帝國歷史，包括對於人物、地點和事件的詳細呈現。這種相當於史料記載的性質，使得鄂圖曼細密畫成為日後研究帝國朝廷社交生活實況的珍貴史料。[6]

鄂圖曼帝國非常重視科學與宗教知識的追求，而且不惜重本投注在這些知識領域上面。十五世紀時，帝國最高層級的學院「馬德拉沙」有一百三十所，到了十六世紀已成長至三百五十所；學院中的教師來自大馬士革、開羅和撒馬爾罕，他們在傳授伊斯蘭教相關科目之外，還教授哲學、邏輯學、算學和天文學等理性科學。在這個戰火幾乎永無休止的年代，平民與軍用醫學是一門特別受到重視的領域。和中世紀晚期的歐洲各大學（從維也納到巴黎、劍橋）一樣，整個鄂圖曼帝國境內，從薩拉耶佛到大馬士革和開羅，都在徹底鑽研、並注釋伊斯蘭的經典醫典，例如被西方尊稱為「阿維真納」（Avicenna）的伊本・西納（Ibn Sina）、伊本・拜塔爾（Ibn Baitar）、拉齊（al-Razi）等人的醫學著作。除了鄂圖曼藥理學著作裡列舉的六百餘種草藥外，帝國醫者還嘗試用音樂來治療精神疾病患者，這種療法可能是沿襲自之前賽爾柱（Seljuq）和埃宥比（Ayyubid）王朝的成例。鄂圖曼帝國有豐富的沐浴泡澡傳統——泡澡這種文化遺緒可以追溯到羅馬帝國時代，而藥浴療法則是鄂圖曼醫療作法中不可或缺的部分。與此同時，在天文學領域，由大馬士革出身的天文學家塔齊葉丁・拉希德（Takiyeddin al-Rasid）領導的伊斯坦堡天文臺存在時間甚短（一五七九－一五八〇），但是卻可以與丹麥天文學家第谷・布拉赫（Tycho Brahe）在烏蘭尼恩堡（Uranienborg）設立的星象觀測臺相提並論。實際上，塔齊葉丁的天文觀測和計算通常都較哥白尼（Copernicus）或第谷・布拉赫都要來得準確。

在所有鄂圖曼帝國的傳統手工藝品中，絲織品和磁磚要算是那個時代裡的非凡之作，尤其在十五到十七世紀時更是如此。國際貿易促成各地在技術和品味上趨於一致，以至於土耳其西北部城鎮布爾薩（Bursa）製造出來的鄂圖曼天鵝絨、絲綢和織錦，通常和威尼斯、佛羅倫斯生產的貨品不分軒輊。鄂圖曼製造的地毯、土耳其式長衫（kaftan）、精緻皮件、武器和磁磚成為歐洲人的搶手商品，而且還影響了上層菁英的品味。到了十八世紀，原先十五到十七世紀歐洲人口中的「土耳其威脅」（Turkish Menace）早已煙消雲散，改頭換面成了「土耳其時尚」（Turkish Fashion）；而鄂圖曼出品的地毯與磁磚，再加上「土耳其咖啡」，成為歐洲熱門商品。從中世紀開始，咖啡就是葉門的一種飲品，之後在十六世紀後半，隨著到麥加朝聖者的回程路線傳入鄂圖曼帝國。此後，雖然當局時常下令禁止咖啡，但是咖啡仍然在帝國全境內大受歡迎；而當局之所以時申禁令，是因為發現很難控制帝國境內各城市裡，從咖啡館（kahvehane）萌生的抨擊時政次文化。確實，這些咖啡館創造出一個供人們議論時政、批評政府的新場所，在這些咖啡館裡分享、演出的文學作品及民俗皮影戲「卡拉格茲」（Karagöz），證明是傳播政治諷刺的有效媒體。

橫跨博斯普魯斯海峽、連通歐亞兩大洲，鄂圖曼帝國的首都是拿破崙眼中擁有絕佳戰略位置的世界之都。伊斯坦堡在十六世紀帝國全盛時期的地位，就和十九世紀的倫敦或二十世紀的紐約一樣，是世界大帝國輻輳四海的樞紐之城。在歐洲各國的首都都追隨其統治王朝信奉其欽定宗教的年代，鄂圖曼帝國治下的君士坦丁堡卻是一個多元宗教並存的城市。直到十五世紀後期、十六世紀時，該城人口中仍有六〇％為穆斯林，而其他的四〇％為基督徒或猶太教徒。這座鄂圖曼帝國的京城也是國際外交、間諜與陰謀活動的中心：這是一座在政治、軍事、經濟和文化提升上擁有無窮機會的城市。

CHAPTER 5

波斯帝國：薩非王朝

（1501–1722）

Persia: The Safavids 1501-1722

蘇珊・巴拜依

（Sussan Babaie）

一五〇一至一七二二年的波斯薩非王朝，是伊斯蘭伊朗史上享國時間最長的波斯政權。古代波斯的王權觀念與伊斯蘭教的伊瑪目什葉派教義相結合，創造出一種獨特的文化，其強而有力的影響，之後在本地區之後的歷史中都可以找到痕跡。[1]

薩非王朝發跡於波斯西北部一個彌賽亞福音教派，後來成為七世紀伊斯蘭教傳入以來，波斯大帝國再次復興的基石。雖然遜尼教派以及祆教（Zoroastrian）、猶太教及基督教在當地的大型社群、本土或外來族群中仍有舉足輕重的地位，不過伊瑪目（Imami）或以十二位什葉派伊瑪目為名而稱的「十二伊瑪目派」（Twelver Shiism）卻已成為主流的宗教信仰了。薩非王朝時期波斯的領土擴張與損失，或多或少和現代伊朗的政治疆界有若合符節之處。在和信奉遜尼派的鄰邦如鄂圖曼、蒙兀兒及烏茲別克等持續衝突競合，以及和歐亞諸國形成政治結盟及貿易夥伴的過程之中，薩非帝國逐漸產生屬於什葉派的波斯文化認同。由薩非社會中的各個種族、語言和宗教群體凝聚而成一種文化綜合體，使得根植於過往綿長歷史中類似原始民族主義的「伊朗」政治概念，由此得以重振復興。[2]

少年的王者之路

繼位時年方十四的薩非教團領袖伊斯邁爾（一四八七—一五二四），極具個人魅力，擁有「天下萬民之帕迪沙」（padshah，即王者）的稱號。[3]薩非教團是十三世紀初期、蒙古入侵之後在西亞興起的神祕主義蘇菲教派的其中一支。薩非教團的創建者是謝赫・薩非・阿爾丁・伊撒克（Sheikh Safi al-Din Eshaq，一二五二－一三三四），他將教團的宗廟聖地設在西南邊、臨近裏海之濱的阿爾達比勒（Ardabil）。教團的領袖世襲傳承，伊斯邁爾正是謝赫・薩非的直系子孫。薩非教團創立後的一個半世紀之間，吸引了大批信徒追隨，而且變得日趨尚武、更為富有，勢力也日漸強大。統治波斯西部的土庫曼白羊王朝對這個教團十分忌憚，試圖發兵剿滅他們。然而，在一五〇一年的夏季，年輕的伊斯邁爾率領信眾們打敗了白羊王朝，而且占領他們的都城大不里士（Tabriz）。伊斯邁爾隨即自立為伊朗沙阿，也就是伊朗國王，薩非王朝的統治就此展開。

當時一部權威世界通史的作者，被稱為宏達米兒（Khwandamir）的米兒・吉亞斯・亞爾丁・穆罕默德・胡賽尼（Mir Ghiyas al-Din Muhammad Hussayni，卒於一五二五年），這樣描述伊斯邁爾：

噢，沙阿！王冠因加冕於您而聲名顯揚！
噢，沙阿！寶座因您履足於上更添價值！
噢，沙阿！您的公義，維繫邦國。

噢，沙阿！因您稱王，天下歸一。[4]

宏達米兒強調薩非王朝王權概念的典型特色，也就是以宗教權威為基礎施行的神權統治，並且聲稱其權威直接繼承上古波斯歷代先王。所以，透過哈里發統治實現的伊斯蘭公義理想，和強大、所向無敵的王權概念結合起來，重振阿契尼美德王朝（Achaemenid Empire）的昔日榮光。宏達米兒描寫這位少年戰士是如何「登上王位，將哈里發及征服四海的冠冕戴在自己頭上」，並且靠著「鞏固先知的律法」（即明定伊瑪目什葉派為國教）使統治權威更具正當性，從而復興上古波斯歷代先王的聲威。

為了鞏固沙阿伊斯邁爾一世的權威，他的親屬及追隨者建構了一整套統治正當性的敘事脈絡，而且還設計出實際的統治手段，以便讓薩非王朝的統治者獲得「神王」（god-king）的無上權力，只不過這些做法收效不一，未必都能成功。有一種論述，將王室先祖和一份不甚可考的世系族譜連繫起來，稱薩非王朝皇室為第七任什葉派伊瑪目穆撒．卡齊姆（Musa al-Kazim，卒於七九九年）的子孫。這樣的連繫是必須的，以便使得薩非王朝統治者能夠獲得深植於伊瑪目什葉派信條中的權威。伊瑪目派是什葉派裡的重要支派，其信條與另一大支派伊斯瑪儀派不同。伊斯瑪儀派認為第六任伊瑪目賈法爾．薩迪克（Jafar al-Sadiq）是先知家族世系的最後一位傳人，而伊瑪目派則堅持從先知起到第十二任伊瑪目都是一脈相傳。❶第十二任伊瑪目於西元八七三年失蹤，他被認為是「馬赫迪」（Mahdi），也就是救世主，將會以救主之身再次降臨人世。當救世主不在人間（即「隱遁」）期間，若要獲取領導與治理的權力，仍須取決於數項先決條件。這些先決條件的其中一項，就是須證明具有先知一系的血統。所以薩非王朝統治者聲稱自己是第七任伊瑪目的後代子孫，更有助於他們掌握伊瑪目什葉派在宗教與世俗層面的權力。

薩非王朝關鍵年表

一五〇一—一五二四年	沙阿伊斯邁爾一世建立薩非王朝，定都大不里士。
一五一四年	查爾迪蘭戰役爆發，鄂圖曼帝國蘇丹塞利姆一世擊敗沙阿伊斯邁爾。
一五二四—一五七六年	沙阿太美斯普在位期間。
一五二〇—三〇年代	沙阿太美斯普之《列王紀》編寫期間。
一五四四—一五五五年	加茲溫（Qazvin）成為王朝新都城。

❶ 譯按：所謂「先知」即創立伊斯蘭教的穆罕默德，而首任伊瑪目，是穆罕默德的女婿阿里（Alī ibn Abī Ṭalib），穆罕默德開宗立教時，阿里便是接受啟示的信徒，並曾當選哈里發，被什葉派認定為首任穆斯林領袖「伊瑪目」。

一五七六—一五八七年	內戰及權力繼承危機。
一五八七—一六二九年	沙阿「大帝」阿拔斯一世（Abbas I）在位期間。
一五九〇／九一年	開始在伊斯法罕建造「世界形象廣場」暨清真寺建築群（Maidān-e Naqsh-e Jahān）及查赫巴（Chahar Bagh）大庭園。
一五九八年	伊斯法罕成為薩非王朝新都城。
一六〇四年	強制遷徙阿拉斯河（Araxes）河畔朱利法（Julfa）城中亞美尼亞商家至伊斯法罕，並在伊斯法罕開闢新朱利法區。
一六一一—一二年	在裏海海濱闢建法拉哈巴德（Farahabad）城，在什葉派聖城馬什哈德（Mashhad）發展都會區，並在波斯灣上開闢阿拔斯港（Bandar Abbas）。
一六一一—一六三八年	完成伊斯法罕城中皇家清真寺（Masjed-e Jadid-e Abbasi）及伊瑪目廣場的興建。
一六四二—一六六六年	沙阿阿拔斯二世（Abbas II）在位時期。
一六四七—一六五〇年代	興建四十柱宮（Chehel Sotun）。
一七二二年	阿富汗人兵圍伊斯法罕，並將沙阿素丹海珊（Sultan Hussein）斬首。

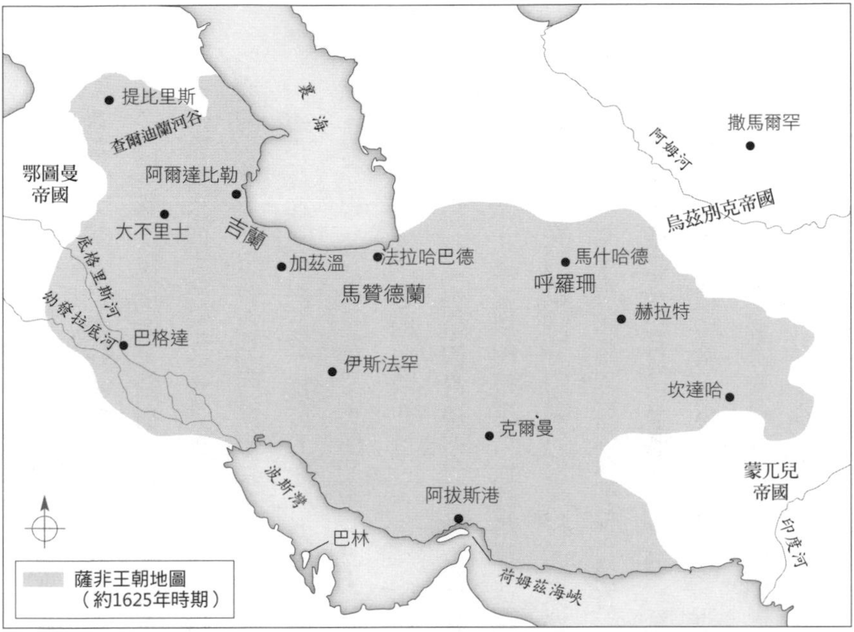

地圖為「大帝」阿拔斯一世（1587—1629）在位時期薩非王朝全盛期的版圖。與鄂圖曼帝國在美索不達米亞諸省（今伊拉克）及什葉派各聖城的領土爭奪，以及和蒙兀兒帝國、烏茲別克人在大呼羅珊地區（包含今日阿富汗）的疆域競爭，貫串整個薩非王朝時期。

根據什葉派的傳統，身兼救世主馬赫迪唯一的合法代表、在救主隱遁時執掌伊瑪目什葉派教團的最高權力者，可不僅僅只是一位王者而已。他必須也是「穆智台希德」（mujtahid），即必須是一位通曉伊斯蘭法典、熟諳《古蘭經》內詮釋法律來源的經文，以及先知傳承下來各種傳統的學者。[5]由於伊斯邁爾是以武力奪取江山，無法宣稱自己是王位的指定繼承人，所以他便自稱是伊瑪目家族的後代以獲取最高權力。透過這樣的方式，伊斯邁爾就可以將原本歷代伊瑪目根據什葉派準確無誤教義所授予的神聖地位據為己有，並且傳給他的後代子孫。

構成薩非王朝的另一個關鍵組成部分，是伊斯邁爾作為蘇菲教團「大宗師」（morshid-e kamel）的地位。教團設在阿爾達比勒的大清真寺，在十五世紀後半成為戰士家屬舉行宗教儀式時的聚會場所。身為教團「大宗師」，伊斯邁爾對他的狂熱追隨者具有偌大的精神與世俗影響力，因此得以將他們動員組織成一支所向披靡的強大武力。

薩非教團的政治化，實質上從伊斯邁爾的父親、在一四六〇至一四八八年間領導教團的謝赫·海達爾（Sheikh Haydar）開始。海達爾本人與土庫曼人部落聯盟白羊王朝的統治者烏尊哈桑（一四五三—一四七八在位）有十分密切的關係。海達爾迎娶烏尊哈桑的女兒，這一政治聯姻關係重大，不但使得伊斯邁爾能自稱有王室血統，與十五世紀最強大的土庫曼人王朝產生緊密連結，更讓他和特拉比松的基督徒國王卡洛·約翰尼斯（Calo Johannes）成了親戚，因為後者的女兒嫁給烏尊哈桑為后，於是就成為伊斯邁爾的外祖母。[6] 海達爾和在他之前的教團統治者，儘管手握大權，卻從未聲稱自己具有王室血統。

為了發動聖戰，對付占多數主流的遜尼派白羊王朝統治菁英與周邊土庫曼勢力，海達爾率先將薩非教團的追隨者編組成一支軍隊。他麾下的戰士主要來自土庫曼各部落，他們放棄在安那托利亞東部遭鄂圖曼帝國控制的家園，投奔到薩非教團旗下。這支軍隊被稱為「奇茲爾巴什」（Qizilbash）。這個名稱原意是「紅頭巾」，本來是鄂圖曼帝國給予的蔑稱，但現在卻被「奇茲爾巴什」當成榮耀的象徵。「奇茲爾巴什」來自海達爾追隨者及後來薩非歷任沙阿所戴的紅色頭巾。這種毯帽頭巾被稱為「海達爾王冠」（taj-e Haydari），上有十二道皺摺，象徵著對十二任伊瑪目的擁戴，一直被穿用到十七世紀初年，「奇茲爾巴什」紅巾軍的影響力式微為止。史家宏達米兒將「海達爾王冠」的創造歸功於海達爾做了一場夢，他在夢中得到首任伊瑪目阿里關於其造型的指示。伊瑪目在夢中顯現被說成有如神諭啟示，為「奇茲爾巴什」和薩非教團拯救世人的任務，更增添精神上的重要意義。7

烏尊哈桑在世時，海達爾礙於彼此之姻親關係，並未顯露他的雄心壯志；不過等到烏尊哈桑過世之後，薩非教團就積極參與控制波斯東北部和安納托利亞東部的歷次爭鬥。儘管海達爾在一四八八年一場戰役中陣亡，「奇茲爾巴什」紅巾軍仍然持續在白羊王朝的內亂中扮演顯著角色，他們以海達爾遺下的三個兒子為號召，挑起白羊王朝後期統治者與新興的薩非教團之間的血海深仇。伊斯邁爾在父親陣亡時年僅一歲，被保護起來，隱居在裏海之濱的吉蘭省（Gilan），由一位傑出的什葉派神學家監護指導。直到一四九九年，當時十二歲的伊斯邁爾才結束隱匿，正式現身，前往阿爾達比勒，承襲教團的領袖大位。此舉後來被薩非王朝的史家描述為堪比救世主馬赫迪在末世降臨，也應了一則聖訓所諭示的：「每到世紀之初，真神都會差遣一個人降世重振信仰。」8

憑藉著如同迎來救世主般的狂熱，以及各方對這位年輕少主的擁戴，沙阿伊斯邁爾得以運用薩非教團麾下的「奇茲爾巴什」紅巾軍戰士，趁西北邊白羊王朝內亂，以及東北部帖木兒王朝（一三七〇—一五〇六）衰弱所造成的權力真空局面下，發動一次次成功的征討。此時的帖木兒人，已經被烏茲別克的昔班王朝（Shaybanids）趕出他們最後的都城赫拉特（Herat）。[2]薩非教團領袖家族的支持者，幫忙他們將西部地區所有的首領、王者幾乎全數廢黜。在東邊，伊斯邁爾從烏茲別克人手上奪取了若干之前帖木兒人的領地，在一五一〇年將呼羅珊（Khurasan）和赫拉特兩省納入他的帝國版圖。簡單說，在短短九年之間，伊斯邁爾展現救世主馬赫迪般的領導魅力，將河中地區（Transoxiana）、阿富汗到高加索南部、安納托利亞東部和伊拉克，並包括今天的伊朗的廣大地區，重新統一在薩非這面旗幟底下（至少暫時如此）。

新帝國的治理體系由土庫曼人組成的紅巾軍領袖所把持，他們成為武人新貴，分據各省總督要職。這些總督負責監管薩非王朝王室子弟的教育。這套系統既能夠確保「奇茲爾巴什」紅巾軍與薩非教團的結盟共治，同時也能約束節制王室的特權。只不過，後來的事實證明，這些薩非王子的紅巾軍師傅，最終將會成為王室的巨大威脅。

因為「奇茲爾巴什」對薩非教團的熱誠和忠心，也由於他們在擁護沙阿伊斯邁爾一世登上大位時在軍事上發揮無可比擬的作用，他們打算將帝國所有高階官位如將軍、總督等職盡數囊括。而波斯人或塔吉克人（Tajik）則大部分在官僚體系的低階任職，如維齊爾，或是在王室祕書省及財政體系中各種各樣的位置。然而，早期這種按照民族劃分官職的做法，在十六世紀時出現扭曲與變形。政府行政機構區分為兩大類：頭一類稱為「瑪瑪雷克」（mamalek）即「國家」；第二類則被叫做「卡西」（khasse）即「王室」。王朝的領地或行省，都由「奇茲爾巴什」紅巾軍旗下的「埃米爾」（emir）或部落領袖掌管，由於這些人掌握了各自省分的經濟與軍事資源，因而能對全國事務發揮相當可觀的影響力。初時國家與王室掌握的土地比例很明顯由紅巾軍控制的地盤占上風，因此薩非王室與歷任沙阿仍舊仰賴「奇茲爾巴什」旗下各省總督與將領的效忠。伊斯邁爾之前打造的沙阿與紅巾軍師傅之間那種師徒關係，幾乎就像當初創立時那樣快速冰消瓦解。隨著薩非王朝逐漸變得中央集權，薩非教團那些神祕深奧又好戰黷武的作風，便與朝廷益發的不能相容。

薩非王朝的成功，取決於它王權統治的政治理論。伊斯邁爾和他的繼承者將王室的世系血統，與下述這三大家族聯繫起來：首任伊瑪目阿里及先知穆罕默德的世系、身分尊貴的謝赫・薩非（Sheikh Safi）及他的蘇菲教派信徒，以及透過白羊王朝王室而取得的皇親貴戚血緣

❷ 譯按：昔班王朝為穆罕默德・昔班尼（Muhammad Shayboniy）所創建。昔班尼是成吉思汗之孫昔班的後裔，是伊斯蘭化的蒙古人。他原先投靠帖木兒王朝，一五〇六年擊敗帖木兒人，攻占布哈拉（Buxoro），並打下帖木兒都城赫拉特，自立為王。

關係。沙阿伊斯邁爾一世順理成章的認為自己既是古代波斯帝國的正統繼承者，也是「伊瑪目世系的後裔」，[9]自然成為穆斯林群體的領袖。這樣大膽的主張，在他那充滿宗教狂熱的詩歌裡，表現得再明顯不過了。這裡，在一首他以筆名「罪人」（Khatai）發表的詩歌裡，伊斯邁爾以一種空前絕後的大膽口氣宣稱：

> 我是神的奧祕。我是所有加齊（ghazi）戰士的領袖。
> 法蒂瑪是我母，阿里為我父（法蒂瑪為穆罕默德之女、阿里之妻）；我是十二伊瑪目的皮爾（pir，即宗師領袖）。[10]

伊斯邁爾的個人魅力和他在民間相傳的故事混雜在一起，將他和青年名將阿布·穆斯林（Abu Muslim）相提並論。阿布·穆斯林當年曾率領阿拉伯穆斯林軍隊，在波斯西北起兵對抗頭一個由穆斯林建立的倭瑪亞王朝（六六一—七五〇）。阿布·穆斯林打敗了倭瑪亞軍隊，幫助創建出親波斯的阿巴斯王朝（七五〇—一二五八）。❸這個「波斯戰士協助建立起一個什葉派國家」的傳奇故事，完全呼應伊斯邁爾本人的事蹟。除此之外，阿布·穆斯林和第十二任伊瑪目一樣，也被期待要重返世間。[11]所以，伊斯邁爾那聲稱受到真神啟示、複雜而多面向的救世論述，完全符合那個時代對於彌賽亞的狂熱期待。追隨者的狂熱擁戴，使得伊斯邁爾能夠召集一支精兵，不但能夠攻城掠地，而且還可以接收白羊王朝與帖木兒人集中在主要城市的文化資源。伊斯邁爾打破慣例，依舊以白羊王朝（以及之前的黑羊王朝〔Qaraquyunlu〕）的都城大不里士作為他的國都。打敗宿敵以後，仍舊以其都城為國都，這個令人感到訝異的選擇，強烈宣示了伊斯邁爾與白羊王朝統治階級的連結，並且將大不里士設定為地理位置和心理上的中心城市，代表著承接統治權威與正當性的一脈相傳。這對於新的統治者來說似乎是必要的，同時他還有更宏大的壯志雄圖，要打造出專屬於自己的什葉派波斯王權模式。

沙阿伊斯邁爾一世時期的建築與藝術

薩非王朝在大不里士的遺跡不多，事實上連伊斯邁爾支持興建的大型建築遺址也少有留存。他在位期間，由於戰事綿延，加上為了鞏固新開拓的領地而不斷調動資源到前線，幾乎無暇、也沒有預算能顧及大型建築計畫或城市開發。這時期最重要的建築作品，是對阿爾達比勒城內教團創建者謝赫·薩非陵墓的修補。這座中世紀風格的修道院，以及薩非教團先

❸譯按：即《舊唐書》中之「黑衣大食」。

人遺骨安放之所，現在正被改造成王朝精神正統的象徵標誌。在阿爾達比勒的大部分建築都是由王室成員，或是紅巾軍信徒出資監造。薩非王朝時期在其他地方的若干建築同樣也是如此。令人好奇的是，沙阿伊斯邁爾一世在位期間，沒有興建任何供宗教大型集會的大清真寺。這類清真寺通常是在新王朝開國以後，或是新君登基之時建造的。在一五八七年新君阿拔斯一世（Abbas I）即位之前，薩非王朝歷任沙阿卻都沒有遵循此一慣例，原因為何，將在下段陳述。

大型建築所需的龐大資金，或許受到戰爭耗費的影響而犧牲。雖然如此，在薩非王朝的提倡與支持之下，其他類型的藝術創作，如書法、紡織和奢華物件等，即使尚未到達顛峰，也持續蓬勃發展。薩非王朝的征服，將被征服者的知識與藝術財富也囊括在內。大不里士的皇家畫院，自十四世紀初伊兒汗國時代即已因聚集了從中國到歐洲的藝術人才而聞名，如今因為來自赫拉特帖木兒畫院的藝術家而再次煥發活力。大不里士的薩非畫院表現出的那種令人驚豔的創造性與新鮮繪畫風格，特別是在伊斯邁爾一世之子、沙阿太美斯普（一五二四－一五七六在位）的提倡與支持之下，更起到加分效果。在這些名家大師當中，有一位是蘇丹・穆罕默德（Sultan Muhammad），白羊王朝時，他原來在大不里士的皇家畫院供職，之後成為薩非王朝皇家繕本藏書閣（ketabkhane）的館長；還有年邁的貝薩德（Behzad），他從帖木兒時代晚期到薩非王朝時代，一直都在赫拉特創作。

這種全新的融合之風並不僅限於繪畫和書籍製作技巧；在十六世紀前半薩非王朝時代，它還擴展到所有藝術創作當中。地毯和紡織品，裝飾精美的金屬製品（杯、罐、筆盒），雕工細緻、鑲嵌珠寶的玉飾，加上金屬製酒杯、皮革封面、刷漆裝訂的書冊，由最偉大的作家以書法寫作、鑲金裝飾並附有精緻插圖的手稿——這個時期薩非王朝視覺藝術的題材範圍、技術技巧，以及創造力的巧奪天工，無一不令人嘆為觀止。在稍後的幾個世紀裡，較未受到欣賞的是波斯詩歌中一種並聯的新融合形式。[12] 內心意象、隱喻和語言技法的複雜交織，以及詩人巨匠語言裡無止境的進行著文字遊戲；上述種種，雖然都源自於十五世紀時帖木兒時期的發展，然而後來卻成為薩非王朝時代藝術品味的精髓。

波斯文化之所以在薩非王朝早期能夠昌盛繁榮，得益於下面這兩項重要的關鍵因素：一是以波斯全套經典文學、藝術來教育王公貴戚子弟；二是廣納人才，在新征服的各個地方晉用人員。自十一世紀以來，統治波斯的所有突厥、蒙古君主在傳統上都支持並推動這兩項作法。伊斯邁爾一世最偉大的貢獻，是重新恢復在大不里士的皇家繕本藏書閣，並且為了太子太美斯普而下令編繪《列王紀》。這正是在大師巨擘雲集的大不里士所完成的不朽盛事。[13]

《列王紀》本是波斯詩人菲爾多西（Firdausi，卒於一〇一〇年）的名篇傑作，講述在伊斯蘭教進入波斯之前，伊朗諸王及麾下名將與篡奪波斯王位的突厥人之間爭鬥的故事。此書部分出於想像，部分則為真實歷史，緣起自伊斯蘭信仰與上古波斯歷史的交會。由於這部史詩內容豐富多彩，使得講波斯語的文化圈裡所有想追求高尚教養的穆斯林，莫不接受這部講述英雄與歷任諸王事蹟的理念，並奉為圭臬，甚至還成為教育王公貴胄子弟的絕佳教材。沙阿伊斯邁爾一世藉由為太子編繪一部《列王紀》，將薩非王朝的權力基礎和上古波斯王權的理念相結合。因此，沙阿太美斯普的《列王紀》最能代表穆斯林王權的波斯民族精神。幾乎所有的穆斯林君主都會運用《列王紀》裡的七萬條雙韻聯句作為武器，以鞏固自身在伊朗文化世界中的統治正當性——其中又以薩非王朝歷任國王最為得心應手。

伊瑪目什葉派信仰並非薩非王朝所創，但正是在薩非王朝時期，它融入了伊斯蘭教傳入伊朗之前便已深植的文化認同，並且認知到在團結它大旗之下的眾多民族和語言群體。伊斯邁爾的祖先、他本人及其繼承者都非塔吉克波斯民族。他們說的是突厥語，甚至寫的也是突厥文字。伊瑪目信條的傳播，仰賴的是說阿拉伯語的外來神學家；而帝國的治理，則得益於將高加索改宗皈依伊斯蘭的基督徒納入旗下所致。因此，薩非王朝對波斯語言、敘事及符號的挪借運用，並非出於民族觀點，而是出自政治動機。於是，伊朗在信仰伊斯蘭教後的史上頭一遭，薩非王朝成功形塑出一種文化認同，將他們的伊瑪目什葉派與獨特的波斯情感融合在一起。儘管統治者與許多臣民並非波斯人，薩非王朝的領導高層卻能重新營造出一種專屬於波斯的伊斯蘭主體意識。薩非王朝將伊瑪目什葉派信仰提高到帝國的顯赫位置，他們留下的遺產成為政治理論的一種標誌，對於日後伊朗的國家認同，產生了持久而深遠的影響。

薩非版本的《列王紀》於一五一四年之後奉沙阿伊斯邁爾一世迭次諭令開始編繪，而全書在沙阿太美斯普眼光獨到的支持下，於一五二〇及三〇年代大致完成。薩非版本的《列王紀》，以二百五十八幅大篇幅且富有想像力的圖畫，描繪出歷代君主與英雄的冒險、愛情與戰爭故事；它不但有豐富迷人的繪圖，且裝幀工藝極其精湛，是有史以來最為富麗堂皇的版本。

伊斯邁爾的覆敗及太美斯普的統治

一五一四年八月，沙阿伊斯邁爾一世率軍和鄂圖曼帝國蘇丹塞利姆一世（一五一二－一五二〇在位）在查爾迪蘭會戰，伊斯邁爾大敗。伊斯邁爾之所以遭遇這場慘敗，首先要歸咎於他驕傲輕敵，自認算無遺策；其次是他麾下將領無能，錯估糧草，致使軍中缺糧；最後是臨敵接戰之時，「奇茲爾巴什」紅巾軍內部竟然自相爭鬥。此役過後，薩非王朝等於從此失去安納托利亞東部領土，而在波斯西北、高加索南部的疆域爭奪，烽火則還要再綿延百年。薩非王朝的都城大不里士，位置鄰近正逢多事之秋的西北部邊界，實在不利於防守。鄂圖曼蘇丹塞利姆一世僅以一星期時間，就攻下這座都城，但是在象徵意義上，卻更具有破壞性。

對伊斯邁爾來說，此戰失利已是相當重大的打擊，而如果從他在戰前的地位來看，這場覆敗所造成的影響更為深重。[14] 原來他那「所向無敵」的聲威，如今已蕩然無存。伊斯邁爾在此役中無法保護麾下「奇茲爾巴什」將士不受屠戮，使他的權威為之重挫，更使他深感抑鬱，因而退居宮中，不再親理國家政務。

諷刺的是，伊斯邁爾的消極退避或許反倒是另一種截然不同政治發展戰略的推動力量。他將精力轉移到重新整頓治理機構上面，並且整理伊瑪目什葉派的教條，避開那些更加神祕深奧難解的修習之道，然後集中心力在未來君主的教育，尤其是對太子太美斯普的教導。查爾迪蘭戰役過後，伊斯邁爾希望能在紅巾軍出身的「埃米爾」與手握土地的波斯塔吉克貴冑之間，建立一個更加均衡的權力平衡機制。他發起的各項改革如果真正付諸實施，範圍固然有限，但是這種試圖限縮「奇茲爾巴什」紅巾軍專屬特權的強烈要求，卻預告了一次重大政治調整舉動即將到來。太子太美斯普，此刻正在赫拉特，接受「奇茲爾巴什」紅巾軍埃米爾將領迪夫蘇丹（Div Sultan）的監護教導。赫拉特是從前被推翻的帖木兒王朝的文化之都，也是藝術創作的重鎮。赫拉特和整個呼羅珊省掌握重要資源，位置也十分緊要，因為此地是抵擋烏茲別克領土野心的緩衝區——這個地區正是由迪夫蘇丹所控制，而他的權威則取決於太子太美斯普在這裡的緣故。一五二四年，伊斯邁爾駕崩，迪夫蘇丹這位埃米爾導師便帶著當時年僅十歲的「米爾扎」（Mirza，這是他的封號）太美斯普進京，認定自己就是薩非王朝實質的統治者。這一大膽舉動引發了敵對「奇茲爾巴什」部族的怒火。隨即而來的是部族間為爭奪薩非王位的激烈內戰，薩非王朝的諸王子被各方勢力當成擺弄的棋子。內戰一直打到一五三三年，太美斯普終於蕩平群雄，止息動亂。

沙阿太美斯普登基之初，雖然一開始時動亂不已，鄂圖曼、烏茲別克又在邊境虎視眈眈，但是他在位的五十二年間（一五二四－一五七六），大多時間卻維持繁榮昌盛，而且在文化上有璀璨表現。他使原本搖搖欲墜的薩非政體恢復常軌，建立起效忠於薩非王室並能執行伊斯蘭教法的宗教階層體系，並且改造加茲溫，使之成為王朝的新都城。沙阿太美斯普深知「奇茲爾巴什」紅巾軍自相爭鬥及權力不受拘束的危險，因此將高層軍政要職都交託給波斯塔吉克貴族、知識階層和他自己的親近家人出任。

沙阿太美斯普將權力收歸中央王權的力道之大，堪稱前所未有。此舉之所以能夠實現，有賴於他在治理結構中引進第三個元素，即「古拉姆」（ghulam）體系，意思是奴隸兵系統。[15]在一五四〇到一五五四年間，當時薩非王朝在喬治亞（Georgia）和切爾克西亞（Circassia）兩條戰線上與鄂圖曼帝國先後進行三場戰事，沙阿太美斯普在一五五四年在喬治亞首府提比里斯（Tbilisi）扶植一位效忠於他的喬治亞總督，穩住對此地的控制。數萬名俘虜放棄原有宗教信仰，改宗成為穆斯林，並且定期被徵召加入薩非王朝軍隊，或擔任王室護衛，或成為朝廷精兵。某些這類精銳軍團的統兵將領，幾乎都專門由切爾克西亞、喬治亞或亞美尼亞出身的「古拉姆」擔任，也因此權力結構內圈裡都布置了這類只對沙阿效忠，而沒有部族和家族關係羈絆的國王人馬。雖然這種策略從來沒能取得全面成功，但隨著時間推移，它使得人身政治關係超越了部族主導，進而削弱「奇茲爾巴什」紅巾軍的影響力。到了十七世紀，「古拉姆」已經取得極大的財富和影響力，不但在維持帝國運作事務上扮演主要角色，甚至在文化生產層面也有其貢獻。

太美斯普在位年間，薩非王朝在西面和西北邊不斷受到鄂圖曼帝國的攻擊，在東北邊則有烏茲別克的侵擾。太美斯普登基的頭十年間，「奇茲爾巴什」紅巾軍爆發的內戰以及薩非王朝內部的紛擾局面，正巧遇上了烏茲別克人接連入侵赫拉特與呼羅珊。當此之時，難以兩面兼顧的沙阿太美斯普，將大部分的心力擺在應付鄂圖曼帝國在西部邊境更為險峻的蠶食上。鄂圖曼帝國蘇丹蘇里曼一世（Suleiman I，一五二〇—一五六六在位）在一五三三年一月與他的奧地利對手[4]達成停戰協議之後，隨即對波斯發起新一輪的軍事攻勢。隨後不到一年的時間，蘇里曼一世的大維齊爾易卜拉欣．帕夏（Ibrahim Pasha）便攻下大不里士。蘇里曼一世本人則於一五三四年九月御駕親征巴格達途中到訪這座城市，之後除了十七世紀一段短暫時期，巴格達一直掌握在鄂圖曼帝國的手中。沙阿太美斯普出兵恢復亞塞拜然兩次，然而又分別在一五三五年及一五四八年兩次放棄；大不里士則於一五四九年再次陷於敵手達數日之久。

大不里士就在這樣反覆爭奪、兵禍連結的破壞之下淪為一片焦土。這座城市太過鄰近爭奪與衝突不斷的薩非王朝、鄂圖曼帝國邊境，難以作為帝國的政治中樞，想必正是太美斯普決定遷都的原因。一五五五年，沙阿正式將京城遷往東南邊的加茲溫。[16]

沙阿太美斯普時期的建築與藝術

加茲溫原先是一座古老的城市，是軍事及農業要地的重鎮。當初伊斯邁爾在定都大不里士時，建築上並未作太多改動；但是加茲溫卻被大幅改造，以符合帝國首都的需求。建築計畫在正式遷都的十年前便已展開。王室在城北購置大片土地，並在此設立皇家禁區（daulatkhane，字面上的意思是「統治之地」），一旁便是原本的公共廣場。水在這個地區是稀有之物，但加茲溫透過由山區流入城北四通八達的地下渠道「坎兒井」（qanat），城市供水卻無虞匱乏。

在城南，宮牆圍繞的王宮建築群通往一個狹長的廣場（maydan）；城北則是薩非王朝上流社會新落成的花園豪宅。這樣按照事先計畫進行的都市發展，突顯出遷都的政治意義。為了成為名符其實的都城，哪怕是將此重責大任直接加諸在一座老城之上，都必須設法推陳出

❹譯按：哈布斯堡王朝。

新。

薩非王朝的史家庫米（Qomi）寫道，皇家禁區裡的長方形廣場是由：

> 技藝精湛的設計師，與工法嫻熟的匠師所建成的……〔他們〕設計出一座名為「幸福庭園」（Bagh-e Saadat）的花園廣場，而在這座廣場的中央，〔他們〕還規劃了美輪美奐的建築、高聳的亭閣，以及拱形門廊和好幾座水池。[17]

新建築於一五四四至四五年陸續動工興建，這段期間正好與沙阿太美斯普正式頒布棄絕各種世俗娛樂的「敕令」（taube）時間重疊。到了一五五六年頒布第二次「誠心懺悔敕令」（tawba），將舞蹈、音樂、飲酒、雞姦，以及繪畫帶來的種種神奇樂趣等，全都歸入「世俗娛樂」的禁絕名單。太美斯普在其「回想錄」（Tazkere）裡描述說，這道「誠心懺悔敕令」代表他本身信仰戒律的嚴明，以及提倡伊瑪目什葉派公認神學教條的自我形象認定。太美斯普對於既有律法的提倡、對於施行律法並負責解釋的神職人員的支持，對照之前薩非教團、紅巾軍與伊斯邁爾的早期追隨者群體裡那些背離正統的宗教信仰及實踐，形成極其強烈的對比。太美斯普在位期間的這些發展，使得薩非王朝的領導階層與伊瑪目什葉派對於伊斯蘭教法的種種改編，二者之間更加協同一致。

沙阿太美斯普棄絕繪畫樂趣這一點，確實促成大不里士皇家畫院裡的若干資源流失；可是對於手稿創作來說，卻也不像某些人所認定的那樣，導致極大的戕害。藝術家從大不里士大舉出走，或許正給了其他手稿創製重鎮發展的動力。這樣創造力重新洗牌的最佳例子，是委由王子易卜拉欣・米爾撒（Ibrahim Mirza，一五四〇—一五七七）主持繪製的奢華手稿文卷《七王紀》（*Haft Awrang*）。易卜拉欣・米爾撒是伊斯邁爾之孫，太美斯普的姪兒。[18] 易卜拉欣・米爾撒以高明的手腕招募到原本分散各地的大師巨匠，而且在他的支持下，於馬什哈德（Mashhad）成立了一座重要的手稿繕本藏經閣。他主持之下繪製的《七王紀》是薩非王朝時期的首部版本，立即成為對王朝提倡文化建設這一傳統的致敬，並且宣示其美學品味。這部作品反映出和繪製沙阿太美斯普《列王紀》傑作的皇家畫院相同的精湛技藝，也能夠與知名的一對阿爾達比勒波斯地毯（一五三九—一五四〇年）相提並論；後者是波斯地毯中圖樣設計與編織的經典之作。[19]

太美斯普朝廷中的其他藝術家則在印度蒙兀兒及土耳其鄂圖曼兩國的宮廷畫院裡找到待遇更佳的機會。這種藝術人才的流動在十六世紀後半為這些國家的宮廷帶來了新的繪畫風格。與此同時，壁畫開始盛行於薩非宮廷中，並且運用這種風格來裝飾新都加茲溫皇家禁區內的亭閣。

沙阿的王廷也不是藝術創作的唯一支持提倡者。入手奢華手稿的競逐造就了不少藝術製造的重鎮，例如像設拉子（Shiraz），便是專門為鄂圖曼帝國上流社會繪製豪奢手稿之所在。鄂圖曼與蒙兀兒帝國一樣，其上層雅文化在此時期中深深受到波斯文學及藝術理念和宮廷習俗的影響。當鄂圖曼與薩非在邊界大打出手、大不里士和加茲溫的街頭出現咒罵信奉遜尼派土耳其蘇丹的儀式時，鄂圖曼的收藏家競相尋求擁有更華麗、更昂貴、也益發光彩炫目的波斯藝術品，以爭奪精緻文化的桂冠。[20]

一五六七年，沙阿太美斯普慶賀鄂圖曼帝國蘇丹塞利姆二世（一五六六—一五七四在位）登基的奢華外交禮品，或許也助長了這一波收藏豪華波斯手稿的熱潮。太美斯普一心想維繫他與塞利姆的父王蘇里曼一世談判簽訂的停戰協議，因此向新登大位的蘇丹釋放善意可說是不遺餘力。沙阿太美斯普不但親自督導，給塞利姆二世寫了一封禮數極度細緻周到的慶賀信函，更從皇家藏書閣裡拿出、由三十餘頭駱駝馱運的禮品祝賀，當中包括沙阿太美斯普的《列王紀》。[21]

王朝內戰及阿拔斯一世繼位

薩非王朝於十六世紀末在文化生產方面取得的成就，因為一五七六年沙阿太美斯普駕崩後的政局動盪而蒙上一層陰影，更幾乎使得帝國為之解體。第二次內戰於一五七六年爆發，

「奇茲爾巴什」紅巾軍的埃米爾將領、波斯和喬治亞權貴，以及沙阿太美斯普的王室成員，尤其是他的女兒帕里·汗·卡努姆（Pari Khan Khanum），悉數捲入，彼此對抗。[22]

薩非王室的女性，從來不像後世想像的那樣受到屏除而成為無用之人，反而是利用自身王室血脈這一優勢，成為炙手可熱的重要人物。帕里·汗·卡努姆公主就是她們心目中不朽的效法榜樣。父系血統使她成為薩非王室成員，不過她的母親卻是切爾克西亞人，這也是高加索出身的新貴以緩慢但穩定的速度，逐步進入薩非王室的證據。帕里·汗·卡努姆公主身段世故優雅，她既是知名詩人，也是薩非治下波斯什葉派聖地的慷慨贊助者。她在政治權力的角逐場上也扮演重要角色，將她的兄長伊斯邁爾王子送上君王寶座，成為沙阿伊斯邁爾二世（一五七六—七七在位）。

新任沙阿試圖逐一剷除有能力威脅他統治的兄弟及姪兒以重建秩序，然而不久後他旋即猝逝，而且死因成謎，於是引發新一波政局動盪。宮廷醞釀陰謀，以伊斯邁爾二世單眼失明兄長穆罕默德·科達班達（Muhammad Khodabande，一五七八至八七在位）的妻子海爾·尼撒（Khayr al-Nesa），取代前任沙阿在位時實際執掌國政的帕里·汗·卡努姆公主[5]。海爾·尼撒

[5] 譯按：帕里·汗·卡努姆公主於一五七八年二月被絞死。

不是土庫曼裔，支持她的力量有兩股，是裏海之濱馬贊德蘭（Mazandaran）地區她的宗族與薩非王朝統治體系內波斯塔吉克力量的結盟。在她同樣也遭到整肅之前（一五七九年，海爾·尼撒遭指控與他人有染，被勒死於後宮），整個帝國的重要職能幾乎完全在這位王后的掌握之中，使「奇茲爾巴什」紅巾軍的埃米爾將領為之憤怒。她的遇害引發新一輪的動亂，以及對波斯人、尤其是對馬贊德蘭貴族的猛烈報復。

內有動亂，使得帝國遭受鄰邦的攻擊。鄂圖曼帝國和薩非王朝在邊境重燃戰火，大不里士於一五八五年再次失陷，外高加索（Transcaucasia）和庫德斯坦（Kurdistan）等地也紛紛落入敵手。在東部邊境，烏茲別克於一五七八年再次對呼羅珊發動攻勢，但更為棘手的威脅，卻是呼羅珊在一五八一年短暫脫離中央自立。這次獨立為時甚短，但具有深遠的影響，並使得薩非王子阿拔斯·米爾撒（Abbas Mirza）就此登上政治舞臺。按照慣例，教導阿拔斯·米爾撒的重責大任被託付給「奇茲爾巴什」紅巾軍的赫拉特總督，出身歐斯塔吉魯（Ostajlu）部族的穆希德·庫里汗（Morshed Qoli Khan）。表面上，穆希德·庫里汗傳授治國之道給阿拔斯這位王位可能的接班人，但實際上他只是趁著穆罕默德·科達班達因邊境威脅而無暇他顧的時候，利用阿拔斯王子為籌碼和敵對勢力競爭。隨後，阿拔斯在他的導師兼總督的安排策劃之下，乘著蘇丹穆罕默德·科達班達不在城中的機會，成功於一五八七年在加茲溫登上君王寶座。之後科達班達顯然回到他的都城，可是卻並未對篡得大位的阿拔斯發動聲討。

時年十六歲的沙阿阿拔斯一世（一五八七－一六二九在位）就在這一片令人膽顫心驚的混亂局面中，開始了他的統治時代；但是到頭來他卻收拾、重整了薩非帝國的江山，締造非凡的功業，因此而得到「大帝」的稱號。薩非王朝在西邊與鄂圖曼帝國、在東邊和烏茲別克爆發進一步衝突的陰影，使得長期內憂外患造成的影響為之加劇，從而讓薩非王朝境內處於嚴重的經濟衰退狀態當中。對此，阿拔斯一世採取精準敏銳的措施，讓薩非王朝恢復國力，並且將政治權力集權中央，歸於一個專制權力中心，也就是沙阿本人之手。

薩非新都伊斯法罕，一五九八－一七二二

薩非帝國邁向第二個世紀時，首都遷往伊斯法罕，國家走向和社會生活也與之前截然不同。[23]朝廷於一五九八年正式遷都到伊斯法罕，從這時候起，政治和社會相對穩定，其經濟活力以及在興建大型建築、城市發展和各種藝術方面的相應開支，再加上王朝滿懷自信的提倡發展成熟的波斯什葉派政治文化，全都呈現顯著的發展。

沙阿阿拔斯一世實施的「改革」，使得「奇茲爾巴什」紅巾軍埃米爾的權力相對受到限縮。其中一項政策涉及組成新的火槍手部隊和砲兵團來實現軍隊的現代化。來自英格蘭的羅伯特（Robert Sherley）、安東尼・薛爾利（Anthony Sherley）兄弟，以及其他歐洲人士，在一

五九八年來到沙阿的王廷，在軍事改革事務方面充當他的顧問。這些早期顧問從事的冒險活動，最終都以悽慘的失敗收場，不過英國人在稍後卻扮演起重要的角色：當時他們協助沙阿阿拔斯一世將葡萄牙人從荷姆茲（Hormuz）海峽驅趕出去，實際上等於為歐洲貿易拓展出波斯灣的海上航線。

改革後的新軍事指揮體系高層，大部分都由非土庫曼族裔者擔任，其中又以來自高加索、出身「古拉姆」奴隸兵菁英戰士者居多。他們對王廷的忠誠進一步得到確保，因為這些人的薪俸直接由王室國庫撥付，而非經由舊日稅收分配，這些賦稅都掌握在土庫曼大族和軍事將領的手中。如此一來就使得薩非王朝早期政治結構中的封建制度出現大裂口，而在先前這個制度中，「奇茲爾巴什」出身的總督，為了供養軍隊及地盤，他們控制了國家賦稅。為了增加王室收入，沙阿阿拔斯一世有計畫、有步驟的將愈來愈多的行省收歸為王室領地，從而削弱了「奇茲爾巴什」紅巾軍總督原本對資源的壟斷控制。就在阿拔斯一世改組軍隊高層的同時，他也拔擢不少「古拉姆」出身的菁英出任政府要職。與上述相隨出現的另一個情況，是阿拔斯一世將父系血脈的親屬消滅殆盡，並且轉而著重在薩非與「奇茲爾巴什」傳統權力網絡之外的姻親結盟關係。

薩非王室裡出身自喬治亞、切爾克西亞和亞美尼亞的女性，或許還要加上她們被收入王室、改信伊斯蘭教的同胞，憑藉著「可能誕育出王朝繼承人」這項優勢，在後宮和王廷中扮演關鍵角色。而隨著這樣的變化，原先將年幼的王子送到各省「奇茲爾巴什」出身的總督、由他們來監護教導的慣例，同樣發生改變。王室子弟不再被送出，而是留在伊斯法罕的後宮中，有助於沙阿控制內部對權力的競逐，以及遏制外部敵對勢力的陰謀；對於削減「奇茲爾巴什」紅巾軍的權勢而言，這種策略極為有效，但卻也因此而打開了後宮干政的大門。

「世界形象廣場」（Maidān-e Naghsh-e Jahān）是伊斯法罕城的核心區域。在這裡，阿拔斯一世為他的岳父在鄰近伊斯法罕皇家禮拜清真寺（royal chapel-mosque）之處興建了一座神學院，也被稱為謝赫羅圖福拉清真寺（Sheikh Lotfollah Mosque），自一六〇二年起建，一六一九年才告落成。該寺的重要性在於投注巨資以打造這樣一座建築瑰寶，以及它位於新都城中心地區的位置。這座清真寺意義不凡，因為它並未採取之前的設計構想，在城市舉行大型宗教聚會的清真寺中，另行設置一塊隔離開來的王室專用空間。在這裡，王室專用的敬拜堂被改成一座樸素的清真寺。這座清真寺的內部區域專供王室扈從使用，但是大眾可以從外部看見它以磁磚拼貼的入口，以及裝飾精緻的金色圓頂。

「世界形象廣場」占地八萬三千平方公尺（八十九萬三四〇五英尺），僅次於北京天安門廣場，是世界第二大廣場。特別的是，這座廣場被設計成長方形，四周環繞二層樓高的外圍樓房，正面通往成排的商鋪市衢。廣場的四面都經過精心規劃，以巨大建築進行布局上的連結：北側的皇家大巴札（Qaysariyye），也就是集市，始建於一五九〇或九一年，以其圓頂市場將新舊市區連結起來；廣場西側的阿里卡普宮（Ali Qapu），始建於一五九〇或九一年，一六一五年落成，同樣也作為進入宮殿區的正式入口；謝赫羅圖福拉清真寺位於廣場東側，而壯麗雄偉的皇家大清真寺（Royal Mosque），一六一一年始建，一六三八年完工，則座落在廣場的南側。

確實，這座有著集市、清真寺和宮殿的廣場，再加上它每日的市集、奇觀展覽、武術和馬球表演，正是城市建築與都市主義（urbanism）超凡事業的精髓所在，使得伊斯法罕成為十七世紀聞名遐邇的大城。[24]

當阿拔斯一世於一五九〇、九一年下令開始大興土木之時，他內心希望在一五九八年將都城由加茲溫搬遷到伊斯法罕。這樣的時機並非巧合，因為西元一五九〇、九一年正好對應伊斯蘭曆的一千年，[25]也就是千禧年的開端。就在這年，阿拔斯一世才剛鎮壓了一個與什葉派布道長老努克塔維・得維許・科霍斯洛（Nuqtavi Dervish Khosrau）有關聯的千禧年救主降臨運動，因為這股勢力挑戰沙阿的統治正當性。[26]建設新都城的事業，以及「世界形象廣場」的特殊設計布局，其用意都在以最大程度傳達這樣的訊息：薩非王朝的統治根基業已煥然一新，並且付諸實踐。

在十六世紀時，薩非王朝的歷任沙阿都不敢公開提倡興建大型主麻聚禮清真寺，這是因為當時在伊瑪目什葉派學者之間，對於在「救世主馬赫迪（即第十二任伊瑪目）隱遁時期是否容許舉行主麻禮」一事爭議不休。這一特殊的宗教僵局一直困擾著薩非社會，而且使得歷任沙阿無法行使傳統上屬於君王的提倡特權，以及他們身為穆斯林的職責：即創立一座舉行主麻聚禮的大清真寺。薩非王朝的對手、信奉遜尼派的鄂圖曼帝國蘇丹與蒙兀兒帝國皇帝都興建過大型聚禮清真寺，甚至還譏笑薩非王朝的君主不敢帶領信眾行主麻禮❻。

到了十六世紀末，在來自黎巴嫩南部阿米爾（Jabal Amil）山區外來宗教學者的協助下，終於得以化解這個僵局。阿拔斯一世力挺兩位當時最傑出的阿米爾宗教學者：謝赫．羅圖福拉（Sheikh Lotf-Allah）與謝赫．巴海伊（Sheikh Baha'i），他們藉由教學和撰寫宣揚標準規範教義實踐之道的專著，與帝國未來發展方向相趨一致，從而促成什葉派教義新表述的出現。[27] 在此新表述下，十六世紀末開了舉行主麻聚禮的先例，使社會得以卸下原先的重擔，並且讓帝國倡議興建大型聚禮清真寺一事成為可能。這在政治意義上是一次重大勝利——等於是薩非帝國、其新都城和新都市中心的全新概念化。薩非王朝建國以來在各個都城所建造的首座、也是唯一的一座大型聚禮清真寺，是規模宏偉的沙阿阿拔斯清真寺（Masjed-e Jadid-e Abbasi），它又名皇家清真寺，在一九七九年伊朗革命、建立伊朗共和國之後，改稱「伊瑪目清真寺」（Imam Mosque），座落於伊斯法罕「世界形象廣場」的南側。

❻譯按：主麻禮拜即穆斯林於每星期五所行的聚禮，為穆斯林「五功」之一。

伊斯法罕和「世界形象廣場」的建設，代表一種將王朝都城建設成堪與東羅馬首都君士坦丁堡、蒙兀兒京城阿格拉（Agra）相媲美的政治動能。它們還代表了一個既神聖又世俗的帝國都城概念。薩非王朝的伊斯法罕包含多個供大型集會使用的儀式化空間，在這些公共場域裡，君王可以觀察他的臣民，而臣民也可以瞻仰沙阿的王者氣象。這類策略訴求的是對上古波斯王權的期待，以及什葉派伊斯蘭信仰的實踐。伊瑪目什葉派理念中的王權模式，要求沙阿能被臣民瞻仰，其程度與信奉遜尼派的各國完全不同。因此，可以將整個「世界形象廣場」的設計理念理解為薩非王權的精神印記。

薩非王朝選擇伊斯法罕作為國都的其他動機，很可能是出於經濟層面的考量。十六世紀時薩非與鄂圖曼的迭番衝突，使得伊朗到歐洲大陸的陸路貿易橫生許多阻礙，因此亟需擴展由波斯灣出海的海上通商路線。除此之外，在十六世紀中葉，英國人經由挪威和白海（White Sea），穿越伏爾加河（Volga）來到裏海，建立一條抵達伊朗的路線。如此一來，可以繞過兩道有敵意的阻礙：分別是位於西面的鄂圖曼帝國，以及（一六二二年之前）盤據波斯灣的葡萄牙人。由此產生的政治穩定局面和大規模戰事的結束，尤其是在西北邊境與鄂圖曼帝國達成的長久和平，都為經濟的繁榮發展打好基礎。大型建設計畫在波斯各地出現，貿易路線上也到處可見橋梁與絡繹於途的商隊。貿易興盛，尤其是與歐洲和印度的通商，更擴展到前所未有的程度，將波斯產品的出口拓展到極致，其中以生絲、紡織品和地毯為大宗。[28]

四海一家與王權展示

和十七世紀時其他地方一樣，通商貿易和財富的誘因──包括來自美洲的黃金與白銀，以及來自東方的異國商品──決定了合作與競爭的政治、軍事網絡。由於葡萄牙人緊緊抓著他們在波斯灣的利益不肯放手，因此不但對薩非王朝的經濟野心構成嚴重威脅，對他們在歐洲的對手來說同樣也是極為棘手的麻煩。一六〇七至〇八年薩非王朝吞併巴林島（Bahrain），開始了收復波斯灣的序幕；後來在英國人的協助下，薩非王朝將葡萄牙人逐出盤據了超過百年的荷姆茲海峽。[29]

十七世紀的伊斯法罕，散發著一種可以被稱為「初現代」（proto-modern）的四海一家精神。城中居民很明瞭他們在這個更廣闊世界當中的位置。商人，無論他們出身自亞美尼亞、波斯、印度，或是上述各國的組合，都在他們位於伊斯法罕的豪宅大院裡進行國際商務網絡的操作。反過來看，歐洲和亞洲來的商賈、使節與冒險家則紛紛向薩非王廷或往伊斯法罕的市場尋求優惠特許權與有利可圖的雇傭機會。如此的相遇，在城市日常生活中的商業往來、政治談判與文化交流之中隨處可見。文化上的交流，則在菁英人士裝飾家宅的壁畫當中展現出來。[30]

十七世紀時「古拉姆」出身的將領，以及薩非王朝豪門大族中的菁英成員，時常代表沙阿、同時也出於自身利益，在地方上進行意義重大的建設。沙阿「大帝」阿拔斯一世少年時的庫德族總角之交、日後的得力戰將甘吉・阿里・汗（Ganj Ali Khan）便曾在十七世紀的頭十年間，於伊朗東南方城市克爾曼（Kerman）親自督造整個新城區。[31]他在城中闢建的廣場，受到伊斯法罕「世界形象廣場」的啟發，規模上較小，但有著明顯的商業動機。克爾曼就此成為羊毛、地毯和瓷器製品的集散重鎮。[32]到了十七世紀後期，這些商品在歐亞大陸的貿易中占有顯著地位，足跡遠及出島（長崎）、阿姆斯特丹及其他歐陸重要城市。

其他城市重新整頓、開發的原因，則另有政治、商業和宗教上的各種考量：馬什哈德成為收入豐厚的朝聖中心；馬贊德蘭的法拉哈巴德（Farahabad）成為絲織品生產的政治及商業重鎮；波斯灣上的阿拔斯港（Bandar Abbas）則是薩非王朝連結海上通商路線的港埠城市。在這場國際貿易與新商品、新款式散播的國際博奕賽局之中，薩非王朝的參賽者們有著各式各樣的社會出身背景，對於形塑伊斯法罕的「四海一家」國際化大都會色彩，產生了極其長遠的影響。[33]

在這個「四海一家」國際化的事業中，必須將印度人看做是文化交流層面上最重要的夥伴。[34]撇開印度和薩非王朝在今日阿富汗的坎達哈（Qandahar）這類戰略與商業上交通要衝地區的爭奪不論，十七世紀時雙方關係迎來一波興盛的高峰。在文化上，由於藝術家、詩人、醫者和其他技藝高超且具創造力的人士，紛紛到更加富裕的蒙兀兒宮廷尋求金援贊助機會，從而建立起深厚的文化連結；在商業貿易上，波斯商賈的範圍遍及全亞洲，但是依舊以印度作為主要市場，同時也是最吸引波斯商業利益之處。這種發展方向的東移，是在薩非王朝永久解決與鄂圖曼帝國之間的領土紛爭之後才出現的。鄂圖曼帝國於一六三八年恢復對美索不達米亞地區，特別是巴格達和聖城麥加的控制。不過，薩非王朝在放棄這些城市的同時，也將「伊瑪目什葉派信仰正宗」的招牌一併帶走，之後數百年間都是如此。

信奉遜尼派的蒙兀兒帝國雖然一直是薩非王朝的宿敵（中亞的烏茲別克也不斷在邊境與薩非發生衝突，算是另一個死敵），但它同時也是帶來豐厚貿易利潤、新穎繪畫風格和時尚紡織設計款式的發源地。之後一直到十九世紀，蒙兀兒帝國治下的印度，與波斯薩非王朝，以及薩非垮臺之後的伊朗，在產製高層文化的啟發與傳遞，乃至於各種技術與軍事產業知識的交流，都維持著相互交纏、密不可分的關係。至於歐洲人——包括外交使節、商賈、傳教士、遊歷人士、藝術家和工匠等，則構成了伊斯法罕的另一個重要社會群體。[35]

在這種充滿活力的「四海一家」國際化氛圍裡，薩非王朝象徵王權的儀式場合呈現出一種歡樂好客的型態。在沙阿御駕親臨的場合上舉行盛宴，成了伊斯法罕王室典禮的特殊標誌。為了容納這類盛宴，特意興建宮室，其中最著名的，是約於一六四七年起建、落成於一六五〇年代的四十柱宮（Chehel Sotun）。[36]這些宮殿的正面均有挑高廊柱門面，稱為「塔達爾」（talar），這是薩非王朝在伊斯法罕宮室設計的獨特之處，它們用作舉行典禮盛宴和其他王室宴席儀式的主要場所。盛宴上的舞蹈、音樂編排，以及沙阿的躬親參與，在在都宣示了薩非王朝的統治正當性。這些盛宴喚起了人們對古代波斯聖王神聖威武的回憶，那是記載於《列王紀》裡，每逢勝利時所舉行的慶典歡宴。薩非君王認為自己繼承了古波斯歷史傳統，向上可以追溯到阿契尼美德王朝及王室在古都波斯城（Persepolis）舉行的遊行暨盛宴慶典。為了舉行這種政治儀式，薩非王朝提供豪華的建築、庭園空間及城市場地，正是要盛陳威儀的展現。

這類距離遠近都經過精心設計的歡宴儀式，目的在提供沙阿可運用的政治手段，因為沙阿乃是在救世主未降臨人世前的代理人。這是信奉伊瑪目什葉派的波斯獨特的儀式，因此也是薩非王朝展現君王聲威的特殊姿態。相較來說，蒙兀兒帝國皇帝和鄂圖曼帝國歷任蘇丹幾乎完全不出席這類大型皇家盛宴。音樂、談話、美饌與佳釀，為薩非王朝的王室儀式挹注活力；在近代初期的各專制帝國，除了薩非王朝之外，我們找不到還有其他的帝王君主御駕親臨主持此類儀典的例子。法國國王進膳的時候，廷臣只能看著；哈布斯堡王朝與鄂圖曼帝國的君主和先前的拜占庭皇帝一樣，採取一種高高在上的姿態，不容許有「當眾顯現吃相」這樣下等人的動作。伊斯法罕的「塔達爾」各宮與上述成為鮮明的對比，因為這些宮室就是專門設計來展現這類大型聚會中的階級與禮節的高低分別，當今還沒有相似的例子可以相提並論。

薩非王朝後期發展

由「大帝」阿拔斯一世所發起的集權中央專制改革，大部分都由他的後繼者們加以落實實現。阿拔斯駕崩之後，一六二九至四二年在位的沙阿薩非一世（Safi I）、一六四二至六六年在位的阿拔斯二世（Abbas II）、一六六六至九四年在位的蘇萊曼（Sulayman），以及一六九四年至一七二二年在位的素丹海珊（Sultan Hussein）都是專制君主，但是都不如沙阿阿拔斯一世那樣大權在握。這四位君主都是在伊斯法罕皇宮大內的後宮內殿裡出生，自幼受「古拉姆」出身的大臣和宦官教誨輔導，在成長過程中皆被禁止與外廷大臣有任何直接接觸。薩非一世和素丹海珊在位時均以極為殘忍無情著稱。阿拔斯二世和蘇萊曼較勤於處理國政，而且也是藝術創作與建築事業的重要支持者。儘管沙阿在政局中扮演的角色仍舊舉足輕重，可是到了薩非王朝的後期，新形成的人際網絡變得益發重要起來：後宮的女性、宮中宦官與「古拉姆」菁英結成的政治同盟、出任若干軍隊、政府及總督要職的奴隸出身菁英、沙阿身邊祕書學士班子裡的波斯塔吉克族人、仍由土庫曼族人掌握出任的各省總督及將領，以及高階的「烏里瑪」（即最高宗教機構）學者。[37]

現代的歷史學者已將薩非王朝後期階段看作是一段逐步走向衰頽的歷史，究其原因，將之歸結為帝國政治結構的缺陷，以及君主角色的失能。[38]不過，倘使進行更細膩的探究，可以看出這個帝國政體正在承受「全球化」及歐洲強權崛起所帶來的各種壓力，與任何亞洲帝國所遭遇者一般無二。但即使在此情況下，薩非王朝治下的波斯仍展現出不受侷限的文化競爭力。沙阿阿拔斯二世和先王太美斯普一樣精通繪畫，據說曾向宮中數位歐洲畫師學習作畫；阿拔斯二世既是手稿和繪畫的熱誠贊助者，在建築方面也見識卓越。他曾親自參與伊斯法罕城中一塊區域的規劃，該區以設計精美、施工完善的郝久古橋（Khwaju Bridge）為中心。[39]繼阿拔斯二世之後即位的沙阿蘇萊曼，除了親自督造雕梁畫棟的「八重天宮」（Hasht Behesht），還支持許多藝術家創作，其風格匯聚各家，從混合歐洲與波斯模式的極度寫實主義（super-realism）到昔日各種類型的復興，所在多有。[40]即使是備受日後史家批評的沙阿素丹海珊在位時期，其表現也比當時及後來史書裡描述的那種王朝末日景象有更多可稱述之處。

十七世紀時發生的種種變革促成了「穆智台希德」權位前所未見的崛起。所謂「穆智台希德」是一群具備影響力的神學理論學者的統稱，他們興起於本世紀後期，在朝廷中形成立場一致的統一陣線。由於他們逐漸掌握社會經濟及政治方面的權力，因此從沙阿阿拔斯二世在位後期開始，他們便對君王的統治構成威脅。到了十七世紀後半，後宮與廷臣的權力膨脹導致一種派系鬥爭的環境，嚴重破壞了財政預算政策的連貫性。後宮和朝廷的需索無度使這種情形更加惡化，而且吞噬了本來已因高額軍費開支、通貨膨脹、貿易收支下降、橫徵暴斂和官員腐敗而早就捉襟見肘的大部分國家預算。在這樣的情況之下，「穆智台希德」地位的增強，就為他們在沙阿蘇萊曼與素丹海珊在位時期奪取權力作好準備。

沙阿素丹海珊提倡虔信觀點的伊瑪目什葉派信仰，因而造就了像查赫巴經學院（Madrasa of Chahar Bagh）這樣的傑出建設，同時也是薩非王朝晚期建築的代表作品。[41]另一方面來說，這件事也顯示出沙阿深受他的師傅穆罕默德・巴吉爾・馬吉列希（Mohammad-Baqer Majlesi）的影響，後者是一位飽學而強而有力的神學家，對於「烏里瑪」的政治改組起到深遠的影響作用。這正好是「宗教清洗」政策發生劇烈大轉變的時候：蘇菲派教團被驅逐出伊斯法罕，祆教徒蒙受巨大壓力，猶太教徒與基督教信徒被迫改宗。此舉帶來的立即衝擊，是嚴重削弱了非穆斯林在經濟上扮演的角色，尤其以亞美尼亞人受害最為深重。

這個政策在受到迫害者之間引發極大的不滿，特別是遜尼派信徒。帝國東部邊境，也就是今日阿富汗的遜尼派穆斯林，此時開始想謀求獨立。[42]一七〇四年，朝廷派遣喬治亞軍隊殘酷鎮壓遜尼派加札利（Ghazali）部族，獨立運動因此獲得新的動能。加札利部族的領袖彌爾・維斯（Mir Vais）原先被遣往薩非王廷充當人質，受沙阿禮遇，奉為上賓。他在一七〇九年回到坎達哈，策劃起兵，從薩非總督手上奪取該城。薩非王朝的軍隊此時戰力甚為衰弱，而朝廷不幸又遇上一連串的倒楣事，遂使得情況雪上加霜、更為惡化，無法有效對抗彌爾・維斯的起事。面對東北邊境的嚴重亂事，再加上俄羅斯人在裏海西南沿岸屢屢犯境、西邊庫德族人的諸多衝突，以及波斯灣沿岸小邦阿曼（Oman）統治者發生的各種問題，都使得沙阿素丹海珊為之焦頭爛額，只好在一七一七至一八年間將都城遷往加茲溫，希望能組建起一支較有戰力的軍隊。

薩非王廷於一七二一年重返伊斯法罕，試圖弭平亂事，並收復淪陷諸城，結果是遭遇慘敗。在中央政府和軍隊陷入一片混亂的情況下，沙阿素丹海珊退居法拉哈巴德的王室庭園，同時著手開發伊斯法罕的東南郊區，起造供遊憩用的亭臺樓閣作為美化。一七二二年三月八日，阿富汗大軍從坎達哈開拔，途經克爾曼，徐徐向伊斯法罕進發，最終兵臨城下。薩非王朝的軍隊儘管在人數上占優勢，卻還是被打得大敗。三天之後，阿富汗軍隊的首領馬哈茂德（Mahmud，彌爾．維斯之子）攻下法拉哈巴德，隨即將自己的總部搬入城內。他手下的士兵大肆劫掠原先就被薩非王朝放棄、無助而絕望的亞美尼亞人居住區——新朱利法（New Julfa）。

伊斯法罕被圍困將近七個月，城中居民不但缺乏燃料、生活必需品，而且嚴重斷糧。最後，在一七二二年十月二十一日這天，薩非王朝的沙阿向馬哈茂德投降。沙阿與家人先是被囚禁起來，四年之後慘遭屠戮。阿富汗軍隊在伊斯法罕燒殺搶掠，許多民眾罹難遇害。然而，薩非王朝的國祚並沒有隨朝廷的瓦解而告終。在隨後的無政府狀態中，有五位薩非皇子先後在五個不同地區成為波斯名義上的統治者。這五股勢力，沒有任何一方擁有重新掌控全局的遠謀。反而舊部族勢力乘此機會再次興起。出身阿夫沙爾（Afshar）部落的將領納迪爾．

古里貝格（Nader Quli Beg）才華過人，素懷雄心，他先是擁立薩非王朝最後一任傀儡君主，接著將其罷黜，自立為「納迪爾沙阿」（一七三六—一七四七在位）。[43]他建立了享國甚短的阿夫沙爾王朝，將都城遷往馬什哈德，並且試圖征討印度。

十八世紀時的波斯見證了一段部族勢力復興、自相殘殺與四分五裂的歲月。原先幫助薩非王朝取得江山的「奇茲爾巴什」紅巾軍勢力，當中有一支土庫曼部族，這時出了一位名叫阿迦．穆罕默德．汗（Agha Muhammad Khan）的領導者，於一七七九年建立起加札爾（Qajar）王朝（亡於一九二四年）。這個新的王朝重新建立起中央集權的君主專政體制，鞏固住大部分先前薩非王朝所獲得的疆土，並且確立了伊朗在近現代地緣戰略中的重要地位。

薩非王朝的重要性

薩非王朝的興起和伊斯蘭傳入伊朗後的其他朝代不同，它起自一個掌權統治的皇族高貴世系，體現出宗教權威加持之下的尊貴地位。沙阿伊斯邁爾一世同時身兼白羊王朝和薩非教團的血脈，造就了史無前例的效忠與建立帝國霸業的雄心。薩非王朝為了維繫此種政治與宗教上的權威，以及保持帝國疆域的完整無缺，特別是當沙阿太美斯普及「大帝」阿拔斯一世在位年間，在軍事、行政管理及朝廷階級等層面都採用新的組織型態。薩非王朝的成功，很大程度上仰仗他們如何制定政治行動策略，以應對他們的盟友與對手（例如：「奇茲爾巴什」紅巾軍勢力、歐洲貿易夥伴、鄂圖曼帝國、烏茲別克人以及蒙兀兒帝國）各自的強項和弱點。在薩非王朝的治理下，波斯經歷了深刻的轉變，由原來的封建國度轉型成為近代初期世界經濟的一員。這樣的轉變受到新貿易商品及社會菁英的推動，後者如亞美尼亞社群和伊斯法罕的「古拉姆」群體，他們身處對外擴張、中央集權專制的帝國架構格局當中，對於國際通商、贊助藝術及支持建築等事務上呼風喚雨、極具影響力。從一五九八到一七二二年，伊斯法罕是薩非王朝的都城，它四海一家的國際化風格吸引無數人前來。伊斯法罕作為大都會的名聲和效率，奠基於其設計概念及功能的宏大，奠基於其政治、經濟暨文化資源的集中，也根基於有極多利益團體在這裡受到接納、收容，像是民族與宗教族群、過境的外國人士、歐洲來的外交官、傳教士或商務仲介代理等。波斯意識形態與歷代先王代表的王權象徵，在經過與伊瑪目什葉派教義及實踐的有效整合之後，讓古老的「伊朗」概念重新煥發出生命活力，並且塑造出全新而獨特的文化意象。薩非帝國在伊斯蘭波斯的歷史上極具關鍵意義，其留下的遺緒至今仍然對現代伊朗民族國家的形成，以及本地區地緣政治的發展，帶來深遠影響。

CHAPTER 6

印度：蒙兀兒帝國
（1526–1858）

India: The Mughals 1526-1858

凱瑟琳・雅謝爾
（Catherine Asher）

蒙兀兒帝國是信奉遜尼派的穆斯林王朝，從十六世紀起，一直到十九世紀中葉，統治著以印度教徒為主體的南亞大陸。蒙兀兒帝國的開國皇帝是巴布爾（Babur），他是雄視中亞的大軍統帥帖木兒的後裔。帖木兒在一四〇五年逝世前，已經征服了橫跨中亞與波斯灣的廣袤疆域。巴布爾和他的子孫自認為是帖木兒王朝後裔，但他們被稱為「蒙兀兒人」（這是「蒙古」王朝的轉音），因為他們同樣也是偉大蒙古征服者成吉思汗的後代。十五世紀後期，帖木兒的子孫在都城撒馬爾罕和赫拉特所統治的帝國版圖已大大縮水，但是他們的宮廷文化、輝煌燦爛的建築、書法、圖文手稿，被認為是整個伊斯蘭世界中首屈一指的宏偉代表。蒙兀兒帝國希望他們的成就能與帖木兒人相比肩。在緩慢的起步期過後，蒙兀兒人在十六世紀後期建立起一個極其富裕、強大的帝國。他們的成就和同時期的穆斯林國家，如薩非王朝治下的波斯、鄂圖曼帝國版圖內的土耳其相比，不但毫不遜色，甚至猶有過之；這些成就改變了印度、巴基斯坦和孟加拉等現代國家的文化，影響直到今天。

蒙兀兒帝國的建立

巴布爾（一五三〇年駕崩）原先是一位中亞貴族，前半生當中投注許多光陰四處奔走，只為尋覓一塊穩固的根據地。經過一連串的失敗之後，巴布爾終於率軍攻進印度北部，在一五二六年打敗了最後一個德里蘇丹。巴布爾對於此戰告捷極感自豪，因為他是以寡擊眾，擊敗人數占盡優勢的德里蘇丹軍隊；然而，巴布爾實際上得益於麾下騎兵和大砲的威力。❶

蒙兀兒帝國關鍵年表

一五二六年	蒙兀兒帝國開國之君巴布爾，掌握了北印度大片土地。
一五五六年	被認為是蒙兀兒帝國最偉大的皇帝阿克巴登基。
一五七五年	阿布．法茲（Abu al-Fazl）進入朝廷任職，巧妙謀劃出精細的蒙兀兒新國家概念。
一六〇五年	阿克巴駕崩，其子賈漢吉爾繼位。
一六二八年	沙阿賈漢登基。
一六三二年	開始興建泰姬瑪哈陵（Taj Mahal）。
一六五八年	作風保守的君主奧朗則布（Aurangzeb）繼位。
一六八一年	奧朗則布將蒙兀兒的都城由德里遷往德干（Deccan）。
一七〇七年	奧朗則布駕崩；象徵蒙兀兒帝國開始走向衰亡。
一八五八年	英國人控制了次大陸絕大部分土地，蒙兀兒帝國告終。

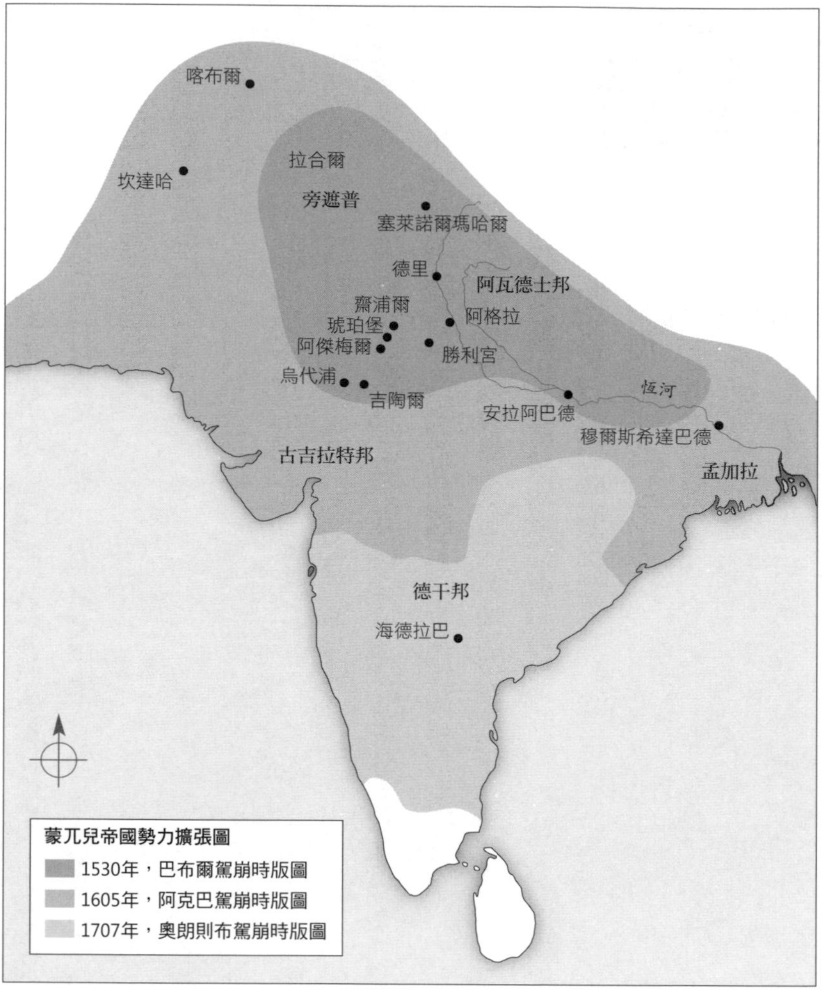

蒙兀兒帝國地圖

地圖顯示蒙兀兒帝國自1526年建立以來，直到十八世紀初年的版圖。在此之後，蒙兀兒帝國的國勢衰弱，疆域也隨之縮減。在帝國於1858年滅亡之前，其能號令的範圍只限於德里一帶地區。

征服北印度四年後，巴布爾即告病逝。在這四年間，他按照帖木兒傳統，在印度修造了一座帶有流水渠道、四面環牆的御花園，因為巴布爾認為，有辦法將印度高低不平的地勢整平，正是顯現他治國能力的象徵。在巴布爾留下的著作、被稱作《巴布爾回憶錄》（*Baburnama*）一書中，他經常提及花園，表明這些園林對他而言有多麼重要。從十六世紀末繪製、並準備收錄於新版《巴布爾回憶錄》內的插圖中可以看出，新皇帝經常躬親指導御花園的修建及花草的栽種，這幅圖證明花園對巴布爾之後歷代繼承者來說，一樣具有重要意義。巴布爾將這種園林規制帶入印度以後，自此它就成為蒙兀兒建築不可或缺的特色。[1] 或許最為聞名的例子，莫過於修建於十七世紀中葉的泰姬瑪哈陵，這座陵墓座落在兩座擁有河道與水池的園林中，裡頭安葬的是皇帝沙阿賈漢（Shah Jahan）的愛妻。

巴布爾於一五三〇年駕崩，其子胡馬雍（Humayun）繼位為帝，但新君欠缺乃父的領袖魅力與用兵本領。胡馬雍登基十年後，出現一位出身寒微、但統治及軍事手腕盡皆高明的將領

❶譯按：一五二六年四月二十一日，自阿富汗入侵北印度的巴布爾，在帕尼帕特戰役（Battle of Panipat）中，僅以一萬二千軍隊大破德里蘇丹的十萬大軍。巴布爾隨即攻下德里和阿格拉，六日之後，在德里清真寺宣布加冕為印度斯坦皇帝。

舍爾沙・蘇爾（Sher Shah Sur），將蒙兀兒人驅逐出印度。[2]在蘇爾王朝統治的十五年間，出現了兩個重大發展。頭一個是舍爾沙採行了一系列經濟和行政上的革新創舉。日後，下一任蒙兀兒帝國皇帝阿克巴更對這些措施進行改進，使之愈加完善。這些舉措包括了劃一錢幣的鑄造，以及採取有系統的丈量土地之法，以利進行徵稅。

第二個重大發展發生於波斯的薩非王朝，胡馬雍被擊敗之後走避波斯，託身於薩非王朝沙阿太美斯普的庇護之下。太美斯普向來熱心支持繪畫，尤其是繪有插圖的手稿文卷，但是此時他年事已高，而且在宗教事務上作風愈趨於保守傳統，開始疏遠宮廷中的藝術家。胡馬雍利用這個良機，邀請若干最為傑出的藝術家改換門庭，為他效力。所以，當一五五五年局勢趨於明朗，胡馬雍能夠返回印度重建蒙兀兒帝國之時，他便將原先在薩非沙阿太美斯普宮廷內重新繪製帖木兒繪畫的畫師也一併帶走了。這些藝術家的到來，將會促使蒙兀兒宮廷的藝術創作發生轉變。

阿克巴（一五五六—一六〇五）：征服與鞏固

胡馬雍重返印度復國後，僅僅過了一年，就於一五五六年在德里皇家藏書閣的階梯上跌落，傷重駕崩。時年十二歲的太子阿克巴繼位登基。阿克巴接手江山時，局面風雨飄搖，由於他年紀尚幼，便由一位中亞貴族出身的大臣❸出任攝政。然而到了一五六〇年，阿克巴就打發這位不受歡迎的攝政大臣前往麥加朝聖，自己親政，開始掌握大權。當時皇帝阿克巴面臨的是極為艱鉅的挑戰，但是由於他具備政治家和軍事戰略家的高超本領，在位將近五十年期間，將蒙兀兒聲威遍及整個北印度，並且發展出極為複雜的國家概念。

阿克巴最先面臨的考驗之一，是如何擴展並鞏固帝國的疆域。他先是成功控制住德里東、西、南三面的要塞重鎮，從而能牢牢掌握對北印度腹地的統治。接下來，他有條不紊地向四面八方拓展疆土。因此，西迄古吉拉特邦（Gujarat）海濱，東抵孟加拉（Bengal），都能見到蒙兀兒的旗幟飄揚，不過一直到阿克巴之子賈漢吉爾（Jahangir）在位期間（一六〇五－一六二七），孟加拉都動盪不安。到了一六〇五年皇帝阿克巴駕崩之時，他轄下的帝國向北延伸到阿富汗的喀布爾（Kabul），向南擴展至南印度的德干（Deccan）邦。

阿克巴並不發兵剿滅那些原本獨立的諸侯，而是將他們納入蒙兀兒帝國的行政體系，同時還容許這些人繼續擔任自己祖先所留土地的領袖。信奉印度教的拉傑普特（Rajput）部首領

---

❷ 譯按：舍爾沙原為阿富汗蘇爾部將領，乘胡馬雍出征古吉拉特邦時，壯大自身實力，於一五三九年六月二十六日在楚烏薩戰役（Battle of Chausa）中，以一萬五千人擊敗四萬蒙兀兒軍隊，隔年占領德里，建立蘇爾王朝，統治北印度十五年。

❸ 譯按：土庫曼裔的白拉姆汗（Bairam Khan），為中亞黑羊王朝後裔。

卡其瓦哈（Kachhwahas）一家就是一個很好的例證。卡其瓦哈祖上所傳之地，鄰近今日拉賈斯坦邦（Rajasthan）齋浦爾（Jaipur）的琥珀堡（Amber）。卡其瓦哈家族在拉傑普特部當中勢力雖小，卻是印度西部各路大小諸侯當中率先承認蒙兀兒帝國權威的地方頭領。嗣後阿克巴又娶了卡其瓦哈的公主為后，使得雙方的關係更為鞏固緊密。雖然拉傑普特部裡有些人，尤其是吉陶爾（Chittor）的西索迪亞（Sisodiya）家族，不贊成這樣的政治聯姻，不過這次婚姻已使得卡其瓦哈家族在蒙兀兒朝廷心目中的地位大為提升。也由於卡其瓦哈家族在朝廷中得到的新地位，當時的族長拉傑・曼・辛格（Raja Man Singh）受阿克巴拔擢，成為朝廷中最高品級的王公大臣。他此後統率大軍，並出任數省總督。日後，一直到十八世紀，卡其瓦哈家族出身的王公仍繼續在朝廷出任要職。

阿克巴一手打造出效忠於他、供其驅使的菁英貴族群體，不過他的手段與同時期的鄂圖曼帝國、薩非王朝所採用的手法大不相同。鄂圖曼和薩非皆極為仰賴徵用非穆斯林以補充人力，其管道一是透過征討戰役中抓獲的俘虜，二是從徵兵體系獲得，然後再令他們皈依伊斯蘭信仰。這些新改宗皈依的穆斯林按照鄂圖曼或薩非的規矩進行教育訓練，完全效忠於統治者。可是，這套做法在蒙兀兒帝國卻行不通。蒙兀兒治下的印度，非穆斯林人口占大多數，如果實施這樣的策略將會適得其反，因為要人民皈依伊斯蘭教，並非蒙兀兒帝國的當務之急。雖然如此，阿克巴最初的著眼仍然是要如何裁抑中亞貴族的影響力，當初他們在巴布爾、胡馬雍在位時，在朝廷權勢很盛。他希望擁有一個由各民族成員構成的帝國貴族階層，因此將波斯人和印度人（前者是穆斯林，後者為印度教徒）以及其他民族都納入朝廷之中。貴族階層依品級排定地位高低，並按照品級敘薪俸。此外，還撥派若干軍隊到品級最高的將領麾下供其指揮。這些部隊和其將領組成了蒙兀兒帝國的武裝力量。與皇帝關係最密切的大臣，可以直接向他報告。在各省任職的官員，朝廷要求每年必須入朝述職一次；至於在京城供職的官員，則需要每天報告。品級低的官員直接向他們的頂頭上司匯報，從而創造出一個金字塔型政治體制：君主站在塔頂，權力自他開始層層下放。

阿克巴之所以能打造出如此成功的軍事體制，還有一個原因：那就是他的軍隊總是領足了薪餉，這是因為蒙兀兒財庫極為富有的緣故。印度擁有豐富的土地和黃金等資源。不過，品級最高的王公貴族並不直接領取薪俸，而是受封土地，然後從中獲取收入。帝國將最肥沃的土地分給國庫和品級最高的王公大臣，這些土地的收成通常是可以預測，這要歸功於精細的土地丈量和十年來土地作物收成的平均值計算所致（後者這套估算方法還是由舍爾沙首先採用的）。分配給貴族的土地一般而言會定期更換，以防這些親貴大臣在遠離京城的地方建立起自己的地盤，威脅皇帝的統治。

阿克巴的國家概念

自十二世紀後期以來，伊斯蘭已然成為印度中北部的一股政治力量。伊斯蘭在很多地方都是主導政治的勢力，異教徒改宗皈依成為穆斯林的情形也很普遍；但是在印度次大陸，情形並非如此。阿克巴深知，若要保持麾下這幫多民族構成的統治階層、尤其是他治下多元文化的百姓繼續支持，他必須認識到宗教與民族多元的情形，並且要承認這個現實。於是他發展出了一個政策，被稱作「普世和平」（suhl-i kul）。在本質上，這個政策可以說是宗教寬容的聲明，用二十一世紀的話來說，就是「普世寬容」（universal toleration）。這項政策代表所有臣民可以自由選擇宗教信仰。此外，朝廷對臣民抽稅，是根據他們持有或耕作的土地，而非依照他們的宗教信仰（根據伊斯蘭信仰，非穆斯林原本須繳納一筆額外的稅）。

為協助提倡他的「普世和平」政策，阿克巴下令將原先以梵文寫成的印度史詩翻譯成波斯文，梵文是印度教書寫經典的文字。波斯文此際益發成為蒙兀兒宮廷中的通用語言。阿克巴翻譯梵文經典，有兩個主要目的。第一個目的，阿克巴真心相信，翻譯這些經典可以促進印度各種族人民之間的和諧。諷刺的是，他將翻譯《摩訶波羅多》（*Mahābhārata*）和《羅摩衍那》（*Rāmāyana*）這兩部最著名印度史詩的重任，交到一位立場正統保守的穆斯林學者手上，這位學者就是拜達歐尼（al-Badauni）。奉皇命翻譯是一件榮耀的事，但拜達歐尼內心並不感覺喜悅，他寫了一部阿克巴在位時期的祕史，在其中表達了自己不得不接手多神教、以人類與動物為相的神祇為內容的異教經典，是如何的感到不滿與厭惡——因為這些概念都與伊斯蘭的教義大相牴觸。[2]阿克巴還吩咐為這些翻譯文卷配上插圖，因為他相信此舉能增添其教育價值。皇帝私人收藏的《羅摩衍那》手稿畫卷，注明完稿日期為一五八八年，共有一百七十六幅精美華麗的插圖。時至今日，來自其他抄本的插圖頁，收藏在世界各地的博物館中。阿克巴的母親，和至少一位穆斯林親貴，也都曾委託繪製附有插圖的《羅摩衍那》手稿文卷，這表示宮廷在提倡阿克巴的政策上發揮了積極的作用。

阿克巴提倡波斯文的第二個目的，是希望擁有一個可以超越種族和宗教分歧的單一朝廷用語。他的祖父巴布爾使用一種突厥語❹交談、書寫，但他的父親胡馬雍卻寧可用波斯文。這時出現很多印度方言，但它們都不及波斯文的地位，因為後者在文法和詞彙上都已發展成熟。此外，波斯文不是主要宗教經典所使用的語言，因此比《古蘭經》所用的阿拉伯文、印度教經典使用的梵文，更易被接受。而波斯文既然是朝廷使用的語言，許多非穆斯林的青年學子便打算進入阿克巴下旨對非教徒開放的學校，以便學習波斯文。這樣一來，非穆斯林也可進入蒙兀兒朝廷任職，或擔任書記員，又或是任何低階、中階官員的職務。[3]

❹譯按：察合台語。

阿克巴期盼能建立一個多宗教、多文化而又寬容的國度，或許有部分是出自他本人對宗教的興趣。大約在一五六二年，阿克巴成為蘇菲（神祕）教派契斯特（Chishti）教團的虔誠信徒，契斯特教團為穆斯林聖者謝赫・穆因・阿定（Sheikh Muʿin al-Din）所創。阿克巴每年都親自到穆因・阿定位於阿傑梅爾（Ajmer）的陵墓參謁，達十四年之久。皇帝還深受一位當時還健在的蘇菲派教士撒利姆・契斯特（Sheikh Salim Chishti）的吸引，曾有一段時間，阿克巴憂心自己的後嗣是否會盡皆於嬰兒時期夭折，這位教士卻正確無誤的預測出皇帝誕育及健康在世子嗣的數目。為了紀念撒利姆・契斯特，阿克巴在這位賢哲簡陋的居所附近建造一座宮殿，名為法泰赫普爾西克里（Fatehpur Sikri）。在這裡，他邀集許多不同宗教信仰的人士，當中包括穆斯林、印度教徒、耆那教徒、祆教徒，以及定居在印度西部果阿（Goa）邦的葡萄牙傳教士，一起參與宗教事務的討論。這些討論通常會演變成激烈的爭辯，但是這些辯論到頭來卻促成阿克巴取法不同宗教傳統，將對光明與火的崇敬引進蒙兀兒朝廷，成為宮廷儀式。阿克巴從未如外界認為的那樣，放棄伊斯蘭信仰，不過他確實是歷任蒙兀兒君主之中最不保守、正統的一位。很多人認為阿克巴創立了一個名為「丁伊拉賀」（Dīn-i-Ilāhī）的新宗教，但事實並非如此。[5]此舉是為了確保阿克巴身邊親貴對皇帝的絕對忠誠，因而將他自己塑造成一個活著的聖徒。

一五七五年，阿布・法茲（Abu al-Fazl），這位出身自一個思想開明的高知識穆斯林家庭的青年，進入蒙兀兒朝廷供職；他改變了阿克巴的觀念，使他從原本那位傑出優秀的皇帝，搖身一變，成為具有神的光明、半人半神的統治者。這位青年神學理論家受到十二世紀蘇菲派哲學的啟蒙，聲稱一個由具備上帝之光的君主仁慈統治的國家，將會是開明進步的。阿布．法茲負責執筆撰寫阿克巴的官方正式事略編年，也就是《阿克巴之書》（*Akbarnama*），在書中他將阿克巴描繪為一個具備神性的半神半人，與真實發生的歷史事件交織在一起敘述。在開場的段落裡，阿克巴的身世要追溯到古時一位公主，因為神所降下的一道奇蹟之光而受孕。數百年以來，這道光一直蘊含在歷代先祖身上，直到阿克巴時才昭然煥發。阿布．法茲將阿克巴描寫成一個超越凡胎肉身的神人。他煥發神光的地位，使其能得到神諭啟示，讓他能猶如臣民的君父般，和他們建立起密切的關係（這是古代印度的王權概念），並且促進各種社會、種族和宗教群體之間的和諧。根本上來說，阿克巴提倡「普世和平」政策，便是皇帝是一位開明睿智的聖哲之人的最好證明。[4]

---

❺ 譯按：所謂「丁伊拉賀」，直譯意思是「神的信仰」，乃是以伊斯蘭教義為基礎，兼採印度教、祆教、基督教、耆那教、佛教等元素，阿克巴於一五八二年提出此一名稱，然而終其在位年間，信徒僅限於皇帝身旁親信，人數未超過二十人。

阿克巴對藝術的提倡

阿克巴承襲帖木兒王朝君主對提倡藝術的興趣。巴布爾一直熱中於修建園林，他的兒子胡馬雍則造了若干愚蠢的建築，不過他在位時修造的建築，現今僅剩下在阿格拉的一座清真寺還留存於世。到了阿克巴在位時，部分要歸功於他統治時間長，帝國境內安定，讓他得以全心關注藝術創作生產。他的興趣包括地毯、披肩、多種式樣的紡織品、手稿文卷、建築，以及其他項目等的製作。很多學術研究都聚焦於阿克巴時代配有插圖的手稿文卷與建築。

阿克巴接收了父皇胡馬雍帶回印度的波斯匠師，他自己也在蒙兀兒的畫院裡增添不少印度藝術家。阿克巴的藝術家在皇帝漫長的統治期間持續活躍，他們創作的作品種類也相當多樣。他登基初期，完成了兩部特別著名的手稿文卷，各自的風格和主題都不相同。其中一部是配有插圖的《鸚鵡的故事》（*Tutinama*），這部作品和知名的《一千零一夜》（*1001 Nights*）很相像，都是情節一環扣緊一環、故事之中還有故事的短篇故事集。從《鸚鵡的故事》的插圖可以看出，編繪這部文卷的藝術家接受過印度繪畫的薰陶，呈現出明亮、大膽的色調，以及稜角分明的線條。文卷的部頭很小，插圖的平均高度只有十二公分（約等於四又四分之三英寸）。這部小部頭文卷的內容是一隻聰明的鸚鵡，向一位少婦講述的一連串故事。少婦的丈夫出海未歸，鸚鵡說故事的目的，是為了防止少婦乘夜出門和情夫幽會，之前少婦已經從窗口瞥見男子的身影。這部書的主題與對女性的掌控有關，有可能是要警告皇帝阿克巴後宮裡的嬪妃。它的編繪始於一五六〇年代，當時阿克巴的前任保母插手干預朝廷政務，給年輕的皇帝製造諸多混亂和困擾。這個時期也正逢阿克巴分別迎娶印度教和穆斯林重要世家的年輕女子為后妃，此舉用意在於組成有利的政治聯盟，並且確保蒙兀兒皇室能夠長治久安。

另一部卷帙、篇幅更大的手稿作品是《阿米爾．艾瑪扎歷險記》（*Dastan-i Amir Hamza*），費時十五年製作，時間跨越一五六〇、七〇年代。這部作品的編繪，由來自波斯、隨胡馬雍來到印度的兩位畫家主持，據說全書配有一千四百餘幅插畫，其中若干幅長達九十三公分（約三十六英寸）。這部多卷本的手稿畫卷在一七三九年時慘遭兵災，當時波斯君主納迪爾沙阿攻破德里，縱兵劫掠，因此畫卷裡的大部分插圖都散佚了。插圖並非畫在紙上，而是畫在布上，這些圖畫由宮人高舉起來，供皇帝阿克巴御覽，同時則有人在他背後誦讀文卷裡的文字給這位年輕的君主聽，因為阿克巴雖然非常聰敏，卻無法閱讀。（他可能患有今天我們稱之為「閱讀障礙」的毛病。）《阿米爾．艾瑪扎歷險記》一書充滿了動作與冒險，它講述的是先知穆罕默德的叔叔艾瑪扎接連遭遇惡棍、巨人、魔鬼、惡龍和巫師的虛構情節。這些故事一定讓年輕的皇帝聽得悠然神往，當時他正投入東征西討的軍事行動，以鞏固這個新生的帝國。

除了迻譯前述提過附插圖的印度史詩之外，阿克巴還下旨編繪了其他許多手稿文卷，這些手稿的題材廣泛，從古典波斯文學到側重於蒙兀兒帝國歷史、世系的史書，都包含在內。在這些手抄文卷當中的插圖，造就了一種成熟、自然的蒙兀兒繪畫風格，它匯聚印度、波斯和歐洲繪畫的元素，然後熔於一爐。造訪蒙兀兒宮廷的耶穌會傳教士率先將歐洲繪畫風格介紹進來。他們帶來了基督宗教主題的插畫，蒙兀兒帝國諸人深受吸引。這些傳教士滿心期望能讓阿克巴與其朝廷都改信基督，不過蒙兀兒朝廷上下其實對於圖畫裡聖母瑪利亞的描繪特別感興趣，因為她就如蒙兀兒皇室的先祖、那位公主一樣，也是奇蹟受孕。在接下來的兩位皇帝在位期間，來自歐洲的藝術元素同時被運用在繪畫和建築上，用以突出皇帝的半神格地位。

在所有聚焦於蒙兀兒歷史的手稿畫卷中，最具重要性的一部，莫過於阿布・法茲所著阿克巴的事略，即《阿克巴之書》。這部附有一百一十六幅插圖的手稿畫卷，據信完成於一五八六至一五九〇年之間，現在收藏於倫敦的維多利亞和艾伯特博物館（Victoria & Albert Museum）；大多數學者都認為，這正是該書作者上呈給皇帝阿克巴的抄本。大約有半數的插圖以阿克巴為主角，即使面臨災難，他也總是被描繪成鎮定、冷靜和從容不迫的模樣。關於這一點，有一個很好的例子：這是一幅描繪阿克巴在戰役中攻克拉傑普特堅強據點吉多爾的跨頁插畫。當時火藥不慎被引燃，造成極度混亂，甚至死傷。在畫中，阿克巴極好辨識。他身著一襲簡單的白袍，看來更像是一位聖哲賢者，而非君主；在畫中他的身形比例也較身旁所有人都來得大。當所有人都驚惶失措之際，偉大的皇帝奮發勇決，將局面控制下來。

較少阿克巴的臣民有機會能夠看到像《阿克巴之書》裡這樣的宣傳畫，不過建築倒是提供了一種更容易理解的方式，讓阿克巴宣揚自己的帖木兒身世，以及他超凡入聖的地位。阿克巴於一五七一年在德里為父皇胡馬雍修建的陵寢，是由來自中亞的建築師設計，在平面與立面設計上都遵循帖木兒王朝陵墓的規制。不過，陵寢使用的建材（紅砂岩和白色大理石條）則屬於印度傳統，此建築日後將成為蒙兀兒帝國建築風格的標誌性建物。

一五七一年，阿克巴開始修建他在法泰赫普爾西克里的宮殿。此後，他便以這裡為寢宮，也在這裡視朝理政，一直到一五八五年，拉合爾（Lahore）北面緊迫的政治議題逼使朝廷將宮廷遷移為止。法泰赫普爾西克里宮殿的堂皇入口，既是慶賀皇帝阿克巴征討古吉拉特邦告捷而修建，也是他對於撒利姆．契斯特虔誠致敬的公開宣示。這位聖哲以精緻白色大理石砌成的墳墓，就位在大門入口內側處。法泰赫普爾西克里宮殿建築群的這一部分，任何人都可以進去參訪，用意是將皇帝阿克巴的德威普及到平民百姓。不僅穆斯林，就連印度教徒也可以來參訪這些神祕教派的聖哲墳墓。然而具有諷刺意味的是，就在撒利姆．契斯特的墳墓落成之時，阿克巴也開始失去對崇敬聖哲的興趣，轉而將自己塑造成在世的聖徒。

法泰赫普爾西克里皇宮的其他區域供作行政治理之用，百姓不得任意進入。其中一個入口大門，即皇家門，以兩頭大象浮雕為標誌。阿克巴賦予大象以特別重要的意義，因為他深信，只有聰敏睿達、深具智慧靈性之人，才能成功駕馭大象。就如同收藏在倫敦維多利亞和艾伯特博物館的《阿克巴之書》裡一幅兩頁插畫中所示，皇帝阿克巴十八歲的時候，曾經跳上一頭正發狂怒的大象背上，用《阿克巴之書》作者阿布・法茲的話來說，他「將烈膽化為柔水」，[5]成功馴象且毫髮無傷。這頭大象搗毀了一座原本便不牢靠的浮橋，弄得一團混亂。插畫想表明的意思是，皇帝陛下有本事駕馭著這樣一頭巨獸，還能安然無恙，正是真主屬意於他的顯現。

法泰赫普爾西克里皇宮還設有阿克巴面向百姓的窗口，稱之為「陽臺達顯」（jharoka-i darshan）。這一設置著重宣揚皇帝的光明地位，但同樣突顯出蒙兀兒統治底下的一項制度。阿克巴每日早晨都會到這扇位於皇宮外牆上的窗臺現身，這樣任何人都可以看見他。經由這項儀式，伊斯蘭教義裡「君王必須與臣民接觸」的觀念，就和印度教的「達顯」做法相結合，也就是讓百姓在此吉祥的場合中仰望偉大的皇帝陛下。阿克巴在窗臺現身，也和印度教神祇向信眾顯現的方式相似。在印度教寺廟，信眾們會聚集起來，等待眾神示現。他們滿懷期待的立在緊閉的帷幕之下。等到帷幕打開，信眾們就行「達顯」，也就是瞻仰神祇的形象，以獲得福慧吉祥。阿克巴現身於窗臺，對他的孩子們扮演開明君父、對於他的追隨者來說則是精神導師的角色。皇帝、神明和聖哲，三個角色合而為一，從而在視覺上混同了君主和神明之間的角色。

賈漢吉爾（一六〇五－一六二七）及沙阿賈漢（一六二八－一六五八）

一六〇〇年，皇子塞利姆（也就是將來的賈漢吉爾）在距離當時阿克巴的京城阿格拉約五百公里遠的安拉哈巴德（Allahabad）起兵造反，另立朝廷。此舉對蒙兀兒帝國的穩定統治幾乎沒有任何影響。在阿克巴於一六〇五年駕崩之前，和塞利姆之間父子達成和解，後者便順利繼位登基。塞利姆即位以後，取帝號為「努爾．亞定．穆罕默德．沙阿賈漢．巴德沙阿．加齊」（Nur al-Din Muhammad Jahangir Badshah Ghazi），意思為「帝王、戰士、穆罕默德、奪取世界者、帝國之光」。賈漢吉爾本人並無特出的軍事才能，他將統兵征討的任務託付給諸位皇子，特別是王子赫拉姆（Khurram），也就是將來的嗣君沙阿賈漢。賈漢吉爾在位時期最重要的軍事功勳，都是由赫拉姆統兵完成的。赫拉姆迫使拉傑普特部中最頑固的一支，也就是吉陶爾（日後改名為烏代浦，Udaipur）的西索迪亞家族歸順蒙兀兒朝廷，他還將蒙兀兒的疆土向南擴展到德干邦，但是對於蒙兀兒帝國來說，要在德干維持穩定的統治，一直是一項考驗。

賈漢吉爾在位期間出了兩件事，於隨後君主在位之時造成嚴重的影響。頭一件事是賈漢吉爾處死了錫克教的第五代古魯（Guru，即「導師」）阿爾瓊（Arjun）。錫克教創立於十五世紀，是伊斯蘭教和印度教教義的結合體，主要聚集在德里以北的旁遮普（Punjab）一帶。處死阿爾瓊並非出於宗教上的理由，賈漢吉爾大致上仍然遵循其父皇阿克巴的宗教寬容政策。原因出在阿爾瓊公開表示支持塞利姆的兒子繼承皇位，賈漢吉爾將其視之為對他權威的威脅。然而，阿爾瓊的死，讓錫克教徒與蒙兀兒帝國之間益發對立、相互敵視，最終導致錫克教徒的武裝民兵化趨向不斷加劇。

第二件事是賈漢吉爾囚禁了一位著名的穆斯林神學家謝赫・艾哈邁德・西林迪（Sheikh Ahmad Sirhindi，一五六四－一六二四）。艾哈邁德・西林迪直言不諱，抨擊蒙兀兒的宗教政策，他認為蒙兀兒帝國採行的宗教政策，忽略了伊斯蘭的教法，而教法卻規範了穆斯林生活的每一個層面。西林迪的觀點廣為人知，因為他寫了極多的信函，在印度這片次大陸上到處散布。他的影響力在其身後仍然持續，最終導致蒙兀兒帝國對伊斯蘭教採取更為保守的態度。

一六一一年，後宮已有眾多嬪妃的賈漢吉爾，又納娶一名三十多歲的波斯寡婦。這位女性極為聰敏，而且以美貌聞名，不過在十七世紀的印度，一名三十多歲的女性，通常被認為早已過了可婚嫁的年齡。雖然阿克巴即位之初，宮中婦女的問題令他感到苦於調處，不過在蒙兀兒治下的印度，婦女具有舉足輕重的地位。阿克巴便經常就國政要務徵詢其母的意見，而且極為敬重母親。宮中的女性生活在重重護衛的後宮。在後宮中，她們有自己的生活空間，其各項活動和娛樂都和男性一般無二，只是藝匠、說書人、按摩師和教書師傅等等，全數由女性充任。和一般想法大相逕庭的是，婦女並不是就這樣被「拘留」在後宮裡。朝廷搬遷時，她們也隨之移動，當中還包括伴駕出外遠行狩獵。

賈漢吉爾新納的波斯女子很快就成為他最寵愛的嬪妃，皇帝御賜封號「努爾．賈漢」（Nur Jahan），意思是「世界之光」。她的父親是蒙兀兒帝國的財政大臣，她的兄弟在朝廷也位居要津。賈漢吉爾在回憶錄《賈漢吉爾之書》（*Jahangirnama*）裡曾多次提及努爾．賈漢，稱道她的聰敏過人、她對皇帝陛下如何關懷備至、照顧有加，以及她在槍法射擊上的超卓本領。賈漢吉爾寫道：

> ……哨騎來報，已將四頭獅子團團圍住。朕率後宮諸嬪妃同往獵之。及見被圍群獅，妃子努爾．賈漢奏稱：「如陛下降旨，妾願射殺之。」朕曰：「准奏。」妃隨即舉槍射擊，四獅之二，各擊一發，皆中；另兩頭各開二槍，亦中。如是轉瞬之間，連開六槍，四獅皆被擊斃。朕迄今之前未曾見識如此精湛槍法……。為獎此精湛槍法，朕特賜其金幣千枚，珍珠一對，另賞一拉克（價值十萬盧比）之鑽石一枚。[6]

皇帝經常徵詢努爾．賈漢對國事的意見，她手上握有相當大的權力，尤其是當賈漢吉爾因縱酒過度、健康開始走下坡時更是如此。錢幣上鑄有她的名字，這背後的意義可謂非比尋常；每當她駕臨朝廷，都會鼓聲大響，以示宣告。頗能帶兵打仗的皇子赫拉姆，原本是皇帝屬意的接班人，可是到了一六一九年，當努爾．賈漢發現赫拉姆不肯受她擺布，於是轉而支持另一位皇子。她還安排這名皇子迎娶自己第一段婚姻所生之女為妻。結果赫拉姆起兵造反，但是幾年後他又回頭歸順朝廷。賈漢吉爾於一六二七年駕崩，之後眾皇子之間為了爭奪皇位而爆發了一場曠日持久的戰爭。赫拉姆因為得到朝廷中有力派系的鼎力支持，最終脫穎而出，成為勝利者。他於一六二八年登基為帝，以父皇在一場勝仗之後封賜的稱號作為他的帝號：沙阿賈漢，意思是「世界之王」。

沙阿賈漢對自己身為帖木兒王朝後裔感到極為自豪，因此他也以帖木兒曾用過的稱號「信仰之流星」（Meteor of the Faith）為自己的另一個封號。看來他相當看重後者這個角色，是以他修建的清真寺，數量比之前歷任皇帝都要來得多；他嚴守伊斯蘭齋戒月規定，即使身在戰場也不例外；他更頻繁前往穆因．阿定位於阿傑梅爾的墳墓拜謁。沙阿賈漢還禁止某些印度教神廟的興建，更下旨拆除若干舊有的廟宇。話雖如此，沙阿賈漢的長子達拉．希科（Dara Shukoh）篤信神祕主義，曾撰寫專著，主張伊斯蘭教和印度教之間有諸多共通之處，卻得到其父沙阿賈漢的大力支持，此事表明或許沙阿賈漢實際上並不如他所希望呈現的公眾形象那樣保守、正統。之前的蒙兀兒君主的個人性格，可以從他們的公眾形象中清楚表現出來，但沙阿賈漢的情形卻並非如此。我們只看見一個冷漠而正式的官方皇帝形象。

沙阿賈漢在位三十年期間，為帝國締造了即使阿克巴在位時期也難以企及的繁榮與富庶。軍事行動包括了進一步穩固和增強蒙兀兒帝國在德干邦的力量，只不過一直到十八世紀初年，德干邦的問題仍然持續困擾著帝國。沙阿賈漢熱切盼望將蒙兀兒帝國的領土擴展到阿富汗西部和中亞一帶，因為那裡曾是昔年帖木兒王朝的疆域，然而他的努力最終都歸於徒勞。帝國內部出現一些動盪，特別是有若干附庸的小邦部族首領，希望能脫離蒙兀兒帝國獨立，因而造成爭端，但是這些紛擾解決起來相對容易。此時在蒙兀兒行政體系裡效力的印度高階官員，比起先帝阿克巴和賈漢吉爾在位時來得少，而從波斯薩非王朝離開的波斯人士，則成為朝廷的新寵兒。除了上述這些發展，沙阿賈漢還針對阿克巴的親貴組織做了若干變動。由於效力於親貴體系的人數愈來愈多，薪俸的規模也隨之調整，以因應新分封、大為膨脹的各等級成員，貴族也被要求降低親兵的人數。

一六五七年，沙阿賈漢身體抱恙。很多人認為皇帝陛下大限已至，諸皇子之間隨即為了爭奪皇位而爆發戰爭。實際上，沙阿賈漢已經康復，但這時皇帝的第三子奧朗則布已自行登基稱帝。一六五八年，他將父皇拘禁於自己位於阿格拉的城堡，直到一六六六年沙阿賈漢去世。

賈漢吉爾與沙阿賈漢時期的藝術與建築

在賈漢吉爾與沙阿賈漢在位時期，對各項藝術的提倡與支持變得益發重要，因為它們能展現出日益臻於完善的帝國形象。建築變得更為豪奢，而繪畫的主題通常集中在具有帝國象徵意義的圖像上。

賈漢吉爾在自己的回憶錄中提及建築之處相當可觀，這代表建築對他而言具有特別重大的意義。然而，他在位期間所修造的建築，大部分都被嗣君沙阿賈漢給拆除了，並且代之以沙阿賈漢自己的建築。時至今日，賈漢吉爾因為提倡、支持繪畫而為後人所銘記，他本人在回憶錄中也提及這一點。皇帝陛下不但將「稀世奇珍」、「當代奇觀」這樣的頭銜賞賜給他最欣賞的藝術家，同時也把自己看作是一位藝術鑑賞家：

> 朕自繪畫中獲致如許樂趣，且亦有專門知識可資評判，即使無法得知繪者為誰，而朕跟前亦無該畫師過去或當前作品，朕亦能立即辨認出作畫者為誰。甚者若畫景內同時有數人，其面孔各自出於不同畫師手筆，朕皆能逐一道出。如若一幅畫中同一人物之眼睛眉毛為不同畫師所繪，朕可斷定面孔繪者為誰，雙眼及眉又為何人手筆。[7]

阿克巴在位時，編繪製作了許多配有插圖的手稿畫卷；但賈漢吉爾更偏愛由單頁插畫與精妙書法交互組成的圖文集。《阿克巴之書》裡許多插畫的主題聚焦在軍事勝利或阿克巴締造的特殊功績，但《賈漢吉爾之書》裡插圖的主題則迥然不同。有些插畫描繪賈漢吉爾登基、或帶同他後宮中諸嬪妃慶祝印度教節慶的場景；還有一些是獻給他的珍禽異獸的畫像，像是火雞或斑馬。在《賈漢吉爾之書》中，賈漢吉爾鉅細靡遺的描述這些珍稀走獸，尤其是火雞，他寫道自己下旨將這些動物繪成維妙維肖的畫像，好讓見者吃驚，因為「百聞不如一見」。[8]

除了人、禽鳥的畫像之外，賈漢吉爾宮廷中的藝術家們還繪製一系列的寓言插畫。在這些畫作中，有一幅雙頁組成的圖畫：阿傑梅爾的契斯特教團聖者謝赫・穆因・阿定，將他手上所持的帖木兒王冠，交到賈漢吉爾之手。到了十七世紀，供養穆因・阿定和契斯特教團蘇菲派一系聖者受到大多數印度百姓的崇敬，從而驗證蒙兀兒王朝的統治正當性。沙阿賈漢與他的女兒❻更加充分的落實這個概念，他們在阿傑梅爾，也就是蘇菲教派在印度最重要的聖地，修建了多座風格高雅的白色大理石建築。

賈漢吉爾宮廷中的藝術巨匠完成的其他插圖，還包括以皇帝賈漢吉爾與波斯薩非王朝君

---

❻譯按：長公主嘉罕娜拉（Jahanara Begum）。

主阿拔斯一世之間持續爭鬥為主題的系列，賈漢吉爾管阿拔斯一世叫做「我的知名兄弟」。[9]兩位君主彼此互通函件，還相互餽贈禮品，但兩人都試圖要贏過對方。賈漢吉爾的立場是顯得比較尷尬的一方，因為想當年胡馬雍被逐出印度時，正是靠著薩非王朝給予庇護才得以度過那段堪稱最黑暗的時期。兩位君主同樣都聲稱擁有坎達哈，只不過蒙兀兒經常把這座城丟給薩非王朝。賈漢吉爾想要平起平坐、或可能是要比他那「薩非兄弟」來得更具重要性的渴望和追求，或許就是兩幅插畫的創作動機，這兩幅畫作現在都典藏於美國華盛頓哥倫比亞特區的弗萊爾美術館（Freer Gallery of Art）。在其中一幅畫作裡，兩位現實中從未晤面的君主並肩同坐在寶座上，畫面的上和下方都有波斯詩文，說明他們都是在各自疆域中伸張正義與和平的君王。[10]第二幅畫作，根據一段題詞所述，是為了賈漢吉爾其中一個夢境所繪，描述兩位君主其實並非並駕齊驅。[11]兩位君主站在一顆地球上，互相擁抱，只不過賈漢吉爾腳蹬一頭雄獅，睥睨踩踏在一隻溫順綿羊背上的沙阿阿拔斯。獅子雄踞之處，涵蓋了地球上的印度和波斯，而阿拔斯的綿羊則被擠到地中海。兩位君王頭部後方背景是一道巨大的光環，由兩個歐洲風格的小天使托撐著。

皇帝阿克巴在位時期的插畫，皇室人物被放大比例呈現，比周遭人物大上許多。至於皇帝本尊的形象，先是賈漢吉爾，接著是沙阿賈漢，他們後方通常會有光圈，而且總是呈現側面輪廓（因為側面較不會遭到扭曲）。小天使則通常為君王加冕，或是托住光環。[12]沙阿賈漢的畫作裡，或常在皇帝寶座下方見到聖人，這表明他對宗教事務的關切；或是出現一對和平共處的雄獅與羔羊，以示皇帝履行公義。讓皇帝站在象徵世界的球體上，將他們帝號的雙重意義作視覺上的展現（如賈漢吉爾，意思是「奪取世界者」，而沙阿賈漢則是「世界之王」），是在這些插畫中經常見到的呈現策略。

沙阿賈漢在位期間熱心支持繪畫，經他下旨編繪而成的畫卷，當中包含一部講述他皇子時期及即位前十年、配有插圖的豪華編年史。不過，他最為聞名的卻是頻繁支持與贊助各項建築。他在位時完成的建築種類很多，從為父皇修建的陵寢，到狩獵的行宮、宮殿、園林、清真寺等，不一而足。如今，泰姬瑪哈陵是他最為知名的建築，[13]這是沙阿賈漢為他摯愛的皇后、也是努爾・賈漢的姪女慕塔芝・瑪哈（Mumtaz Mahal）修建的陵寢，她於一六三一年、在誕育第十四個孩子的時候不幸去世。沙阿賈漢很有可能原先也預備以泰姬瑪哈陵作為自己的陵寢；因為泰姬瑪哈陵的正式名稱是「光輝之墓」（rauza-i munawwara），和伊斯蘭創教先知穆罕默德在麥地那的墳墓同名。藉此，沙阿賈漢將自己塑造成伊斯蘭神學概念中的「完人」，可堪與穆斯林眼中的楷模、先知穆罕默德相提並論。

今天，這座巨大的陵墓座落在兩座花園中，有水道和一座反光倒影池縱橫其間，是所有造訪印度的旅客必到之處；可是在陵墓修建期間（一六三二—四八），這是皇家禁地、大型紀念建築，對牆外的印度社會影響甚微。印度的一般穆斯林百姓或許可能更有機會欣賞沙阿賈漢的白色大理石清真寺，以及他在重要人物、契斯特教團聖者穆因．阿定位於阿傑梅爾的墳前所添建的高聳宏大拱門，還有經他下旨，於一六五〇年代在德里對信眾開放的大型聚禮清真寺。

不過，這些清真寺雖然是宗教建築，但如果認為它們毫無政治或王朝意涵，那可就不對了。在阿傑梅爾修建清真寺，是為了紀念沙阿賈漢在登基前打敗吉陶爾（烏代浦）拉傑普特部的西索迪亞家族那場勝利。他在德里建造的那座大型聚禮清真寺，毫無疑問是想在視覺景觀上和他的薩非王朝「兄弟」阿拔斯一世在伊斯法罕興建的那座輝煌壯麗大清真寺分庭抗禮；同時，鄂圖曼帝國在伊斯坦堡和愛第尼修建清真寺，令兩城風光增色不少，沙阿賈漢也想與它們一較長短。實際上，沙阿賈漢興建清真寺，其本意是為了彰顯他的名號，並且榮耀蒙兀兒帝國歷代先帝，這一事實早已清楚地銘刻在遍布清真寺建築表面的伊斯蘭書法橫匾上了。這些橫匾上的字句，乍看好像是用阿拉伯文摘錄自《古蘭經》的詩句；然而實際上它們是以波斯文書寫、稱頌沙阿賈漢功業的讚美詩。

德里清真寺建在城裡最高的山丘上，是沙阿賈漢的新城市焦點所在。他於一六三九至一六四八年之間新建的這座城市，名為「沙阿賈漢納巴德」（Shahjahanabad），意思是「沙阿賈漢的居所」。這座有城牆環繞的城市，裡面有通衢大道和運河，數量眾多的花園、園林，一間宏偉的大客棧，供旅人休憩，以及一座能與「世界之王」匹配的宮殿。這座宮殿矗立在一條大河之濱，其白色大理石打造的臺閣，專供沙阿賈漢及他的直系親人使用。王公大臣們在公眾大廳（Public Audience Hall）聚集，一同前往覲見君王。那些品級最高的親貴立在距皇帝寶座高臺最近的位置，這個寶座高臺，稱作「哈羅卡」（jharoka），其中充滿象徵意義，前來晉謁皇帝的王公大臣一定都已經了解。它的球狀欄杆柱支撐著弧形的屋頂，源自於歐洲的聖人和皇室圖案，都象徵著安坐於高臺寶座上的沙阿賈漢是一位半神半人的世界君王。

沙阿賈漢興建宮殿和大清真寺，而他宮廷中的諸多女性則負責以園林、旅館和較小的清真寺來點綴、裝飾這座城市。這種作法非始於此時。在胡馬雍和阿克巴在位時期，蒙兀兒帝國的皇后與公主便負起發展城市的重責大任，例如拉合爾、阿格拉和德里，都是前例。賈漢吉爾當政時，皇后努爾．賈漢就在阿格拉全城開闢園林，還沿著主要馳道興建大客店旅館，好讓往來商賈可以投宿，並在此抽取卡稅。努爾．賈漢在阿格拉設置的客棧今天已不復存在，不過，在德里往拉合爾的路線上，另一處堂皇宏偉的賓館，被稱為「塞萊．努爾．瑪哈」（Serai Nur Mahal），至今仍完好無損。當時的歐洲旅人認為，努爾．賈漢設置這些旅館，是為了讓後人能記得她。

然而，努爾．賈漢最為重要的建設，首推她在阿格拉為父母修造的墳墓，被稱為「國柱陵」（Itimad al-Daula）。這座陵墓以白色大理石砌成，並以許多珍奇異石鑲嵌其中。內部精美的鑲嵌設計，描繪柏樹、水果、酒杯及抽象花朵圖案以寓意天堂的形象，而整座墳墓也座落在一座美麗的花園之中。

奧朗則布（一六五八—一七〇七）與後期蒙兀兒（一七〇七—一八五八）

史家傾向對蒙兀兒第六任皇帝奧朗則布漫長的統治時期抱持批判的態度。通常，奧朗則布被看作是一位緊抱宗教正統教條的狂熱分子，原本開放而強大的蒙兀兒帝國緩步走向衰敗，他必須負起責任。確實，奧朗則布比起歷代皇帝更為保守、更為虔誠，而他遵循伊斯蘭教法的意願也相當明確。例如，他下旨禁止大臣上朝時穿用鑲金布料製成的衣物；但他也明白，自己若不以一個富強朝廷的最高領袖面貌示現於臣民跟前，非但丟失顏面，甚至有可能會喪失人心。儘管如此，他還是喊停了「陽臺達顯」這項儀式，原因是他認為這並非出自伊斯蘭宗教傳統。他更罷停了之前蒙兀兒宮廷聘用藝術家和樂師的慣例。然而，奧朗則布如此公開宣示尊奉伊斯蘭教法，很有可能是為了補償之前他做下的一件完全違反教法的事情：囚禁他的父皇。他恢復之前阿克巴廢除的非穆斯林人頭稅，此舉讓他大失人心，因為他得罪的是當前背負愈來愈重經濟負擔的群體——占他治下臣民的大多數比例。

但是，奧朗則布的諸般宗教政策，並不如一般所想像的那樣尖刻嚴厲。他的確破壞了若干印度教的廟宇，不過這是他對一些不忠親貴的報復手段。奧朗則布在位的前數十年間，他在文化上的主要建樹是興建清真寺。他於拉合爾建了一座清真寺，其規模之宏大遠超過沙阿賈漢在德里建的清真寺。

從阿克巴時期開始，蒙兀兒帝國一直試圖鎮平印度南部的德干邦。成功的局面通常轉瞬即逝，可是奧朗則布卻把奄有南方版圖當成他個人的執著。他在位期間，德干問題一直令蒙兀兒軍隊疲於奔命。起初困擾著奧朗則布的是如何與反叛的馬拉塔部（Maratha）人打交道，後者擅長游擊戰爭戰術，這使他們在對抗裝備笨重且行動緩慢的莫臥兒軍隊時具有戰術上的機動性。最後勝負見出分曉：以印度西部為根據地的希瓦吉（Shivaji）打敗蒙兀兒軍隊、獲得勝利告終。希瓦吉於一六八〇年過世，但他的長子薩巴吉（Shambuji）與後來的繼承者們仍然繼續給蒙兀兒大軍製造混亂。一六八一年，奧朗則布將行宮遷到德干，從而使得北印度失去帝國的關注，但是此舉也讓皇帝得以更有力的控制南方。

到了一七〇七年、奧朗則布駕崩之時，蒙兀兒帝國的版圖幾乎已經涵括了整塊印度次大陸。這時帝國所能控制的範圍，顯然和阿克巴在位後期時相去不遠。然而實際上，兩個時期根本上完全不同。阿克巴留給繼位者的，是一個擁有強大、穩健基礎的帝國；而奧朗則布升遐之時，德干持續綿延的戰火，加上印度西部、北部多起叛亂，早已讓帝國的結構千瘡百孔。結果是，帝國陷入嚴重的財政困境。由於戰爭造成的壓力、膨脹的貴族階層，以及具備生產力的土地早已不敷所需，使得當年阿克巴創建的體系如今陷入重大的危機。於是，親貴階層內的派系紛爭愈演愈烈，而「貴族應該對帝國這個大家庭盡忠」的觀念卻消失無蹤。如今，所有的貴族都只為自己打算。

在一七〇七年奧朗則布去世後，蒙兀兒帝國儘管日漸衰弱，但從表面上看，至少又延續了一百五十年國祚。當譁變起事的印度士兵擁立蒙兀兒末代君主[7]做他們名義上的領導者，史稱「印度兵譁變」（Indian Mutiny）或「第一次獨立戰爭」（First War of Independence）之後，英國人便於一八五八年先將他囚禁，接著又將他流放於外邦。

一七〇七年，繼承奧朗則布皇帝位的是巴哈杜爾．沙阿一世（Shah Alam Bahadur Shah）。然而，由於政局持續動盪，竟然使他在登基之後無法進入長期作為蒙兀兒帝國京城的德里。雖然德里在一七一二年再度成為帝國首都，但此時的蒙兀兒帝國仍然持續受到財政問題、政治陰謀、君主能力不足擔當大任，以及外邦入侵的嚴重摧殘。僅德里城本身，就於一七三九年遭到波斯君主納迪爾沙阿攻破大掠，復又在一七五〇年代被阿富汗的阿布．杜蘭尼（Abd al-Durrani）破城，後者甚至入侵印度四次之多。實際上，隨著德里愈發殘破，它也幾乎成為唯一還遵奉蒙兀兒帝國號令的地方了。信奉什葉派的穆爾斯希達巴德（Murshidabad）、阿瓦德（Awadh）和海德拉巴（Hyderabad）等南方土邦的世襲領袖「那瓦卜」（Nawab）們，紛紛建立起自己的邦國，同時賈特（Jat）族、馬拉塔部、錫克族和印度教徒的族長或領袖也各自宣告獨立，在原本的帝國版圖上建立起許多個小王國。十八世紀時，為了取得貿易權而來到南亞的英國東印度公司，成為轄有土地的統治者，先後將其勢力擴張到印度次大陸的大部分地方。

雖說蒙兀兒帝國在十八世紀時陷入財政困境之中，不過這並不表示所有的人都受到同樣的影響。相反的，我們發現貴族階層可能比新興的商人階級更貧困。貿易和製造業的規模持續擴大。原物料不僅穿越蒙兀兒帝國境內，更經過其從前領土，以製作印度和外國需要的產品。在德干栽種的棉花，走海路運往東南沿海的科羅曼德（Coromandel）海岸，或到西部的古吉拉特邦，進行編織、染色和印花。孟加拉產的生絲被運往印度西部，由工人製作成廣受歡迎的紡織製品。這些產品有若干在國內消費，其他則出口到東南亞和歐洲。來自歐洲各國的各家公司商號都試圖涉足這一領域，而印度本地的商人有時則被排除在可獲利的局面之外。

財富分配的變化，意味著贊助各項藝術體系的改變。在蒙兀兒治下的印度，有很多藝術家、工匠和文藝人士離開德里，到那些脫離帝國自立的小邦，例如東部的阿瓦德，或西部的拉傑普特邦，尋求更有利可圖的工作；因為這些小邦正開始發達繁榮、對外擴張。不過，這種情形並不代表德里的藝術產業停擺了。許多清真寺、陵墓群、豪宅私邸和花園仍繼續建造，但是在建築的規模和材料上都出現變化。建築計畫如今縮小許多，如大理石、甚至紅砂

❼譯按：巴哈杜爾沙阿二世（Bahadur Shah II）。

岩等昂貴建材很大程度上被灰泥和磚塊取代。贊助人的身分也有了改變。皇室並沒有完全放棄對建築的支持，但他們的贊助通常只挹注德里城內的契斯特教團聖者墳墓群（因為阿傑梅爾現在已不是蒙兀兒的領土）。即使是皇室的陵墓，現在也幾乎都設在聖者的墳墓群，而不是闢建獨立的園林；這些陵墓通常由簡單的大理石墓碑和四面環繞、通風的大理石格子窗組成的。這反映了當時宗教正統觀念的增強，以及國家經濟狀況的改變。十八世紀時，有若干貴族及其妻子還繼續贊助小型清真寺的修建，但是到了十九世紀，商人（甚至在一個案例裡，出資者是擠牛奶女工）本身就有足夠的財力提供贊助，並將他們的姓名銘刻在宗教建築裡。

從蒙兀兒帝國獨立出去的那些小邦國遭遇到各式各樣的狀況，這些小邦在遭遇問題時，不少人會回頭仿效蒙兀兒的做法，並將其視之為嫻熟運用各種權力與文化符號的典範。甚至連穆斯林什葉派的君王都向蒙兀兒帝國取經，即便後者信奉的是遜尼派。取經效法的隊伍裡更還有英國人，他們在一八五八年廢黜蒙兀兒王朝之後，也採用了不少蒙兀兒的做法，同時運用在印度和英格蘭的典禮儀式之中。在蒙兀兒帝國滅亡許久以後，他們強大的實力、財富，以及透過藝術、建築和宮廷儀式展現自身諸多成就的能力，都還鮮明的存活在後繼立國者的印象之中。

強大的蒙兀兒帝國，在其十七世紀國勢鼎盛之時，統治著印度次大陸的大部分地區。

他們的國力至為充沛，能夠在軍事實力和文化成就上和其鄰邦兼競爭對手（如波斯的薩非王朝、土耳其的鄂圖曼帝國）一較高低。雖然如今我們已無法得知蒙兀兒帝國治下人口的確切數字，不過推估大約是一億人左右，使其國家規模遠遠超過薩非王朝或鄂圖曼帝國許多倍。蒙兀兒帝國治下的印度土地肥沃，自然資源豐富，更兼擁有充沛的人力，可以調度、利用這些非凡的資源。「蒙兀兒」這個名字，通常被寫成「Mogul」，這個字一直到了本世紀，仍然用來指稱那些手中握有指揮、控制大權的人；對照蒙兀兒帝國的歷史，這一切便顯得不足為奇了。

CHAPTER 7

日本：明治維新

（1868–1945）

Japan: The Meiji Restoration 1868-1945

阿麗思・倉重・提普頓

（Elise Kurashige Tipton）

與本書前面各章所述其他亞洲帝國相比，日本帝國存在的時間甚短。從它於一八九五年首次獲取割讓領土起算，到一九四五年無條件投降為止，日本帝國只延續了五十年時間。儘管如此，日本帝國在第二次世界大戰擴張到頂點時，一度曾經橫掃東北亞和東南亞大部分地方——占領朝鮮、臺灣、密克羅尼西亞（Micronesia），以及英國與荷蘭之前在東南亞的殖民地，另外還實質控制滿洲、華中與華東，以及法屬印度支那（今越南）。最引人注目的是，日本帝國是近代唯一非西方的帝國強權。這一層意義在同時代的西方和亞洲其他地方並未消失，而關於日本帝國主義更為殘暴的各方面記憶，甚至一直延續到二十一世紀。[1]

一八九五年以前，在西方人士的眼中，日本只不過是一個在一八七六年的費城百年世界博覽會（Philadelphia Centennial Exposition）上，展出美麗卻陌生、充滿異國情調藝術品、手工藝製品的國度。然而，日本在一八九五年打敗中國，隨即又將影響力擴展至朝鮮半島，便引起西方的重視。戰勝中國，代表日本自一八六〇年代初期以來已經取得了長足進步。現在西方各國的政府與評論人士開始讚揚日本的各項軍事成就，認為這代表了日本的文明開化與進步。美國外交官員哈羅德·馬丁（Harold Martin）下列對於中日甲午之戰的評論可謂相當典型：

……日本在朝鮮取得的成功，意味著在政治、社會和商業上，為那個不幸的國家帶來革新與進步……。中國人的成功，則表示朝鮮人要倒退回東方傳統的怠惰、迷信、無知和排外情緒之中。這是兩種文明之間的衝突：一邊是日本代表的現代文明，對上另一邊由中國代表的野蠻暴行，或是一個無望而老舊過時的文明。I

這番話突顯出日本帝國主義誕生於歐洲殖民主義和帝國時代的事實。在當時，兼併領土被認為是國家地位和威望的象徵。

然而當十年之後，日本打敗了歐洲白人國家俄羅斯時，此後對日本的盛讚就都混雜了一種「黃禍」威脅的不祥預兆。在二十世紀接下來的數十年間，日本與西方主要大國在國家利益認知上的差異將會日益加劇，而亞洲大陸日益增長的民族主義浪潮，也將與日本帝國不斷滋長向外擴張的野心發生衝突。由此而起的戰爭短暫地擴張了日本帝國的疆域，卻讓帝國在長崎與廣島遭受到原子彈打擊之下轟然瓦解。戰敗不僅導致帝國覆滅，更造成日本有史以來頭一次遭到外國強權占領。日本的平民百姓和他們的亞洲鄰國民眾，同樣都飽受到日本帝國

❶ 譯按：朝鮮自明朝起一直為中國藩屬，使用明朝年號，受中國皇帝冊封。一八九七年，朝鮮王朝末代國王高宗稱帝，改國號為「大韓帝國」，實質上國際視之為日本的保護國。在一九一〇年八月，被迫簽訂《日韓合併條約》，大韓帝國亡。本章中對「Korea」的翻譯，盡量統一稱為「朝鮮」。

日本帝國關鍵年表

一八六八年	明治維新，推翻德川幕府。
一八七六年	「打開」朝鮮大門。
一八九四－九五年	中日甲午戰爭，獲取臺灣。
一九〇二年	英日同盟。
一九〇四－〇五年	日俄戰爭。
一九一〇年	兼併朝鮮。
一九一九年三月一日	朝鮮爆發三一獨立運動。
一九三一年	「九一八事變」，日本奪取中國東北。
一九三二年	滿洲國建立。
一九三七年	中日戰爭爆發，同年底發生「南京大屠殺」。
一九四〇年	與德、義兩國訂立三國同盟條約。
一九四一年十二月	偷襲珍珠港。
一九四二年	占領東南亞。
一九四五年八月	長崎與廣島遭投擲原子彈；日本投降。

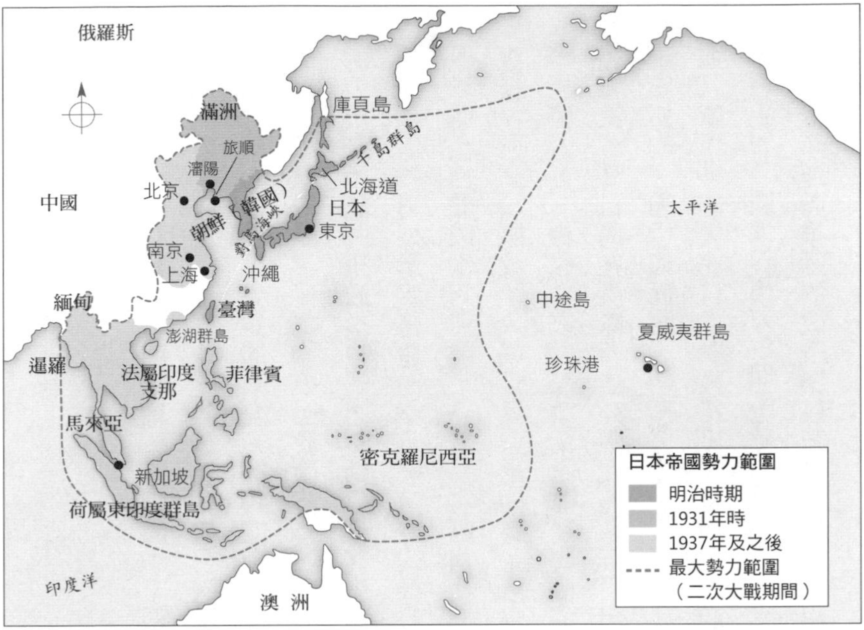

日本帝國勢力範圍圖

主義侵略擴張的禍害。

想要了解日本帝國的起源與發展，需要從十九世紀下半葉國際政治及外交的脈絡之中去審視日本民族主義的各項目標。了解日本領導階層的廣泛目標，則使得他們攫獲領土的野心變得有跡可循，甚至不令人感到訝異，儘管這些行動未必被看作是陰謀計畫的一部分。與此同時，帝國也非停滯而一成不變。第一次世界大戰結束後地區及國際環境的變化，以及國內社會、經濟和政治情勢的改變，有助於我們解釋日本領導階層為何、以及如何與西方列強漸行漸遠，並且在一九三〇年代決定採取激進的對外擴張政策。

「富國強兵」

一八六八年一月，明治維新運動的志士們發動了一場政變，推翻統治日本超過二個半世紀（一六〇三—一八六八）的德川幕府。這場政變肇因於十五年來混亂的政局、內戰，以及明治維新領袖們世界觀的改變。維新運動的領導者雖然打著「王政復古」的大旗崛起，但是他們為了試圖拯救日本，不至於淪落為如中國那樣的次殖民地，拒絕採取激烈報復西方人士的方針。所謂「王政復古」，包括建立高度中央集權的政治體系，依照理論恢復天神後裔的天皇統治，另外還要組建一支仿照西方式樣的現代化軍隊。維新領袖們將他們的建國目標與改革途徑濃縮成兩句口號，一是「富國強兵」，另一句則是「和魂洋才」。在他們新的世界觀裡，所謂國際政治，就是國家之間為了獲得權力與地位所進行的鬥爭。富國強兵即是讓日本能與西方一級強權在國際政治上並駕齊驅的手段。他們推行以西方模式為基礎的廣泛現代化方案，其目的在廢除西方列強在一八五〇年代後期，運用砲艦外交逼迫日本簽訂的諸多不平等條約。和中國面臨的情形一樣，不平等條約強迫日本開放許多「通商口岸」進行貿易，並且賦予外國人在日本開設租界的特權，更剝奪了日本根據自身法律規範進口關稅、審判在境內犯罪外國人的權力（即所謂治外法權）。

維新運動推動的改革不僅及於戰略生產與軍事工業，也推及社會和文化層面。如果要讓西方列強平等對待日本，則日本必須先成為如西方社會那樣的「文明開化」之邦才有可能。舉例來說，日本政府聘用了許多西方人士充當顧問，教導日本人如何建造西方式的建築，並按照西方學院的藝術繪畫風格進行創作，以及建立起西方形式的法律與行政體系。成為「文明開化」之邦，也表示日本上層社會菁英要改穿西方服飾，改行西式社會禮儀，包括在舞廳跳舞和吃牛排等。不僅如此，這種亟欲希望得到西方認可的動機，在試圖取締那些西方人認為不雅的行為時表現得相當明顯。因此，當政府明令要開設公共澡堂的業者區分男女湯浴場，並在澡堂門口豎立屏風以資遮擋時，有一篇報紙文章解釋道，這麼做是為了避免讓外國人嘲笑日本人。

不過，推動西方化與工業化的目的，並不完全是為了要修訂不平等條約；它們本身就被認為能帶來極大助益。一八七一年，由貴族大臣岩倉具視率領的使節團前往歐美考察，同時試圖修正不平等條約。使節團成員、維新重要人物大久保利通對於西方經濟實力留下極深刻印象，他深信追求工業化不僅是作為軍事現代化的基礎，其自身更深具意義。為此，他特地提前結束考察行程，趕回國內阻止當時以前維新領導人西鄉隆盛為首的留守政府所發動的征韓戰爭。大久保此舉並不表示他反對向外擴張，而是認為後續內部的進一步改革與工業化方才是首要之務。雖然如此，大久保利通的反對仍然激怒了西鄉隆盛，後者隨即退出政府，之後成為具有強大號召力的領袖，招攬眾多因原先特權統治階級被廢除而心懷怨憤的武士。西鄉最終果然於一八七七年領導薩摩藩起兵叛亂。在這次戰爭中，以傳統武士為主力的薩摩藩軍隊，遭到以農民為徵兵來源所組成的政府新軍打敗。

與此同時，日本正將其疆域拓展到今日我們所見的範圍，另一方面則謹慎地把握機會，逐漸增加對朝鮮的影響力。北方的北海道和千島群島在一八六九年成為日本國內移民的屯墾地，當地原住民阿伊努人（Ainu）被遷徙安置，日本屯墾者進駐他們的家園。在南方，一八七九年沖繩設縣，原來獨立的琉球王國滅亡，並且開始實施同化政策，消滅沖繩方言和其他獨特的文化習俗。日本還在一八七六年對朝鮮展開侵略行動，不過這並非先前西鄉隆盛征韓計畫中蓄意之舉。按照日本外務省聘用的美國顧問❷建議，日本「打開」了朝鮮這個「幽閉王國」的大門，❸其使用砲艦外交迫使朝鮮就範，與一八五三年時美國艦隊司令馬修・培里（Matthew Perry）為打開日本門戶所運用的手段如出一轍。

韓國的門戶開放，表示朝鮮半島在這個國際競爭的時代愈見發揮其戰略重要性。朝鮮的命運往何處去，是日本在建設帝國之初就在擔憂的課題。千年以來，朝鮮一直扮演傳遞中華文化成就的橋梁角色。然而到了十九世紀後期，日本的政、軍界領袖開始將朝鮮看作一柄刺向日本心臟的「匕首」。此外，見到歐洲列強急於為其帝國增加亞洲和非洲殖民地，若干明治維新領袖在一八八〇年代末開始認為殖民征服是日本建國和獨立的重要組成部分。外務大臣井上馨做出如是結論：「我們必須在亞洲之邊緣，建立起一個歐化新帝國。」[2]

在一八七〇、八〇年代時，日本極力使朝鮮不落入中國或西方列強（尤其是俄羅斯）的掌握。與中國爭奪對朝鮮君主的影響力，爭鬥益發劇烈，朝鮮宮廷中也相應出現親中派和親日派，彼此傾軋。後者希望能仿效日本，施行明治維新式的改革。一八九四年，朝鮮一個名為「東學」的反西方新興宗教團體發動叛亂，給予日本干預朝鮮事務的良機。當中國應朝鮮王廷請求，出兵協助平定亂事時，日本同樣也派兵前往，因而爆發了中日甲午戰爭。

以戰建國

中日甲午戰爭激發日本民眾對政府廣泛的支持和民族主義浪潮，西方媒體也對於日本以一小國擊敗中國這一龐然大物而讚譽有加。戰事爆發之初，一般認為中國可望獲勝，因為中國的水師規模，比日本海軍要大上太多──「實際上幾乎是無敵」。[3]然而，日本明治政府卻仿效英國海軍，打造出一支小而快的現代艦隊，並且開辦本國的造船工業。日本的陸軍與海軍組織完善、訓練有素且裝備精良，反觀對手中國軍隊，內部組成混雜，更因為組織腐敗、

❷ 譯按：即李仙得（Charles Le Gendre）。

❸ 譯按：此前的朝鮮只和宗主國中國來往，不與其他國家打交道，故得此別稱。

統御不力與彈藥不足等等緣故，造成其紀律不嚴，士氣低落。日本軍隊在海戰與陸戰同時告捷，不只進占朝鮮，更揮軍澎湖群島、臺灣，並且入侵滿洲。

例如《倫敦新聞畫報》（*Illustrated London News*）一類的外國媒體，則十分熱中於將日本的接連獲捷，說成是西方「得意門生」的成就：

> 日本的熱情仍在繼續，這個東方國家以堪比一級歐洲戰事的精神和智慧，締造出戰鬥、機動和組織的奇蹟，在軍事界引起了令人驚嘆的熱潮。[4]

當時在美國的日本人，成為晚宴最受歡迎的嘉賓；宴會的女主人開始穿起日本和服。美國民眾盛讚日本的連番獲勝，好像在吹噓自己國家打了勝仗一樣。

結束甲午戰爭的《中日馬關條約》於一八九五年四月、戰事爆發後不到九個月時簽訂。根據該條約，日本獲得鉅額賠償以償付戰爭支出，並且首次得到他國割讓的領土：臺灣和澎湖群島，以及滿洲南部的遼東半島，此外中國還向日本出讓經濟權利，這也使日本初次參與到通商口岸的條約體系當中。拿下臺灣，固然使得日本帝國聲威大振；但真正具有實質重要意義的，是中國承認朝鮮的獨立，確保其日後不再干涉朝鮮半島。然而，正因為大獲全勝而舉國欣喜若狂的日本，卻被俄、德、法三國澆了一盆冷水：三國逼迫日本放棄對遼東半島的領土要求。這次「三國干涉還遼」代表著日本崛起成為地區強權一事，益發受到西方列強的忌憚。

無論是在國內還是在前線，一般日本民眾都相當支持這場戰爭。青年人看的雜誌和其他引領流行風潮的來源，如歌曲、孩童遊戲和玩具等，再加上主要各大報紙，全都表明：儘管困難重重，然而這場中日戰爭刺激了軍事價值在日本社會的傳播，並且升高、加強了庶民的民族主義情緒。教育當局運用此次戰爭來著重強調對國家盡忠和天皇的重要意義。學校課本中充滿過去與當前戰爭英雄的故事，而體育課程也採用更多軍事化的操練。孩子們都將模擬打仗當成遊戲，男孩扮士兵，女孩扮護士，這類遊戲盡皆強化了日本民眾報效國家的參與感。媒體和受政府委託繪製宣傳作品的藝術家，將注意焦點集中在個別返鄉後受到英雄式歡迎的士兵身上。國家特意運用士兵的葬禮提倡「自願為國犧牲」的價值，並且指定若干「特殊」的神社來祭祀陣亡將士。東京的靖國神社正是在此時得到極其崇高的地位與格外的尊崇，因為天皇陛下會親自駕臨此處，向入祀神社的忠魂致祭。

上述這些發展，是在一八八〇年代後期以來，為了建立全國團結一致與獨特日本民族認同所做各種努力的脈絡下出現的。教育改革的宗旨十分明確，在於塑造小學成為塑造國家觀念的載具，從中培養出願意為國家犧牲自己、效忠帝國的臣民。國家統一也是一八八九年制定憲法時的目標所在。新政治體制以天皇陛下為中心，仿效俾斯麥（Bismarck）主政的德國，成功地將反對運動的領導者納入體制之內。知識分子和其他未進入政府體制內的領袖，在批評過去二十年來當局向西方取經時不辨良莠、囫圇吞棗的同時，其實也參與促成日本國家認同的塑造。不過，對於照搬西方做法的強烈反對並不代表西方化畫下句點；也不表示國家與民眾就此放棄和西方並駕齊驅的理想與目標。

事實上，中日甲午戰爭更促成日本一般民眾和菁英階層生出一個共同的願望，那就是要使日本遠離亞洲其他各個「落後」的民族。在此我們可以看出，日本帝國主義的開端，是建立在將亞洲各民族區分優劣高低的概念之上的，這一點證明了日本社會對於十九世紀後期流行於西方的社會達爾文種族理論的接受。戰爭主題的木版畫於此次戰爭期間急遽成長，這類版畫固然描繪日本士兵的勇敢，以及中國士兵的懦弱，但它們更進一步，將中國人畫成穿著顏色俗豔的傳統服裝，顴骨突出，鼻子扁塌，嘴巴張開——全都是品味原始、粗鄙野蠻的象徵。相反的，版畫裡呈現的日本人形象高貴尊嚴，蓄軍人鬍鬚，剃西式髮型，著歐式軍裝，身形高大，有著歐洲人的五官。

士兵寫的家信和日記顯示，不只是菁英階層的藝術家將中國人和韓國人看成是未經文明開化的「他者」；例如，軍曹濱本總結他來到朝鮮之後的感想道：

……雖然吾等同屬東亞人種，然唯一共同者惟吾人之黃面孔……。（朝鮮人）性甚溫順，但彼等相當懶惰，毫無進取精神。[5]

正因如此，日本的一般民眾和政府領袖都對三國干涉還遼一事極為憤恨。

正是這些憤恨不平的情緒，造成日本在帝國主義列強於十九世紀最後的幾年間「瓜分」中國、議定勢力範圍時，急欲參與其中、分一杯羹。這最終導致了日本加入西方列強組成的聯軍，在一九〇〇年義和拳造亂時，以保護使領館為名，攻進中國的首都北京。在此次危機中，俄國同樣也派出許多部隊開入中國東北，以保護其在滿洲的利益。日本政府裡有若干主事者認為，如果讓俄國軍隊無限期留駐滿洲，將會威脅朝鮮的獨立，並且對日本的諸般利益產生相當不利的影響。因此，一九〇二年進行的英日同盟談判，其用意便在於展現英國對日本在朝鮮取得勢力範圍的支持，同時也為英國殖民地的商業利益打開通路。此舉收到效果，俄國同意撤回占領滿洲的軍隊。由於英國是當時世界上國力最強大的國家，英日同盟也就代表列強承認了日本成為帝國主義強權的一員。

日俄戰爭：日本帝國主義之始

在中日甲午戰爭當中取勝，使日本一躍而成為地區大國；而在日俄戰爭（一九〇四—〇五）中打敗俄國，則讓日本躍昇為世界強權。此戰起因是俄國延後自滿洲撤軍而不給任何解釋，日本隨即對俄宣戰。在日本海軍控制了遼東半島周遭的水域之後，陸軍登陸上岸，展開了為時一年的戰役，最後成功拿下旅順。正當日本陸軍乘勝向瀋陽進發之時，海軍打敗了俄國波羅的海艦隊，舉世震驚。此戰俄國艦隊遠道而來，航行大半個地球，卻在對馬海峽一戰中大敗，損失其四十二艘艦隻當中的三十八艘。然而儘管海戰大捷，日軍在陸地上卻陷入苦戰，不但造成官兵重大傷亡，戰爭支出也已經令日本難以為繼，在本土更興起一股小規模的反戰運動。此時俄國內部已有革命被煽動起來，也希望能避免進一步的戰事開銷，以及後續羞辱性質的損失。於是，雙方都歡迎美國總統西奧多・羅斯福（Theodore Roosevelt）出面調停，主持和約簽訂。❹和約沒有責令戰敗國賠償戰勝國損失的條款，這一點在日本國內引發示威抗議；但是日本政府高層對於此戰獲致的其他成果，卻甚感滿意。

從長遠的角度來看，如彼得・杜斯（Peter Duus）等歷史學者都認為，日俄戰爭是日本外交政策變化的轉折點，而且自此戰過後，日本帝國主義便一發不可收拾：此時「是一個歷史性的時刻，自此時起追求國家在亞洲大陸的地位以及在東亞的霸權，成為日本傾力以赴的基本國策」。[6] 日俄戰爭膨脹、而不是縮減了日本人的戰略需求意識，並且使軍方在國內政治的影響力為之增加，因為其在防禦帝國周邊的角色至關重要。

不但如此，就「讓世界注意到日本軍事實力」這一方面來說，日俄戰爭甚至比中日甲午戰爭更具重要意義。擊敗中國給日本人帶來的是巨大的心理衝擊效應，因為他們向來仰望中國，視之為先進文明的源泉，已有千年之久。縱然如此，中國畢竟是亞洲國家，而俄國卻是西方白人國家。這就是為什麼日本獲得的第二場勝利（而不是第一場勝利）在西方國家之間引起「黃禍」的恐懼，同時在亞洲各地反帝國主義殖民的民族運動者當中得到了極大欽佩的緣故。這次衝突也增強了美國西岸民眾的反日情緒，這種情緒是因為日本移民在農業上得到成功所引發的。故意聳人聽聞的報章刊物和其他作品紛紛描繪一幅日本大軍入侵的場面。

從日本帝國本身的發展來看，韓國並沒有立即成為日本的殖民地，不過日俄戰爭已確保了帝國對該國的控制。此外，在將滿洲確立為日本勢力範圍的過程中，日俄戰爭的勝利為日後數十年間國際衝突的起源、帝國主義勢力的擴張埋下前因。透過戰爭，日本取得俄國承認日本在朝鮮具有特殊主導地位，然後在英國與美國的默許下，朝鮮很快就成為日本的保護國。此後五年之內，朝鮮就遭到日本併吞，但日本遭遇朝鮮民眾強力的反抗。此外，日本得到庫頁島南部，以及滿洲南部鐵路的各項權利和特許權。

馬克思主義歷史學者將日本的殖民擴張歸因於資本主義對市場和原料的渴望，其實政治

❹ 譯按：一九〇五年九月五日，停戰和約在美國緬因州基特里的樸茨茅斯（Portsmouth）海軍基地簽訂，故稱《樸茨茅斯條約》。

和安全上的考慮可能比經濟利益還來得重要。實際上，有一位歷史學者就指出，當時日本商業界憂心和俄國開戰會導致加稅，並且傷害工商業。有些商人甚至覺得讓俄國占領滿洲可能會帶來穩定和更頻繁的交流，從而促進日本的貿易通商。[7] 然而，一旦獲得了殖民地，移居當地的日本商人和居民就產生出必須要加以保護的利益。因此雖然一直到日俄戰爭時，控制朝鮮以屏障日本都還是政府領導人的主要目標，但是在隨後的四十年間，日本的對外政策則改以加強和保持在朝鮮及滿洲的勢力範圍為主。

在一九三〇和四〇年代，日本帝國野心的升級，以及訴諸戰爭手段實現目標的意願，都與所謂「帝國症候群」的症狀描述有若合符節之處。換句話說，帝國需要擴大領土或影響力以確認新建立的政治秩序，然後又因此而需要捍衛新的、有爭議的邊界。[8] 這正是日本得到朝鮮和滿洲之後的情形。滿洲和朝鮮又有不同：朝鮮已經徹底成為日本的殖民地，而滿洲仍然是中國的一部分。因此雖然日本靠著打敗俄國而穩固了在滿洲的利權，但這樣的成功只是短暫的。清朝於一九一一年覆亡和中國民族主義的興起，使得支撐日本經濟和戰略利益的條約通商口岸及勢力範圍體系（也就是日本在中國大陸建立的非正式帝國）受到損害。此後直到一九三一年為止的大約二十年間，日本在與西方列強建立起合作關係的基礎上，追求的是和平擴張，並且將力量集中在帝國內部的治理及遏制對日本統治的抵抗之上。

日本在臺灣及朝鮮的殖民計畫

臺灣本是一個不具重要戰略意義的蕞爾小島，不過只是日本於一八九五年打敗中國之後加以占領的「帝國附屬品」。[9]然而，臺灣給了日本一個建立模範殖民地的機會，讓日本得以藉此向世界大國展示其成就。以後藤新平為首的日本殖民地官員，詳細研究西方殖民統治模式，並以此為基礎，採取「科學」的殖民統治方式。後藤新平將臺灣當作是日本獲取殖民地現代化統治經驗的「實驗室」。日本在臺灣施行的各項政策，顯示出其殖民治理模式以及對待殖民地人民的態度和基本認定。這套模式日後會在韓國複製，照樣實施，不過得到的結果卻大不相同。鎮壓、同化政策及對殖民地人民的歧視性待遇，再加上各項現代化政策，是日本在臺灣和朝鮮兩地施行殖民統治的特色，因此也引發了反抗殖民運動。不過，到了一九四五年日本戰敗、結束在臺灣的統治時，他們在臺灣各個階層民眾當中已經贏得相當程度的好感，這和朝鮮的情況形成強烈的對比。

日本以戰爭為手段取得臺灣和朝鮮兩處殖民地，在治理時都遭遇反抗，不過相較於臺灣在兩年後局勢已獲得控制，治理朝鮮卻始終困難重重。在臺灣，日本殖民當局有系統的發動滅絕原住民的戰役，使原住民人口減少到占全島總人口不到百分之二，並且給予祖上來自大陸的漢人有返回中國的機會，這就表明那些選擇留下來的人某種程度上已有接受新統治者管理的心理準備。這有助於解釋為什麼臺灣的反抗殖民運動無法獲得強大動能。反觀朝鮮，不但人口和幅員都比臺灣大上許多，更兼有文化發展的悠久歷史。更加重要的是，日本殖民朝鮮時，恰好也正是朝鮮人發展出自身國家民族意識的時候。他們這種新的民族認同意識因此很自然地會朝反對日本殖民統治發展，而日本嚴厲的統治和文化同化政策，不但沒有緩和朝鮮人的反抗，反而讓抵抗愈演愈烈。和西方殖民者相反，日本殖民統治在理論上強調與殖民地臣民之間在種族與文化上的親近關係，可是在實務層面上，他們推行的政策背後透露出的種種優越感認定，與一切聲稱殖民統治會帶來好處與包容、因而具有正當性的說法大相牴觸。日本殖民政府強而有力，並且高度專制，更兼有廣泛布建的警察及軍隊武力作為其支持力量，激起了殖民地臣民對當局持續的不信任。

日本殖民計畫中的矛盾之處，從其原先在臺灣實施、後來在朝鮮推動的經濟政策中表現得很明顯。打從一開始，日本就不僅僅要各殖民地自給自足，更需要殖民地支持其本土的經濟。一九二〇年代時，殖民地將資源挹注在農業生產上面。在臺灣，總督府成功建立起蔗糖產業；在朝鮮，當局致力於將殖民地改造成稻米輸出地，以克服日本本土糧食短缺的問題。殖民當局於一九一〇年代施行的土地政策讓朝鮮人深受其害，許多農民失去他們耕作的土地，落入日本移民之手。在這些失去耕地的農民中，許多人在日本本土招聘廉價勞動力的鼓舞之下，組成了移民日本的隊伍；雖然他們在就業和生活條件上備受歧視，但是移民的人數在一九二〇、三〇年代卻仍見增加。

教育政策也體現出臺灣人和朝鮮人位居日本人之下的從屬地位。理論上，臺灣人和朝鮮人由於種族與文化都和日本人接近，因此只要經由日本加以訓育教導，就有成為日本人的可能（不過究竟在未來何時則不確定）。然而，正如後藤新平聲稱的：「你不能指望比目魚在一夜之間變成海鯛。」[10] 因此，為臺灣人設置的教育體系，只有基本的技能培訓，卻搭配大量的道德與政治教育，其目的在塑造殖民地民眾成為勤勞忠誠的帝國臣民。相反的，為了增強殖民母國的優勢，在殖民地專門為日本子弟設置的學校不但設施美輪美奐，其學術課程也較為嚴格。臺灣人想接受中學教育，只能就讀為臺灣人開設的學校，培訓山地原住民教師，或是殖民地的醫師。尋求更高等教育的臺灣人必須前往日本，但是他們也可能在那裡接觸到反殖民思想。一九二〇年代，有些留學日本的臺灣學生正是如此，他們返回臺灣後，開始批判這種雙軌教育體系。雖然如此，還是必須說日本推行的教育收到明顯的成效，因為這些批判言論所針對的都是臺灣人無法獲得與日本人同樣接受教育的機會，而不是批評這套體系本身。[11]

朝鮮的日本總督府也曾嘗試推行和臺灣相同的教育政策，但是收效甚微。原因是在日本併吞朝鮮之前，原朝鮮政府已在推行一個有助於建立國家團結意識和基礎識字率的「民族教育」運動。日本朝鮮總督府還發現當地有一套多樣化且發達的學校教育體系，是臺灣所無的。其中包括培養仕紳子弟應考科舉、入朝為官的私塾學堂。朝鮮成為日本殖民地之後，這些學堂的入學情形並未快速下滑，主因乃是日本人為朝鮮子弟開設的學校既沒有為菁英提供具吸引力的課程，中學一級的教育也付之闕如。同樣臺灣缺乏、而朝鮮卻具備的另一條教育道路是上教會辦的學校。朝鮮的日本總督府對這些教會學校採取半容忍的態度，之所以如此，固然是因為日本不想招惹西方列強，但也是因為這些學校教授的現代化技能及科學知識受到殖民當局的支持。

直到一九二〇年代，朝鮮的日本總督府都拒絕聽從本土自由派政治改革人士的呼籲，對朝鮮改採較為寬鬆的管制。當局持續以嚴厲的軍事統治鎮壓朝鮮人民的反抗，首任日本朝鮮總督寺內正毅曾表示：「我要用蠍子鞭責打你們！」一語便是證明。[12] 寺內總督很快便關閉許多他認為助長朝鮮民族主義的私塾學堂，而且他明確宣示，有敢反抗日本統治者，將會遭到無情的鎮壓：

私塾學堂中，有若干教授歌曲及其他教材，鼓勵獨立、煽動叛亂，對抗日本帝國者。凡此皆不許可，需以最大心力，謹慎確保禁令確實執行，將此等行為概行嚴禁。朝鮮人自身亦宜深刻反省滋長出此類思想的後果。設若號召獨立，最終將導致朝鮮人與日本對抗。此舉果能促進朝鮮人之幸福乎？日本只會以武力鎮壓此等叛亂。日本不會因此而受傷，受苦遭難的將是朝鮮人民。[13]

儘管提出如此警告，但試圖讓朝鮮人民一直維持「適當」弱勢地位的嚴厲軍事統治及教育政策卻產生相反效果。反抗日本統治運動的聲勢在一九一九年三月一日這天達到最高峰，要求獨立的示威遊行迅速擴展到朝鮮各地。朝鮮總督府以有條不紊的殘忍無情鎮壓作為回應，這些舉措除了令日本國內如吉野作造等自由派學者為之震駭，更激化了留日朝鮮學生的情緒，而且引起西方國家的批評。大規模的抗議激發了日本國內對殖民政策的認真反思，從而導致一九二〇年代「文化政策」的登場。供朝鮮子弟就讀的學校數量大幅增加，而殖民當局為了爭取人心，除了日本語言文字之外，還容許學生修讀朝鮮歷史與地理。但是就讀率雖然上升，這些公立學校卻沒能將朝鮮人塑造成日本帝國的忠誠臣民。朝鮮學生不時發動罷課，抗議的目標通常是展現出優越態度的日籍教師和學生。與臺灣相比，朝鮮人和日本人之間機會不平等的情形甚至更加嚴重，因而使朝鮮人更加深對日本殖民當局的怨恨。

此外，一九二〇年代「文化政策」的另一層用意在於吸納民族主義者，結果卻成為滋養韓國民族主義的溫床。文化政策稍微放寬了出版的管制。雖然圖書審查制度繼續實施（和日本國內一樣），公然倡導激進言論的刊物和反日出版品也依然遭到取締，不過總督府希望容許溫和和非政治性的報紙刊物出版，能夠作為發洩不滿情緒的出口。這項政策失敗了，因為朝鮮出版業的復興刺激了民族主義，破壞了日本透過傳播朝鮮語的使用來實現語言同化的努力，而且為現代韓國文學奠定了基礎。然而與此同時，當局在政策上一面容忍溫和文化民族主義和商業化出版品，一面打壓左翼出版品，有效的控制住民族主義活動。14

侵華非正式帝國與戰爭之路

在一九一〇、二〇年代，日本海外事務的重心並未完全擺在統治朝鮮和臺灣這兩處帝國殖民地上面。日本追求在中國的利權，不過主要採用和平手段，而且在不平等條約體系的框架內和西方列強合作。與在朝鮮的情況不同，日本在華利益出於商業動機，而不是戰略目的；而且由於西方列強也有在華利益，所以日本的擴張需要得到各國的同意。直到一九二〇年代後期，整個日本帝國勢力範圍都繁榮昌盛，使得像是日資棉紗廠和南滿洲鐵道株式會社一類的日本企業，全都大發利市、獲利豐厚。第一次世界大戰期間，西方列強暫時退出中國，日本趁機擴大市場，使得國內企業為之蓬勃發展。大戰結束後，日本雖然未能乘此時機擴大在華影響力，但是卻占領了德國在華租界、接手德國在華勢力範圍和在南太平洋的殖民地，更獲得原為德國海外領土的密克羅尼西亞（Micronesia）群島為其託管地。然而，中國自一九一一年辛亥革命之後陷入軍閥割據，以及民族主義者對於不平等條約體系的屢屢抨擊，都在日本政界與商界領袖之間引發焦慮。自一九二〇年代末起，駐紮滿洲的日軍高層開始擔憂上述事態的發展終將威脅日本的安全，不但會使其帝國本土容易受到傷害，更將牽連滿洲境內日本的經濟資產。

一九一〇、二〇年代有許多日本人來到中國。他們當中既有作家、藝術家、知識分子，也有商人。日本作為對華不平等條約體系的成員，在華日本人於上海和其他通商口岸的租界不但享有種種特權，生活也未與當地中國居民融合。儘管日本依然尊重過往中國締造的輝煌成就，也承認得益於中華文化的影響，但是中國在一八九五年甲午戰爭中輕易遭到日本擊敗，使後者開始對現今中國的積弱不振抱持輕蔑態度，並且產生出日本應該承擔「黃種人的重擔」、引領中國步向「文明」的思想。日本與中國基於同文同種而有特殊關係的觀念，加上當前日本在華的經濟利權，使得日本人在面臨到一九二〇年代後期、蔣介石領導的國民革命軍北伐節節勝利，大有將滿洲納入中國統一的版圖之勢時，便助長了一種遭受威脅的危機感和不安全感。

為了因應這一威脅，駐紮在滿洲的日本關東軍高層，於一九三一年主動挑起事端。他們藉口南滿鐵路當中的一段遭到炸毀，將之歸咎於中國游擊隊所為，作為入侵的託辭。前線軍隊指揮官這一行動得到日本政府的力挺，日軍因而於一九三二年占領滿洲全境，並且建立

「滿洲國」這個傀儡政權。日本歷史學者將這次所謂「滿洲事變」❺看成是接下來十五年戰爭的開端。雖然當時大部分日本民眾還不覺得國家已處在戰爭之中，但是「滿洲事變」確實代表以國際和平主義為特色的一九二〇年代政策正式畫下句點。此次事件還使得日本和西方列強之間發生摩擦，而當國際聯盟（League of Nations）譴責日本在滿洲的行動時，日本便憤而退出國際聯盟。

「滿洲事變」中前線軍隊指揮官扮演的重大角色表明軍部在一九三〇年代對日本政治具有愈來愈大的影響力。少壯軍官和日本軍方在南滿的歷次行動，應該擺在日本都市社會轉型的大背景下來看，方能窺其全貌：當時社會中以新出現的白領受薪中產階級為中心，他們希望追求西化的生活方式。這種現代生活方式及其所代表的追求物質、個人至上價值觀，突顯出城市與鄉村生活標準與價值觀之間的鴻溝正日益擴大。正如當時由農業主義者組成的「自治社」（Self-Rule Society）宣稱：

> 都市一天比一天奢華……而鄉村百姓卻靠霉爛的醃漬鹹魚、破舊的衣物度日……都市的生活建立在農人的汗水上。15

世界經濟大蕭條時期，農村困境成為國家必須面對的問題，許多社會批評家將鄉村家庭的苦難和傳統宗社家族價值觀的破滅，歸咎於政黨政治下的政府施政、大企業以及對西方社會的模仿。

上述這些思想加上各式各樣右翼改革派與革命理論主張，在一九三〇年代前半激發了所謂的「少壯派軍官運動」（Young Officers' Movement），以暗殺政治人物和發動政變為手段，意圖使高級軍官接掌政府，重構新社會。「少壯派軍官運動」反映出軍部內部激烈的派系鬥爭，最後終於在一九三六年二月、第一師團少壯軍官發動幾乎成功的政變遭到鎮壓之後宣告結束。[6]軍部內的派系十分複雜，但簡單來說，它們各自代表了「如何守護日本帝國」的不同主張。然而無論哪個派系都認為訴諸戰爭是理性且正當的手段，如此才能確保日本的國家安全和獨立自主。面對中國民族主義運動的興起和西方在一次大戰之後對戰爭的幻滅，日本軍部的高層卻不願接受昔日帝國主義世界秩序格局已成過去，仍然主張積極備戰，預備在東亞大陸上和蘇聯開戰；與此同時，海軍則提倡在太平洋與美國決戰，並為此而加強準備。

[5] 譯按：即九一八事變。

[6] 譯按：此即「二二六事件」，一九三六年二月二十六日，陸軍第一師團主張「天皇親政」的「皇道派」少壯軍官率所部約一千四百餘人，於清晨六時分六路發動武裝政變，當日中午占領東京首相、陸軍大臣官邸、警視廳等據點。陸軍得天皇敕令，於二十八日清晨派兵平亂，下午三時叛軍投降。

全面戰爭與「大東亞共榮圈」

一九三六年的少壯軍官政變遭到鎮壓，軍官以刺殺為手段的國內恐怖行動因而告終，軍部高層得以集中力量動員國家資源，打造一個「高度國防國家」。但這並不表示日本此時與中國的戰爭是經過軍部縝密規劃而進行的，更遑論與美國的戰爭了。然而當時的日本菁英普遍都同意戰爭是維護日本利權的手段。一九三〇年代時，日本政界和軍部的高層益發感覺到西方列強正致力於孤立日本，並且認為列強創建國際間的經濟結盟集團，是資源「富國」扼殺日本這個欠缺資源的「窮國」的威脅之舉。一九三七年，日本和另外兩個「窮國」——德國和義大利結盟，一九四〇年時，德、義、日三國締結盟約（Tripartie Pact）。華北成為日本頻繁挑起事端的新前線，一九三七年中日之間在北平近郊爆發一場小規模武裝衝突，[7]只被稱作「支那事件」（China Incident），後來卻升級成一場全面戰爭。

中日開戰之後，儘管日本先是占領了包括北平在內的北方港埠與名城重鎮，接著又攻下上海及長江沿岸、華南的各大要城，但日本從未在對華戰事中獲勝。一九三七年十二月，日軍攻下蔣介石政府的首都南京，而且犯下大規模的暴行，估計至少有二十萬人遭殘殺罹難，史稱「南京大屠殺」。然而，中國國民政府不但不曾屈服，反而撤退到位於內陸的重慶繼續抗戰，而在此同時中國共產黨人則從西北根據地發起鄉村游擊戰。這場戰事曠日持久，使得日本本土及殖民地的人力、物資都深陷其中。自從一九三〇年代起，日本原先在朝鮮的關注方向，從農業生產和文化政策改為工業化，並以「皇民化」為名義，推行強迫同化政策。舉例來說，日語成為學校裡教學的語言，日本的歷史與文化是必修課目。此外，朝鮮人被迫更改日式姓名，到日本神社參拜，並且放棄其他形式的文化認同，這一點比起在臺灣推行「皇民化」更招致民眾的怨恨。隨著戰事進展，朝鮮成為日本對華作戰的後勤基地，同時還繼續向日本本土各島輸送米糧。作為殖民地臣民，朝鮮人承擔了充軍與服勞役的責任，而有時朝鮮女性[8]會被強徵為「慰安婦」，被送往遍及亞洲各地戰線的軍中妓館。因此，雖然日本為朝鮮建造的基礎工業設施為戰後韓國的經濟發展奠定了基礎，但韓國民族主義仍然帶有強烈的反日情緒。

與此同時，在傀儡政權滿洲國於一九三二年建立後，日本利用種族觀念外加上經濟激勵措施作為誘因，招募大批貧農參加「滿洲農業百萬戶移住計畫」，到滿洲屯墾。身為「領導種族」的成員，這些原先在本國社會是弱勢的移民，現在到滿洲後搖身一變，地位比起因他們到來而流離失所的中國人、朝鮮人來得優越。他們被描述成「帝國的草根代理人」，或是

❼譯按：即七七盧溝橋事件。
❽譯按：亦包括臺灣婦女在內。

「次級帝國主義者」（subimperialist）；在他們看來，日本人具備的高人一等技術和個人衛生標準，正反映出日本人和其他亞洲人種在種族上的差異。[16]

一九四二年，日本在橫掃東南亞、將當地各民族納入掌控之後，同樣以種族優越感和各種剝削政策來對待東南亞民眾。當時日本以迅雷不及掩耳的速度奇襲東南亞各地，在幾個月的時間裡便將西方列強殖民勢力驅逐出去。這當中還包括僅以五天便攻下號稱防禦堅不可摧的新加坡。日本帝國的聲勢現在到達頂峰，其疆域除了全部東南亞盡入其掌握之外，西迄印度邊界，東抵太平洋中部。東南亞各民族一開始時相當歡迎日本人的到來，因為後者宣稱「亞洲是亞洲人的亞洲」，並且要建立「大東亞共榮圈」。一位印度籍的馬來亞公務員就聲稱，雖然他的「理性完全反對它（大東亞共榮圈）」，但是他在情感上卻「在日本與英美作戰時對日本人產生共鳴、站在日本這一邊」。[17]

然而，日本的「大亞洲主義」最終證明仍然是它在臺灣、朝鮮和中國實施的種族與權力「自然」等級思想與政策的擴大延伸。基於日本是第一個邁入現代化強權之林的非西方國家，以及其道德優越與純淨無私特質的「光明且強大」，[18]亞洲各個不幸的民族都將受到日本的拉拔、提升。若干日本軍部高層、知識分子和政界領袖確實真心相信日本解放亞洲的「使命」，但是許多日本軍官、憲兵和殖民地官員的傲慢和殘暴，卻很快讓東南亞民眾對日本人的滿心歡迎，一下子變成恐懼、厭惡和敵意。該地區豐沛的天然資源被日本徵用作為戰爭物資，數十萬男女被驅趕強充苦力。其他還有許多政策也清楚的表明，歐洲帝國主義被趕走後，來的仍然是日本帝國主義：使用東京時間、日本年曆、日本占領區通行鈔券和日本旗幟。當局強制對所有媒體實施言論檢查，學校裡教授的是日本語文以及「高級」的日本思想及行為模式。

戰敗與帝國的終結

亞洲各地的人民深受日本擴張主義的荼毒，到了一九四五年，前方戰線和本土的日本民眾也成為受害者。然而，在中日戰爭首先於一九三七年爆發時，以及之後一九四一年十二月日本攻擊珍珠港後，大部分的日本人都因為前方接連告捷而深感振奮。保衛帝國自日俄戰爭以來已經成為舉國戮力以赴的大事，而自從日本侵略滿洲起，西方開始對日本實施經濟制裁，似乎對於日本亟需的原物料供給生命線造成威脅。此外，政府當局的宣傳旨在將日本人和其他亞洲各民族從英美文化帝國主義中解放出來，也就是解救人們不被受到鄙視的物質主義、自私的個人主義、享樂主義和自由主義的價值觀所桎梏。國家支持的神道教和學校教科書鼓吹人們要為國家、為了源自聖神一脈相傳至當今天皇的獨特「國體」而犧牲自己。流行歌曲和政府措辭都強調日本人的純潔性，以及精神上的優越性。除此之外，當局實施嚴格圖書審查制度，壓制任何反政府的觀點。到最後，雖然美軍B－29轟炸機群對本土各島實施大轟炸造成的物資困難與摧毀破壞，比起帝國境內任何地方要來得嚴重許多，但是大部分日本人還是聽天由命，繼續作戰，一同走向悲慘結局。

戰爭的最後幾個月，物資嚴重短缺，國民義勇隊用竹矛代替槍枝進行訓練，而海軍則改以編組自殺攻擊小隊「神風特攻隊」的形式，試圖以精神力量對抗在物資上占優勢的敵人。對政府的批評增加了，甚至在基層也開始埋怨政府，但是內閣無法選擇投降，因為同盟國陣營發表《波茨坦宣言》（Potsdam Declaration），要求日本無條件投降。倘若答應，將使得天皇與帝國體制的命運處於危險之中。最後，是廣島和長崎遭到原子彈攻擊，以及蘇聯參加對日作戰這兩大不利事件的發生，終於促使天皇出面打開僵局，決定無條件投降。

與西方列強在亞洲的勢力不同，日本帝國的霸業於一九四五年冰消瓦解，完全去殖民化。在各個日本殖民地突然遭到母國拋棄的移民於是被遣返，過程充滿混亂和痛苦。數以千計的日本移民在離開滿洲和朝鮮時死亡，許多歷盡艱辛返回家園的人，又遭到親人的冷遇。此外，雖然有許多歷史學者指出，受到原子彈打擊與戰爭時期的物資匱乏，使得日本人產生一種受害感和「戰爭健忘症」，但它們也同樣造就了一種持續至今的強烈和平主義意識。日本政府和絕大多數的日本民眾放棄了原先「強兵」的目標，攜手往締造「富國」的道路上邁進，並且接受一部改天皇親政為君主立憲元首的民主新憲法。在此同時，日本的戰爭責任問題即使到了二十一世紀仍然持續出現，而政治人物、政府官員和右翼民族主義歷史學者屢次否認日本侵略的言論，則在中國和韓國激起反日浪潮，甚至在東南亞也出現一定程度的反日情緒。最後，日本帝國主義種種野心所造成的影響極其深遠。即使實際經歷過日本帝國主義時代的加害元凶、通敵者或受害者，數十年來日漸凋零，但是關於日本帝國主義的種種記憶，在日本以及亞洲各地仍舊觸發人們的強烈情緒，並且充滿爭議。

CONCLUSION

帝國落幕
The End of Empire

吉姆・馬賽羅
（Jim Masselos）

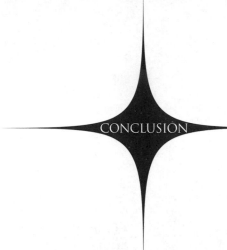

在討論本書各章介紹的帝國時，誇張的文字很難避免。在描述這些帝國的疆域和人口的規模時，在敘述帝國建築之美、其皇宮之堂皇富麗、其富有之程度時，很輕易的就會使用最高級形容詞——而我們還沒有考慮到這些帝國在治理上的本領、對宗教的虔誠，以及在知識和文化造詣上的登峰造極。諸如「最大」（biggest）、「最偉大」（greatest）、「最壯麗」（grandest）、「最為堂皇宏偉」（most magnificent）和「最先進」（most advanced）一類的最高級形容詞，很自然地適用於對大多數這些帝國的討論。顯然，這些對於帝國宏偉、規模和成就的稱頌都是有事實根據的：幾乎所有的帝國都確實是偉大的事業。在這些帝國的巔峰時期，所締造成就輝煌的程度，往往不辜負那些在當時及之後堆疊在帝國之上的讚譽與夸夸其談。

不過，另有一種對帝國的誇張描述，這是帶著敵意、與前述截然不同的形容，使用諸如「野蠻」（barbaric）、「殘酷」（cruel）和「破壞性」（destructive）等詞。對於那些被征服的百姓，以及那些生活在被征服的恐懼，和隨之而來的殺戮、劫掠和破壞的鄰國來說，帝國代表的可能是殘暴凶狠和可怕驚駭。正如英國伊莉莎白年代[1]的劇作家克里斯多福．馬羅（Christopher Marlowe）在他的戲劇作品《帖木兒大帝》（*Tamburlaine the Great*）序幕中說道帖木兒這位蒙古大軍統帥：

以驚人的高度威嚇天下，
且擘征服寶劍鞭撻諸國。[1]

之後在該劇第二幕，帖木兒的意圖，在他告誡其子時顯露無遺：

汝當作令世界震恐之鞭。[2]

這正是對於恐怖和無節制使用武力的誇張描寫，是毫無遮掩的力量展現。這同樣反映出帝國的現實，特別是在其早期階段，帝國開疆拓土、建立統治結構時尤其如此。如此描述也適用於蒙古人，因為他們飛快地穿越漠北大草原，進入歐洲和亞洲的遠方；這段描寫更適用於日本人，因為他們後來侵略中國、滿洲和朝鮮，使用現代歐洲的軍事殺戮技術。究其意圖目的，自然是為了征服。對勝利者來說，武力征服是值得慶賀與自得的事情：當伊斯邁爾成為波斯薩非王朝的開國之君時，用史家宏達米兒的話來說，他「頭戴一頂征服世界的哈里發皇冠」。[3]征服者為自己締造的成就感到自豪，不管被征服者有何感受。

❶譯按：十六世紀後半。

上述這樣的誇大描寫包含了帝國所固有的模糊性和雙重性特色。它還同時從內部和外部，記錄、留存了帝國長期態度的形成。隨著時間流逝，帝國之內開始產生忠心耿耿的臣民，這些忠貞之士甚至在皇室衰弱、遭到推翻以後，仍然效忠，矢志不渝。印度蒙兀兒皇帝身上揮之不去的光環便是一個很好的例子。這種觀念是如此根深柢固、牢不可破，以至於當蒙兀兒君主的號令早已不能出德里城、淪為其他統治者的傀儡很久之後，仍舊維持著「皇帝」的稱號。蒙兀兒人依然可以召喚出如此強大而有力的權力形象，所以繼承的英國統治者沿用了象徵蒙兀兒的符號，而且利用蒙兀兒帝國修建的紀念性建築以鞏固他們自身的地位。

西方眼中的東方

局外人往往從他們自己的角度看待這些帝國，於是形成了複雜的觀點和立場。對蒙古鐵騎的恐懼滲入了歐洲人的意識，正如（之後）鄂圖曼土耳其帝國在歐洲人臥榻之側虎視眈眈所帶來的威脅感。反過來說，當初多虧了馬可．波羅，統治中國的偉大蒙古君主忽必烈汗則受到西方人的仰慕。馬可．波羅在東方的見聞，記載於約莫在十四世紀初成書的《馬可波羅遊記》（*The Description of the World*）之中，他的經歷，用英國當代作家柯林．蘇布隆（Colin Thubron）的話來說：

這片土地是如此的不同，乃至於穿行其中猶如通過一面鏡子，也正因為是這樣的穿越——從鄉巴佬般的歐洲，來到一個輝煌又陌生、不可思議的帝國——讓這段故事即使到了現在，也還有著夢幻般的色彩。[4]

大明帝國同樣也令之後的西方旅遊家心生仰慕。西方文人筆下，充滿異國情調的浪漫傳奇筆法再度出現，十八世紀英國詩人塞繆爾·泰勒·柯勒律治（Samuel Taylor Coleridge）也同樣為那個遙遠的帝國，以及其如畫般的陌生風景，表達出相似的驚奇感受：

忽必烈汗敕令於上都，
建造富麗堂皇逍遙宮：
聖河阿爾弗突流奔湧，
穿過深不可測的岩洞，
滾滾流入無光海洋中。
那方圓十里肥土沃壤，
四周圍建塔樓與城牆：

花園裡溪流蜿蜒閃亮，
綠樹紅花無處不飄香；
森林古老如山巒一樣，
鬱鬱蔥蔥處處漫驕陽。[5]

從蒙古人的時代一直到十八世紀晚期、甚至是十九世紀（當時亞洲各大帝國不是已經耗盡了發展能量，就是正走向生命週期晚期的深度衰弱之中），東方的帝國持續在歐洲人的想像中現身。想像中的東方和世俗歐洲的種種現實截然相反。歐洲東方主義裡的亞洲，[6]極盡幻想刻板印象、異國情調之能事：奢華的財富、慵懶的情慾、三千佳麗匯聚的後宮，以及放縱的奢侈享樂。歐洲人「東方主義」（Orientalism）想像下亞洲的陰性氣質，加上想像中人物的魅惑特質，都和那些被認定是歐洲人的特質——諸如男子氣概、智識上的嚴謹、新教徒的道德精神，以及歐洲進入工業革命和啟蒙時代之後締造的科技成就——形成鮮明的對比。東、西方這種差異，成為日後民族與人種優勢、種族特權和種族隔離等主張的合理藉口。曾經受到欽佩景仰的，現在遭到貶斥、變得一文不名。說到底，就像卡爾・馬克思（Karl Marx）所說的，亞洲是東方專制主義及隨之而來一切暴政起源的地方。

因此，時間來到十九世紀，歐洲的進步與亞洲的落後、歐洲基督教與被看作偶像崇拜的異教之間，形成益發明顯的對照。歐洲人（尤其是英國人）就此進入到一個充滿自信與果斷的世紀，在這個世紀中，他們高調地肯定自己的種族優越性和道德價值。他們與亞洲接觸時的姿態，也從原先早年時的欽慕，轉變而為帶有敵意，最後則是征服。亞洲的宏偉建築及其手工藝品、紡織品和陶瓷，曾經是如此具吸引力的元素，現在卻愈來愈不受重視，因為它們本來的稀有特性，被大量生產、專供銷售歐洲市場的歐洲複製品所取代了。這樣的改變還帶來另外一個後果：亞洲不再是向歐洲輸出產品的生產地，而是成為從歐洲進口產品的市場。歐洲帝國伴隨貿易同時來到。歐洲的海上武力先是蠶食亞洲沿海邊緣地帶，接著或是將其收入新帝國的疆域，或是以間接的方式（同樣有效率）統治這些地方。在東方主義刻板想像下的東、西方差異，保持了新統治者與其陌生的臣民之間的獨特性以及區隔自身的標記。態度隨著現實情況的變化而隨之轉變。在過去的一千年當中，亞洲和位於亞洲大陸上的各個帝國，如果不是世界歷史唯一的核心元素，至少也是重要組成分子，現在卻淪落到低等和從屬的境地。亞洲帝國曾經出現過的大城市、繁榮、有利潤可圖的貿易環境，以及藝術和科學領域的創造力，在歐洲侵略擴張所帶來不斷變化的過程中，全都消失了。無論亞洲帝國可能煥發出如何的活力與決心，工業化的西方生產出來的武器和戰爭機器仍舊打敗了他們。

大部分的亞洲帝國，還處在它們向外擴張的早期階段時，便已創造、或逐漸適應新的戰爭技術——像是火槍、膛線槍和大砲，因而得以運用軍事手段以保障領土安全。之後的數百年間，若干帝國甚至聘請歐洲軍人和冒險人士擔任訓練和作戰的顧問。然而到了十九世紀，這些調適證明全都不足以對抗歐洲工業革命後生產的武器和戰艦。只有日本進行了範圍廣泛的現代化改革，使其擁有一支西式的陸、海軍，以及能夠和歐洲軍事力量抗衡的資金與手段。日本因而能在二十世紀初擊垮俄國海軍艦隊，並且以征服為手段，在東亞大陸沿海地區取得建立帝國的基礎。在第二次世界大戰時，盟國用上所有力量——包括兩顆原子彈在內，才能促成日本戰敗投降。

到了這個時候，曾經存在的其他亞洲帝國早已煙消雲散。蒙古帝國早在幾個世紀之前分崩離析；薩非王朝被另一個偉大的加札爾王朝所取代；明朝敗在清朝的手上（「清」是滿洲人建立的王朝國號，意思是「清澈」或「純淨」）；❷蒙兀兒帝國最終遭到英國人罷黜；而高棉帝國也已經四分五裂。鄂圖曼帝國在整個十九世紀一直苟延殘喘，當時眾多民族主義者倡導獨立運動、脫離帝國，建立民族國家。雖然如此，鄂圖曼帝國仍然保住了不少地方，直到一九二〇年代，由於國內爆發革命，穆斯塔法．凱末爾領導革命黨人建立共和國，帝國才正式告終。亞洲偉大帝國的時代也隨之一去不復返。

帝國的終結

最後還留有一個未解的疑團：為什麼像亞洲帝國這樣宏偉的國家事業，最終還是煙消雲散？若以生物學「生老病死」的週期來類比帝國興亡，確實有助於描述帝國的興盛和茁壯，以及之後中衰和敗亡的過程，不過這只是對其歷程的描述，而不是分析其原因為何的解釋。這些帝國大多具有共同特徵，其中有一個共同的要素，就是皇帝位居政治中心，以及繼承大統登基時的各項程序。在帝國的初期征服階段，開基創業者通常是統領大軍的統帥，能將親友氏族統整成為所向披靡的民族軍事聯盟；隨後國家奠定規制，皇帝便成為這涵蓋多層次民族人口國家的領袖。在這樣的國家體制中，中央集權的君主制度起到至關緊要的約束作用。當歷代皇帝皆能勵精圖治，帝國便可以向外擴張，或者至少可以有效因應一切對帝國構成壓力或威脅的挑戰。反過來說，當在位的皇帝能力不足時，帝國最終將會受到影響。此外，有鑑於帝位傳承過程並非清楚直接（他們並未嚴格遵守長子繼位制），而皇帝駕崩將造成令人不安的後果。皇子和皇室宗親競相在可能升高為內戰的繼位爭議中搶奪優勢，結果是使得帝

❷譯按：滿洲於明末崛起於遼東，努爾哈赤時國號原為「金」，皇太極改國號為「清」，其原因目前學界尚無定論。

國的整體國勢隨之衰弱。但是無論皇位繼承爭奪戰造成何等影響，軍事指揮能力和行政管理本領都可能會流於例行公事，因而在管理帝國事務上，或是保衛國家、抵擋邊境飢寒交迫的敵人入侵時，效率會不如以往。追趕上軍事技術進步的能力也同樣重要。

因此，似乎沒有任何一個單一因素足以讓一個王朝或帝國走向滅亡。倒不如說是所有致使衰弱的因素結合起來，共同造成了王朝或帝國的衰敗或覆亡。帝國發展到了後期，通常已經不再具有鼎盛時期的活力。它已不再是當年那個宏偉的人造產物，不再是一個偉大的社會工程巨作，本身也不復為一個獨特的文明。

新的帝國及統治者

那些立即將亞洲大帝國取而代之、另立新朝的競爭對手，重複了慣常運用的帝國建立模式，他們本身也大多是亞洲人。然而，從十七世紀開始，來自海上的歐洲人，對於改變這樣的均勢局面起到重大的作用。當頭一批歐洲人敲開帝國的大門，他們尋求的是外交承認與通商許可，並不能立即看出他們是挑戰亞洲既有秩序的潛在競爭對手。歐洲貿易商以跨國營利通商公司的形式組織起來，在亞洲沿海重要地點設置飛地[3]、貿易據點或「工廠」，這一點也不是很明顯。然而，當他們先是控制住鄰近的地區，接著又陸續掌握距離更遠、更廣闊的土地時，其野心的確就變得顯而易見了。結果是到了十九世紀，幾乎整個亞洲都落入歐洲的控制之下。一時之間，另一種完全不同風格的帝國引領世界風騷。

和之前的帝國一樣，這些新的帝國也採行高度中央集權的政治體制。不過，權力並不是集中在專制帝王身上，而是透過虛位元首立憲君主，集中到（部分）民主的議會。新帝國政府同時借鑒亞洲帝國的先例和歐洲貿易公司的架構：結果是土地兼併和土地的控制得到緩和，但卻沒有被顛覆推翻。歐洲法典帶來了公民社會、犯罪和懲罰的新觀念。新的稅法也同時引入。與歐洲法律一起到來的是新的科學和技術，它將亞洲殖民地和屬地與歐洲聯繫起來，而歐洲的全球經濟利益將這些新帝國的亞洲部分捲入了幾乎完全不關心亞洲臣民福祉的全球格局當中。

數量極少的外國人統治著廣袤的領土與眾多的人口。舉例來說，在英國於一八五八到一九四七年統治印度期間，號稱「鐵框」（Iron Frame）的印度文官機構（Indian Civil Service）一度只有大約一千至一千二百名員額，當中雖然不是全部，不過大多數都是英國人。另一方面，基層低階的文職辦事員主要是印度人。同樣的，英屬印度的武裝部隊在一九一四年、為了參加第一次世界大戰而進行擴充之前，人數大約為三十一萬，當中只有八萬人是英國人；

❸譯按：位於他國領地內的國土。

不過部隊中的幹部大多數都由英籍軍官出任。[7] 新統治者致力保持自身和被統治者之間的區別。這一點並不令人感到訝異，因為他們在數量上與規模極其龐大的被統治臣民相比，完全微不足道。印度的歐洲殖民者並未像在澳洲、加拿大和其他地方那樣，將其亞洲領土轉變為歐洲移民的屯墾地，這一事實加劇了統治者和被統治者之間的分別。歐洲統治者不像之前的亞洲大帝國，他們一直是和被統治臣民區分開來、高高在上的外國人，而且在他們的任期屆滿之後，便會束裝就道，返回「家園」。

歐洲帝國固然發展出自身的型態和文化，不過當然也受到之前帝國締造成就的影響。即使這些歐洲統治階級仍然是外來者，從來不曾在亞洲脈絡底下進行本土化的努力，但是新舊帝國之間的交會，新的帝國文化就此逐漸浮現。在他們的帝國時代，這種統治者與被統治者之間的隔離，很少有彌合的機會。

帝國的記憶

在我們這個時代，隨著昔日曾經強盛的歐洲帝國迅速衰退、步入歷史，人們於是便更容易能理解、重新解釋在歐洲人之前那些帝國帶來的深遠影響。正如本書的連續幾個章節所述，這些大帝國的肇建者在開疆拓土和發展創新政治結構以掌控他們新打下的疆域等方面，表現十分特出。這些人物千變萬化，他們既是開國之君，也是神話與傳說的題材。這些開國皇帝與他們的繼承人主導了獨特的社會和文化發展，而這些社會和文化具有廣泛的影響力，並且重新和今日的我們產生關連。當代亞洲的民族國家發掘這些過去，用以形成民族集體記憶，並且塑造民族認同。歷史以及對過去的運用因此成為現代國家建構的一部分，而考古發掘以及將老建築與老城區轉變為受保護、被珍視的國家級歷史建築古蹟，同樣也是如此。許多這類遺址列名聯合國世界遺產，更強化了人們對其具備特殊意義的認識。就在過去這些亞洲帝國的記憶受到當代亞洲國家運用的同時，也就產生了下面這種將過去這段歷史進行延伸推論的想法：歐洲殖民時期只是歷史長河中一個微小的頓點，只是民族活動力、創造力、藝術與文化綿延不絕傳承系譜裡的一次短暫中斷而已。「從前亞洲燦爛輝煌」這樣的概念相當盛行普遍，而它對於亞洲未來的諭示同樣也深入人心：如果過去一千年當中的大部分時間都是亞洲締造成就的年代，那麼未來這一千年，又何嘗不應該再次成為亞洲的時代？

注釋

FOREWORD　帝國遺緒

1 強納森．范比是《新企鵝中國近代史》（*The Penguin History of Modern China*）的作者，他同時還編著有《中國七十奇觀》（*The Seventy Wonders of China*）等書。

CHAPTER 1　中亞：蒙古大帝國

1 Igor de Rachewiltz, "The Title Cinggis Qan/ Qaghan Re-examined," in *Gedanke und Wirkung: Festschrift zum 90. Geburstag von Nicholaus Poppe*, ed. W. Heissig and K. Sagaster (Wiesbaden, 1989), 281-298. 從前一般認為「成吉思汗」之意代表「四海之主」，這種觀點主要是根據二十世紀初年，突厥語中「海洋」（tenggis）一詞而來。

2 「Genghis」這個不正確的拼寫版本，起源自十八世紀，當時有一位西方學者將「Chinggis」用阿拉伯語音譯。阿拉伯語中沒有「ch」的發音，所以成吉思汗的名號只好借用埃及方言裡的「G」。已知成吉思汗作「Genghis」的首次登場，出現在一七一〇年法國作家德拉克魯瓦（Pétis de la Croix）所撰《成吉思汗大帝的歷史》（*Histoire du Gran Genghizcan*）一書中。不過，由於受到法文發音的影響，讀起來更像是「Zhengiz Khan」。該書於一七二二年出版英譯版，承襲這個譯法；而逐漸原先的「ZH」發音轉變為軟式「G」（soft G）發音（g 發音如同 gaol、gem）以及硬式「G」（hard G）發音（g 發音如同 good）。

3 金朝建立於一一一五年，當時崛起於滿洲（中國東北）的女真族入侵並征服了遼朝（九一六—一一二五）；女真人是半游牧的民族，他們定新建立的王朝國號為「金」（黃金之意）。金的疆域為華北一帶，一二三四年被蒙古所滅。

4 花剌子模帝國建立於十二世紀，當時在十一、十二世紀統治中東大部分地區的塞爾柱（Seljuq）帝國崩潰之後，位於鹹海（Aral Sea）南部、約在今日烏茲別克希瓦（Khiva）一帶的花剌子模總督乘勢獨立。蘇丹穆罕默德二世（Muhammad II）在位期間（一二〇〇—一二二〇），帝國疆域擴張到最大程度。花剌子模起源於突厥，和中亞的康里（Qangli）部族有頻繁通婚聯姻的關係。

5 Ata Malik Juvaini, *Genghis Khan: The History of the World Conqueror*, trans. J. A. Boyle (Seattle, WA, 1997), 105.

6 Igor de Rachewiltz, ed., *The Secret History of the Mongols*, Brill's Inner Asian Library, 7/1(Leiden, 2004), 196-200. 譯注：本段引文據《蒙古秘史》還原。

7 Marco Polo, *The Travels of Marco Polo*, trans. Henry Yule (New York, 1993), 263.

8 伊斯蘭教遜尼派（占全球穆斯林九〇%）和什葉派（一〇%）的分裂，發生於西元七世紀。兩派的爭執在於穆斯林社群領導人的合法正當性。什葉派認為，先知穆罕默德希望由其堂弟兼女婿阿里擔當教團領導大任，而以後教團領導人應該由阿里和法蒂瑪（穆罕默德的女兒）的後嗣繼承。阿里此後並未被選為哈里發（Caliph，繼承人），一直到六五六年，他才被推選為第四任哈里發。在阿里於六六一年歸真之後，倭瑪亞王朝（Umayyad）的君主接連出任哈里發。什葉（Shia）的稱呼起自於他們是阿里的追隨者，或是擁戴阿里出任哈里發的信徒，在阿里之孫胡賽因（Husayn）於六八〇年的卡爾巴拉（Karbala）一戰中身亡以後，組成一個教團；當時胡賽因和追隨者們遭到倭馬亞王朝的軍隊迫害、殘殺。強調殉道和將阿里世系（稱為「伊瑪目」）掌權定於一尊的尊崇，讓什葉派伊斯蘭教和遜尼派有了明顯不同。此外，什葉派還有較遜尼派更高位階的神職人員，其最高權力機構稱為「阿亞圖拉」（Ayatollah）。

9 Ata Malik Juvaini, *Genghis Khan*, 725，參見注5。

10 Rashid al-Din, *Jami'u't Tawarikhi: Compendium of Chronicles: A History of Mongols*, vol. 2, trans. W. M. Thackston (Cambridge, MA: Harvard University Dept of Near Eastern Languages and Civilizations, 1998), 295.

11 Valentin A. Riasanovsky, *Fundamental Principles of Mongol Law*, Uralic and Altaic Series vol. 43 (Bloomington, IN, 1965), 88.

12 Ata Malik Juvaini, *Genghis Khan*, 248.

13 Nicholas Wade, "A Prolific Genghis Khan, It seems, Helped People the World," *New York Times*, 11 February, 2003, D3.

14 William of Rubruck in "The Mission of Friar William of Rubruck to the Court of the Khan" in Christopher Dawson, ed., *The Mongol Mission: Narratives and Letters of the Franciscan Missionaries in Mongolia and China in the Thirteenth and Fourteenth Centuries*, trans., a nun of Stanbrook Abbey (London, 1955), 195.

15 Ata Malik Juvaini, *Genghis Khan*, 67. 參見注5。

16 Valentin A. Riasanovsky, *Fundamental Principles of Mongol Law*, 74（參見本章注11）。

CHAPTER 2　中國：大明帝國

* （注）拼寫、音譯人名、地名原則：本書採用「拼音」（pinyin）系統來拼寫與音譯中國的人名和地名。「拼音」是中國官方推行的羅馬字拼音系統。大部分「拼音」系統的拼寫方式與英文字母的發音方式類似，只有下列幾處顯著的例外：

拼音中的c發音為「ㄘ」、拼音中的i發音為「ㄧ」，不過當「i」在「c」、「ch」、「r」、「s」、「sh」、「z」和「zh」之後時，發音規則改變，發成「er」。

「ian」發音為「ㄧㄢ」。

「q」發音為「ㄑ」。

「r」的發音和英文字母發音類似，不過發音時舌頭要抵在上顎齒後。

「x」發音為「ㄒ」。

「z」發音為「ㄗ」。

「zh」發音為「ㄓ」。

在提到中國人姓名時，姓氏在前，名字在後。提及中國皇帝時，按照一般稱呼法，以年號稱，而不是他們的姓名。

1 Edwin O. Reischauer and John K. Fairbank, *East Asia: The Great Tradition* (Boston, MA, 1960), 290.

2 Edwin O. Reischauer and John K. Fairbank, *East Asia: The Great Tradition*, 312.

3 Timothy Brook, *The Chinese State in Ming Society* (London, 2005), 182.

4 Timothy Brook, *The Chinese State in Ming Society*, 182-190.

5 Francis Wood, *The Forbidden City* (London, 2005), 10-16.

6 J.V.G. Mills, *Ma Huan, Ying-yai Sheng-lan: "The Overall Survey of the Ocean's Shores"*[1433] (Cambridge, UK, 1970), 174. 譯按：據馬歡《瀛涯勝覽》還原。

7 Louise Leviathes, *When China Ruled the Seas:The Treasure Fleet of the Dragon Throne1405-1433* (New York and Oxford, 1994), 17. 譯按：本段引文據鄭和、王景弘等在福建長樂天妃宮內立「《天妃靈應之記》碑」碑文還原。

8 J.V.G. Mills, *Ma Huan, Ying-yai Sheng-lan*, 174; Louise Leviathes, *When China Ruled the Seas*, 17.

9 Denis Twitchett and Tilemann Grimm, "The Ch'eng-t'ung, Ch'ing-t'ai, and T'ien-shun reigns, 1436-1464," in Frederick W. Mote and Denis Twitchett, eds, *The Cambridge History of China*, vol. 7 (Cambridge, UK, 1988), 323.

10 Denis Twitchett and Tilemann Grimm, "The Ch'eng-t'ung, Ch'ing-t'ai, and T'ien-shun reigns," 305-342.

11 Arthur Waldron, *The Great Wall of China: From History to Myth* (Cambridge, UK, 1992), 55-164.

12 Albert Chan, *The Glory and Fall of the Ming Dynasty* (Norman, OK, 1982), 18, 32.

13 Shih-shan Henry Tsai, *The Eunuchs of the Ming Dynasty* (New York, 1996), 221-230.

14 Shih-shan Henry Tsai, *The Eunuchs of the Ming Dynasty*, 223.

15 Mark Elvin, *The Pattern of the Chinese Past* (London, 1973), 285. 譯按：引文據嘉靖時官員王世懋（一五三六—一五八八）《二酉委譚》還原。

16 Francesca Bray, *Technology and Society in Ming China* (Washington, DC, 2000), 4.

17 參見注16。

18 Francesca Bray, *Technology and Society in Ming China*, 7-17.

19 Ping-ti Ho, *The Ladder of Success in Imperial China: Aspects of Social Mobility, 1368-1911* (New York, 1967).

20 Ping-ti Ho, *The Ladder of Success*, 92-105.

21 Edwin O. Reischauer and John K. Fairbank, *East Asia: The Great Tradition*, 312.（參見注1）。

22 Sarah Schneewind, *Community Schools and the State in Ming China* (Stanford, CA, 2006), 2-3.

23 Sarah Schneewind, *Community Schools and the State in Ming China*, 1-5.

24 Victoria Cass, *Dangerous Women: Warriors, Grannies, and Geishas of the Ming* (Lanham, MD, 1999), 3.

25 沈周（一四二七—一五〇九）的墓誌銘。參見：Craig Clunas, *Empire of Great Brightness: Visual and Material Cultures of Ming China, 1368-1644* (Honolulu, HI, 2007), 147.

26 Craig Clunas, *Pictures and Visuality in Early Modern China* (London, 1997).

27 Pat Barr, *Westerners in the Far East: The Sixteenth Century to the Present Day* (Harmondsworth, 1970), 20-25.

28 參見明代作家王文祿對朝廷裡道德低落官員的評論（約作於一五五一年，譯按：應為《龍興慈記》）。Albert Chan, *The Glory and Fall of the Ming Dynasty* (Norman, IL, 1982), 297.

29 Timothy Brook, *Praying for Power: Buddhism and the Formation of Gentry Society in Late-Ming China* (Cambridge, MA, 1993).

30 Timothy Brook, *Praying for Power*, 311-321.

31 John W. Dardess, *Blood and History in China: The Donglin Faction and Its Suppression, 1620-1627* (Honolulu, HI, 2002).

32 Richard Von Glahn, *Fountain of Fortune: Money and Monetary Policy in China, 1000-1700* (Berkeley, CA, 1996).

33 James W. Tong, *Disorder under Heaven: Collective Violence in the Ming Dynasty* (Stanford, CA, 1991), 192-203.

34 James W. Tong, *Disorder under Heaven*, 192-203. 不過湯維強（James W. Tong）的觀點遭到質疑的理由是，這種失序混亂狀態，最早於十五世紀初便已出現，而且還發生在北京近郊，並非偏遠地區。參見：David Robinson, *Bandits, Eunuchs, and the Son of Heaven* (Honolulu, HI, 2001)。

CHAPTER 3　東南亞：高棉帝國

1 吳哥（Angkor）一詞源自梵文「negara」，意思是「城市」或「城邦」。在高棉語中，叫做「nokor」。

2 這兩位使節是康泰與朱應（譯按：三國時代吳國使者），他們回國後向朝廷呈報的文字紀錄已佚失，不過史實仍存，而且顯然經過五世紀及之後的正史記載所潤色修改。有一項無從證實的理論認為，「扶南」一詞是對高棉語「山」（phnom）的音譯，「山」是眾神的居所，因此也與權力相關。

3 「真臘」這個國名和「扶南」一樣，僅見於中國史書記載。由於缺乏高棉文的相關記載佐證，因此歷史學者還是繼續沿用「真臘」與「扶南」這兩個國名。

4 這塊碑文是在達山寺附近發現、編號「K53」的石碑，碑文由法國東方學者喬治．賽代斯（George Cœdès）整理、編號並收入八卷本《柬埔寨碑銘集》（*Inscriptions du Cambodge*）（巴黎：1937-1966）中。參見：Michael Vickery, *Society, Economics, and Politics in Pre-Angkor Cambodia* (Tokyo, 1998), 109. 摩訶因陀羅跋摩（Mahendravarman）是質多斯

那登基為王之後使用的稱號，同樣這一位將領，在中國史書《隋書》裡被稱為征服扶南之人。

5 這兩尊雕像，分別是編號「Ka 1641」與「Ka 1593」，目前均收藏於金邊的柬埔寨國家博物館（National Museum of Cambodia）。顯然，這兩尊雕塑展現出的嫻熟工藝技巧，並非一蹴可及的：它們的雛型雕塑很可能是木製的，而且因為熱帶氣候及蟲害侵襲的關係，早已朽壞無存。

6 大部分的八角形格局寺廟都位於古城的南面建築群。

7 這兩個名稱指的都是「因陀羅之城」。因陀羅，又名帝釋天，是婆羅門教眾神之王，同時也是雷神。關於都城的位置，有好幾種說法，其中一種指南方，靠近吳哥博瑞近郊處；另一種說法指在洞里薩湖，後來也包括吳哥在內；還有一種說法，說是位於諾戈寺（Banteay Prei Nokor），也就是今日的磅湛省（Kampong Cham Province）。

從雕刻銘文上收集得來的資訊是最有價值的情報，尤其是高棉文字，它們都被收錄在麥可・維克立（Michael Vickery）前引一九九八年出版的著作中。

8 他們被列載於編號「K124」的碑文中，時間為西元八〇三年，最後三位是女王。參見：George Cœdès, *Inscriptions du Cambodge* Vol. 3 (Paris, 1951), 170-174。在所有一百七十四件吳哥時期之前的碑銘文字中，時間為西元八世紀的只有十六件。本章在提到年代時一概使用西元紀年，但是在這些碑銘文字裡，是以塞迦紀年（Shaka）表達，這種紀年比西元晚七十八年。

9 在占婆和印尼也可看到印度文化的相似傳播和影響。在西爪哇（West Java）和加里曼丹（Kalimantan），在五世紀初的碑銘文字紀錄中，都提及使用梵文為王號的國王。

10 由於對此一東南亞習俗並不了解，很可能讓堅持長子繼承制的傳統中國史家，將此種繼承模式詮釋為篡逆。

11 參見：Ang Choulean, "In the beginning was the Bayon," in Joyce Clark, ed., *Bayon, New Perspectives* (Bankok, 2007), 362-379。巴戎寺（Bayon）是十二世紀末、十三世紀初年的佛寺，位於大吳哥城（Angkor Thom）內，在本章稍後將會提到。

12 此地區有一尊雕像，也就是所謂的「格良女神」（Lady of Koh Krieng），或許是高棉藝術上的第一尊人物雕像，而雖然這尊雕塑的時間要早於碑銘文字上提及的國家，它很可能代表了某位湄公王國的女主（Mekong Queen）。這尊雕像（編號「Ka 1621」）現在能夠在金邊的國家博物館看到。

13 這段被編號為「K235」的碑銘文字，共有四面，現在收藏於曼谷的泰國國家博物館。四面碑中，兩面為梵文（一百九十四行），兩面以高棉文字寫成（一百四十六行）；參見：R.C. Majumdar, *Inscriptions of Kambuja* (Calcutta, 1953), 362-382。

14 考頌神廟碑銘，C面，第五六至五八節。

15 「統治四海之主」（Kamraten Jagat Ta Raja）是梵文「神王」（devaraja）一詞的翻譯。考頌碑塔上的文字告訴我們，「神王」這個詞向來隨著統治者移動，守護「神王」的祭祀儀典，是由一位名為希蘭耶陀摩（Hiranyadama）的婆羅門僧侶主持，並傳授給席瓦卡瓦亞家族，後者自八〇二年起便長期擔任祭司職務。這些祭典確保闍耶跋摩二世的神聖地位，並宣告他是當時的「轉輪聖王」（Chakravartin），即統治四海的君王。這一「轉輪聖王」的性質為何，引來各種各樣理論的廣泛討論，但是沒有任何一種說法可以得到證實。「K235」的碑銘文字指出，神王「……駐蹕於歷代國主之都城，皆奉之以為守護者」。有些說法認為它代表皇室的「林伽」（即陽具）。其他人則覺得它或許可能是一尊雕像。現在「devaraja」一詞的詮釋，意指國主為神祇（因為該詞字面上直譯的意思，就是「神王」）。還有另一種說法，認為「devaraja」是永恆燃燒光亮的聖火，它被奉於一處特殊神龕之中，在國主出巡時伴於君側。碑銘還說，闍耶跋摩二世「自爪哇歸來，在因陀羅補羅城中統治四海」；稍後又有一處提到，「甘勃智迪撒（Kambujadesa）自此不再仰賴爪哇（甘勃智迪撒即為『甘勃智之土』的意思）」。歷史學界長期以來都接受此說背後蘊含的意義，即暗指爪哇未遭挑戰的統治，但是此說法並無歷史根據。這一長期以來的誤解，很可能源自對「爪哇」一詞的錯誤詮釋。這個字很有可能指的是齊瓦（chvea），這是高棉語中使用的一個詞彙，用來指占婆的某些地方。占婆是高棉的鄰國，經常與其敵對，國主闍耶跋摩二世極有可能就是從此處「歸來」的。

16 摩醯因陀山即今日的荔枝山（Phnom [Mount] Kulen），是位於吳哥窟東北邊的山脊，該地的河川為暹粒省提供用水。這個岩石磷峋的突出部盛產砂岩，被用來建造柬埔寨的神廟。

17 此事記錄在碑銘「K134」上，時間是七八一年，參見：Michael Vickery, *Society, Ecnomics, and Politics in Pre-Angkor Cambodia*, 398。

18 學界認為是闍耶跋摩二世作為「轉輪聖王」、用來舉行祭祀場所的佛寺，今天稱作古魯阿隆白寺（Krus Preah Aram Rong Chen）。該寺今日除了一墩由四方牆圍繞的大土丘之外，幾乎已無遺蹟留存；不過，在建築形式與格局上來看，它頗類似八世紀的亞楊寺遺跡，而這一點表明該寺可能是闍耶跋摩二世的寺山，也是他治下的宗廟社稷，但至今尚未能斷定。和亞楊寺一樣，古魯阿隆白寺的地基約有一百公尺長（三百二十八英尺）。

19 這些雕像中有兩尊目前收藏在金邊的國家博物館，編號分別是「Ka 883」、「Ka 1620」。克拉北大寺（Prasat Krabei Krap）有時又稱為「紅磚塔樓」（Damrei Krap）。

20 考頌寺碑銘D面，第五節。

21 聖牛寺（Preah Ko）碑銘，編號「K713」，第七節。聖牛寺必定是在八七七年初就開始興築，因為該寺在兩年之後便正式啟用。規模宏偉的巴空寺（Bakong）情況想必也是如此，該寺的碑銘時間標示為八八一年。

22 聖牛寺碑銘，編號「K713」，第八至二十七節。

23 Christopher Pottier, "De brique à grès: précisions sur les tours du Prah Ko," *BEFEO* 92, 2007 [2005], 447-495. 礎柱的第二面看來已經重新磨光，原先因陀羅跋摩一世時代所刻的銘文被其子耶輸跋摩一世的銘文取代。關於該寺曾經進行重修的情況，在該寺於一九九三至一九九六年，以及一九九九年開始迄今進行的發掘暨保存維護工程當中，發現了不少確切證據。

24 巴空寺礎柱，編號「K826」，第二十五節。

25 Christopher Pottier, "Prei Monti: rapport de fouille de la campagne 2007: À la recherche du Palais Royal de Hariharalaya," 2007, unpublished, 49 pages.

26 銘文編號「K694」，班蓬克（Ban Bung Ke）。

27 之後採取此種建築風格的是東湄本寺、西湄本寺，以及稍後就會提到的龍蟠寺（Neak Pean）。

28 其中三座耶輸陀羅神廟的碑銘文字，可以參見：Majumdar, *Inscriptions of Kambuja*, 119-137.（以及本章注13）。

29 四座附屬的寶塔各分布於頂層台座的四邊，應合比喻，象徵環伺須彌山主峰的四座山峰。

30 考頌寺碑銘，D面，第三十一節。

31 巴薩曾空寺，編號「K286」，第二十四節。

32 主持建築者的身分能被確知，這是在高棉歷史上非常少見的例子。

33 九六八年，編號「K262」（高棉文），以及最晚九八四年，編號「K263」，梵文及高棉文字。

34 巴肯古寺，即「大聖劍寺」（Preah Khan Kompong Svay）碑銘，編號「K197」，第七節。

35 考頌寺碑銘，D面，第四十三到四十六節。

36 編號「K235」，第四十三到四十六節。

37 令人遺憾的是，泰國和柬埔寨之間關於此地的國界主權爭議，即便柏威夏寺最近被增列入世界遺產名錄當中，至今仍然未能獲得解決。

38 巴肯寺有時候也被稱為「大聖劍寺」，「巴肯」這個字在高棉文字裡等於「Preah Khan」，意思是聖劍。

39 蘇利耶跋摩一世很可能是柬埔寨第一位信仰佛教的國主，有一項證據是他死後的稱號，叫做「通向涅槃之王」（Nirvanapada）。

40 該銅像在西梅本寺（West Mebon）內一口井中被尋獲，殘存部分長二點二二公尺（超過七英尺），仍然顯得相當高貴。該件文物目前在柬埔寨國家博物館展出，編號「Ga 5387」。

41 所謂的巴坤猜（Prakhon Chai）寶藏是一九六四年在泰國武里南（Buriam）省的考普萊巴（Khao Plai Bat）寺廟群裡被發現的，這些寶藏隨即在很神祕的情況下被轉移運走。這類的例子現在很多，都在各博物館裡綻放風華。這些被收藏的珍貴文物當中，最出色的莫過於一尊彌勒佛雕像，現在是洛克斐勒（Rockefeller）家族的收藏品，存放在美國亞洲協會附設博物館（Asia Society and Museum）中。參見：Emma Bunker, "The Prakhon Chai Story: Facts and Fiction," *Arts of Asia*, 32/2 (March-April 2002), 106-125。

42 巴系寺（Ban Theat）碑銘，編號「K364」。

43 關於這些戰爭的大部分資訊，都來自於占族文字的銘文記載。

44 Ma Touan-lin, *Éthnographie des peoples étrangers à la Chine II: Méridionaux*, trans. Le Marquis d'Harvey de Saint-Denys (Geneva, 1883). 譯按：即十九世紀法國漢學家德里文伯爵（Le Marquis d'Harvey de Saint-Denys）以馬端臨所著《文獻通考》當中有關東南亞民族的內容所編纂而成之《中國藩部民族志》。

45 Eleanor Mannikka, *Angkor Wat. Time, Space and Kingship* (Hawaii, HI, 1996).

46 「K 368」，第十三節。

47 「Angkor Thom」即「大城」之意。

48 Oliver Cunin, "The Bayon: An Archaeological and Architectural Study," in Joyce Clark, ed., Bayon, *New Perpectives* (Bangkok,

2007), 136-229.

49 根據法國歷史學者喬治・格羅斯列（George Groslier）的一項研究估算，建造班迭奇馬寺最少需要二萬五千名工匠（當中包括雕塑匠人），費時六十年才能竣工，而這種估算還須建立在該地區有至少二十萬人口，足以支應工匠需求的前提上。既然事實與上述估計不符，格羅斯列於是認為，該寺的建造可能費時一個世紀或更長的時間。一二九六年，元朝派往吳哥的使節周達觀的紀錄也對上述推斷提供了一個佐證：當時他提及距離都城很遠之處有一座新竣工的廟宇，或許指的就是班迭奇馬寺。參見：George Groslier, “Étude sur le temps passé à la construction d’un grand temple Khmèr (Banteay Chmar),” *BEFEO* 35, 1935, 159-176。

50 Zhou Daguan, *A Record of Cambodia: the Land and its People*（譯按：周達觀《真臘風土記》）, trans. Peter Harris (Chiang Mai, 2007). 這部近期的重要翻譯作品，是第一部直接迻譯自中文原典的譯著；之前的各個版本，都是翻譯自法國漢學家伯希和（Paul Eugène Pelliot）在一九〇二年出版的法文譯本。新版譯本文字生動，並附有豐富的注解，提供了關於原作者周達觀的各種取材資料來源及背景的諸多可貴訊息。

51 Micheal Vickery, *Cambodia after Angkor: the Chronicular Evidence for the Fourteenth to Sixteenth Centuries* (Ann Arbor, MI, 1977).

52 David Chandler, *A History of Cambodia* (Boulder, CO and Oxford, 1992). 本書為這個複雜的時期，提供了一個令人信服的廣泛解釋。

CHAPTER 4　小亞細亞及其他：鄂圖曼帝國

1 阿巴斯王朝（七五〇—一二五八）的起源，可以追溯到西元六五三年去世的阿巴斯（Abbas），他正是伊斯蘭教先知穆罕默德（五七〇—六三二）的叔父。在原先統治伊斯蘭帝國的倭瑪亞王朝第四任哈里發、也是先知的繼承者阿里（Ali）於六六一年在都城大馬士革歸真以後，阿巴斯王朝就取代其地位。阿巴斯王朝定都巴格達，但是到了十一世紀時，已經失去對帝國境內大部分地方穆斯林政權的掌握。一二五八年，蒙古大軍來襲，殺死在位的哈里發，並摧毀巴格達城。然而，一位倖存下來的王室成員逃到埃及，之後他的子孫一直居留在馬木留克控制之下的開羅，以延續法統，直到一五一七年，鄂圖曼軍隊攻陷埃及為止。根據一部成書於十七世紀的鄂圖曼編年史記載，阿巴斯王室在埃及的最後一位哈里發，穆塔瓦基勒三世（Al-Mutawakkil III），據稱將他的權力移交給了鄂圖曼的征服者蘇丹塞利姆一世。雖然此事從當時到今天都存在爭議，鄂圖曼帝國卻藉此事件來取得自身在遜尼派穆斯林世界中的統治合法性。

2 由法國駐君士坦丁堡使節諾瓦耶（de Noailles）公爵，於一五七二年五月八日向法王查理九世（Charles IX）的報告。英文史料引自：Kenneth M. Setton, *The Papacy and the Levant (1204-1571) vol. 4, The Sixteenth Century from Julius III to Pius V* (Philadelphia, PA, 1984), 1075.

3 Guillaume Postel, quoted in Colin Imber, *The Ottoman Empire 1300-1650: The Structure of Power* (London, 2002), 157.

4 夏勒蒙伯爵（Lord Charlemont）曾於一七四九年造訪過大維齊爾的辦公室，該處當時被稱作「最高樸特」，即鄂圖曼帝國政府。引自英文譯本：Philip Mansel, *Constantinople: City of the World's Desire* (London, 1997), 135。

5 國債管理機構成立於一八八一年，其董事局分別由英國、荷蘭、德國、奧匈帝國、義大利及鄂圖曼公共債券管理人等七名代表組成。這個機構有權直接徵收原來分配給行政部門的稅款，以償還鄂圖曼帝國所積欠的債務。

6 除此之外，還可以參見：Godfrey Goodwin, *A History of Ottoman Architecture* (London, 1971); Gülru Necipoglu, *The Age of Sinan. Architectural Culture in the Ottoman Empire* (Princeton, NJ, 2005); Nurhan Atasoy, Julian Raby and Yanni Petsopoulos, *Iznik, the Pottery of Ottoman Turkey* (London, 1994); M. Ugur Derman, *Letters in Gold: Ottoman Calligraphy from the Sakip Sabanci Collection, Istanbul* (New York: Metropolitan Museum of Art, 1998)。

CHAPTER 5　波斯帝國：薩非王朝

1 關於薩非王朝的歷史概述，可以參見：Hans R. Roemer, "The Safavid Period" in Peter J. Jackson and Laurence Lockhart, eds, *The Cambridge History of Iran, vol. 6, The Timurid and Safavid Periods* (Cambridge, 1986), 189-350；晚近對於薩非王朝的綜合分析，參見：Andrew J. Newman, *Savafid Iran: Rebirth of a Persian Empire* (London and New York, 2006)。對薩非王朝時期藝術與建築的概述，參見：Sheila R. Canby, *The Golden Age of Persian Art: 1501-1722* (New York, 2000)。

2 「伊朗」這一名稱，以及「伊朗之地」（Iranzamin）這樣的概念，自古以來一直為該地區的居民所使用，並且指涉更為寬廣的文化範疇。在西方世界，一直到一九三五年，「波斯」（希臘人對居魯士二世帝國的稱呼）一詞仍舊廣為人們所使用。「波斯」一詞，源自於伊朗南部法爾斯（Fars）省的別稱帕莎（Parsa），有些人認為使用這一詞稱呼伊朗並不適當，不過它至今仍然可以和「伊朗」交替使用。譯按：一九三五年，國際社會應伊朗政府請求，統一以「伊朗」稱呼這個國家。

3 Mir Ghiyas al-Din Muhammad Hussayni, Khwandamir, *Habibu's-Siyar*, vol.3: *The Reign of the Mongol and the Turk*, trans. and ed. W. M. Thackston (Cambridge, MA, 1994), 576.

4 Mir Ghiyas al-Din Muhammad Hussayni, *Khwandamir*, 576.

5 關於什葉派的歷史背景，以及薩非王朝的各種調整，參見：Said Amir Arjomand, *The Shadow of God and the Hidden Imam: Religion, Political Order, and Societal Change in Shi'ite Iran from the Beginning to 1890* (Chicago, IL, 1984), 27-31，特別參見頁105—210。

6 關於白羊王朝時期，有一部極有價值的史料，是義大利商人所記載的編年史：*A Narrative of Italian Travels in Persia, in the Fifteenth and Sixteenth Centuries*, trans. and ed. by Charles Grey (New York, 1960)；頁73提及伊斯邁爾的外祖母。

7 參見："The Travels of a Merchant in Persia," in Charles Grey, ed., *A Narrative of Italian Travels in Persia*, 206。

8 Mir Ghiyas al-Din Muhammad Hussayni, *Khwandamir*, 576. 參見本章注3。

9 這段引文來自伊斯邁爾所作的一首詩歌，由安德魯・紐曼（Andrew J. Newman）翻譯成英文，參見注10。

10 這首詩的英譯收錄在：Andrew J. Newman, *Safavid Iran: Rebirth of a Persian Empire* (London & New York, 2006), 13；為求詞意清楚，本書作者對內容稍有更改。

11 論阿布・穆斯林的傳奇，參見：Kathryn Babayan, *Mystics, Monarchs and Messiahs: Cultural Landscapes of Early Modern Iran* (Cambridge, MA, 2003)，82—83兩頁到處都提及。

12 關於這時期文藝鑑賞品味的發展，參見：Paul Losensky, *Welcoming Fighani: Imitation and Poetic Individuality in the Safavid-Mughal Ghazal* (Casta Mesa, CA, 1998)。

13 由於《列王紀》的卷頁被拆分、散逸，使得後人難以完全領略它作為一件藝術珍品的重要性；關於《列王紀》的摹寫與畫院及藝術家的討論，參見：Martin Dickson and Stuart Cary Welch, eds, *The Houghton Shahname*, 2 vols. (Cambridge, MA, 1981)。近來有多位學者分析《列王紀》在波斯民族精神形成過程中的地位；舉例而言，可參見：Robert Hillenbrand, ed., *Shahnama: The Visual Language of the Persian Book of Kings* (Edingurgh, 2004) and Kathryn Babayan, *Mystics, Monarchs and Messiahs*。

14 想要理解伊斯邁爾遭遇重挫造成的心理衝擊，只須先了解他的「奇茲爾巴什」紅巾軍追隨者們，是如何將他奉為真神上帝差遣到人間的神聖守護者，從而不穿戴盔甲便上戰場衝鋒陷陣。參見："The Travels of a Merchant in Persia" in Charles Grey, ed., *A Narrative of Italian Travels*, 206，也參見本章注6。

15 關於對薩非王朝「古拉姆」體系的介紹，以及更著重於他們作為支持者及王室成員等角色的研究，參見：Susan Babaie, Kathryn Babayan, Ian Baghdiantz-McCabe and Massumeh Farhad, *Slaves of the Shah: New Elites of Safavid Iran* (London and New York, 2004)，特別是頁1—19。

16 關於遷都的討論，參見：M. Mazzaoui, "From Tabriz to Qazvin to Isfahan: Three Phases of Safavid History," *Zeitschrift der deutschen morgenlaendischen Gesellschaft* (1977), 514-522, esp. 517-519。關於王室在加茲溫的專屬禁區發展淵源，參見：Maria Szuppe, "Palais et Jardin: le complexe royal des premiers safavides à Qazvin, milieu XVIe-début XVIIe siècles," in R. Gyselen, ed., *Sites et monuments disparus d'après les témoignages de voyageurs, Res Orientales* 8 (Bures-sur-Yvette, 1996), 143-177。加茲溫作為都城的發展，可參見一部最近的研究分析專著：Sussan Babaie, *Isfahan and Its Palaces; Statecraft, Shi'ism and the Architecture of Conviviality in Early Modern Iran* (Edinburgh, 2008), 47-58。

17 克西·阿赫馬德·庫米（Qazi Ahmad Qomi）所著史書《歷史之縮影》（*kholasat al-tavarikh*）是薩非王朝時期加茲溫重要史料之一；關於這部書的全文翻譯，以及其重要性的討論，參見：Sussan Babaie, *Isfahan and Its Palaces*, 50。

18 Mariana Shreve Simpson with Massumeh Farhad, Sultan Ibrahim Mirza's Haft Awrang: *A Princely Manuscript from Sixteenth-Century Iran* (Washington, DC, 1997). 藝術家在王廷之間遷徙轉移的情形，參見：Abolala Soudavar, "Between the Safavids and the Mughals: Art and Artists in Translation," *Iran* 37 (1999), 49-66。

19 這二條波斯地毯現在分別典藏於英國倫敦的維多利亞和艾伯特博物館（Victoria & Albert Museum），以及美國的洛杉磯郡藝術博物館（Los Angeles County Museum of Art）。

20 Lâle Uluç, "Selling to the Court: Late Sixteenth-Century Manuscript Production in Shiraz," *Muqarnas* 17 (2000), 73-96.

21 沙阿太美斯普的《列王紀》在送抵鄂圖曼帝國入皇家圖書館典藏後，似乎在十九世紀時再度重返伊朗。一九〇三年，這部書在歐洲古書市場上拍賣，被大富豪埃得蒙·羅斯柴爾德（Edmond de Rothschild）男爵購入，成為他的私人收藏。一九五九年，這部書輾轉落入亞瑟·霍頓二世（Arthur A. Houghton Jr.）之手，之後於一九七〇年代被拆分，流入各家收藏或是作為贈品。關於《列王紀》這部手稿流離輾轉的旅程，及其遭遇的劫難，還有它「返鄉」的引人入勝故事，參見：Abolala Soudavar, "The Early Safavids and their Cultural Interactions with Surrounding States," in

Nikki Keddie and Rudi Matthee, eds, *Iran and the Surrounding World, Interactions in Culture and Cultural Politics* (Seattle, WA, 2002), 89-120, figs 1-8。

22 關於王朝第二次內戰的詳情，參見：Andrew J. Newman, Safavid Iran, 41-45；薩非王朝的女性，參見：Kathryn Babayan, "The Safavid Household Reconfigured: Concubines, Eunuchs and Military Slaves," in Babaie, Babayan, Baghdiantz-McCabe, and Farhad, *Slaves of the Shah*, 20-48。

23 關於遷都伊斯法罕之初的情形，若干薩非王朝最具意義史料的英文翻譯及討論，參見：Robert McChesney, "Four Sources on Shah Abbas's Building of Isfahan," *Muqarnas* 5 (1988), 103-134。一篇論文收集了關於伊斯法罕城市的各個社會文化層面的重要初步研究，參見：Reneta Holod, ed., *Studies on Isfahan, special issue of Iranian Studies VII*, nos 1-2 (1974)。本章作者的一篇論文，回顧了伊斯法罕的城市史，以及成為什葉派信仰中心及帝國首都的歷史。參見：Sussan Babaie, Isfahan and Its Palaces, 65-112。

24 Thomas Herbert, *Travels in Persia 1627-1629*, abridged and ed. by W. Foster (London, 1928), 127.

25 與西方曆法不同，伊斯蘭曆為陰曆，而伊斯蘭教的歷史則將起點固定在西元六二二年，先知穆罕默德從受迫害的麥加遷徙到麥地那，也就是「希吉拉」（hijra），並在當地建立起第一個穆斯林社群「烏瑪」（umma）起算。

26 有多位學者研究努克塔維運動（或異端），舉例來說，可參見：Said Amir Arjomand, *The Shadow of God*, 198-199 (see note 5 above) and Susan Babayan, *Mystics, Monarchs and Messiahs*, 3-7 (see note 11 above)。

27 關於外來引入的什葉派宗教學者，及他們扮演的角色，參見：Rula Jurdi Abisaab, *Converting Persia: Religion and Power in the Safavid Empire* (London, 2004)，特別是這本研究的緒論部分。

28 Rudolph P. Matthee, *The Politics of Trade in Safavid Iran: Silk for Silver 1600-1730* (Cambridge, UK, 1999).

29 歐洲及世界和薩非王朝的接觸史，構成了薩非王朝研究諸領域當中最為活躍的一塊園地，參見：Nikki Keddie and Rudi Matthee, eds, *Iran and the Surrounding World: Interactions in Culture and Cultural Politics* (Seattle, WA, 2002)。兩部擴展相關研究的專著，致力於探究歐洲探險人士與薩非社會之間的接觸。參見：Willem Floor and Edmung Herzig, eds, *Iran and the World in the Safavid Age* (London, 2010); and a special issue of the *Journal of Early Modern History* 13 (Leiden, 2009)。

30 亞美尼亞人的家宅屋舍情形，參見：John Carswell, *New Julfa: the Armenian Churches and Other Buildings* (Oxford, 1968)；關於裝飾壁畫上蘊含的文化交流意義，參見：Sussan Babaie, "Shah Abbas II, the Conquest of Qandahar, the Chihil Sutun, and its Wall Paintings," *Muqarnas* 11 (1994), 125-142。同樣引人入勝，但尚未有研究成果的，是伊斯法罕大巴札入口大門由歐洲人所繪壁畫代表的視覺意涵；關於大巴札入口處的研究，參見：Markus Ritter, "Das Königliche Portal und die Nordseite des Maid ns von Schah Abbas I. im Safawidischen Isfahān," in Markus Ritter, Ralph Kauz and Brigitt Hoffmann, eds, *Iran und iranisch geprägte Kulturen* (Wiesbaden, 2008), 357-376 and Tafel 3b-5。

31 Sussan Babaie, "Launching from Isfahan: Slaves and the Construction of the Empire," in Babaie, Babayan, Baghdiantz-McCabe and Farhad, *Slaves of the Shah*, 80-113, especially 94-97.

32 Rudi Matthee, "The East India Company Trade in Kerman Wool, 1658-1730," in Jean Calmard, ed., *Etudes Safavides* (Paris and Tehran, 1993), 343-383. 學者麗莎・果隆貝克（Lisa Golombek）關於薩非陶瓷生產與貿易的廣泛研究專著即將付梓面世；至於對克爾曼的研究，可以參見她的一篇論文："The Safavid Ceramic Industry at Kirman," *Irun* 41 (2003), 253-269。

33 雖然伊斯法罕的「四海一家」國際風格仍然是一個有待研究的主題，不過在本章注二十九當中可以找到關於文化接觸各個面向的研究參考書目。歐洲人士在波斯的遊記尤其是豐富的史料來源，以下茲舉幾個例子，以為佐證：Francis Richard, *Raphaël du Mans, missionaire en Perse au XVIIe siècle*, 2 vols (Paris, 1995) and Ranald W. Ferrier, trans. and ed., *A Journey to Persia: Jean Chardin's Portrait of Seventeenth-Century Empire* (London and New York, 1996)。

34 關於波斯薩非王朝與印度之間的商業聯繫和其他文化交流網絡，參見：Sanjay Subrahmanyam, ed., Merchant Networks in the Early Modern World (Aldershot, UK, 1996); and Muzaffar Alam and Sanjay Subrahmanyam *Indo-Persian Travels in the Ages of Discoveries* 1400-1800 (Cambridge, UK, 2007)。至於薩非王朝與蒙兀兒帝國之間在藝術與文學方面的相互給與啟發和養分，參見注18：Soudavar,"Between the Safavids and the Mughals: Art and Artists in Translation,"*Iran* 37 (1999) and Losensky, *Welcoming Fighani* (1998)。

35 Jean Chardin quoted in Ronald W. Ferrier, trans. and ed., *A Journey to Persia: Jean Chardin's Portrait of Seventeenth-Century Empire* (London and New York, 1996). 法國旅遊家尚・查爾定（Jean Chardin）聞名的遊記，參見：L. Langlès, ed., *Voyages du Chavalier Chardin, en Perse, et autres lieux de l'Orient* (Paris: Le Normant, 1811)。

36 Babaie, *Isfahan and Its Palaces*, 157-266.

37 薩非王朝行政治理架構的大致輪廓，可以參見：*Tadhkirat al-muluk: A Manual of Safavid Administration*, trans. and explained by V. Minorsky (London, 1980, reprint edn)。同時也參見：Willem Floor, *Safavid Government Institutions* (Costa Mesa, CA, 2001)。

38 關於「衰頹」在薩非王朝研究領域中的論述，參見：Andrew J. Newman, *Safavid Iran*, 1-12。

39 Heinz Luschey, "The Pul-i Khwaju in Isfahan: a Combination of Bridge, Dam and Water Art," *Iran* 23 (1985), 143-151. 薩非王朝後期藝術創作充滿活力的場景，可說比比皆是：其例證可以參見：Massumeh Farhad, " 'Searching for the New': Later Safavid Painting and the Suz u Gawdaz (Burning and Melting) by Nau'i Khabushani," *The Journal of the Walters Art Museum* 59 (2001), 115-129。

40 關於「八重天宮」，參見：Sussan Babaie, *Isfahan and Its Palaces*, 198-206。其雕梁畫棟，參見：Ingeborg Luschey-Schmeisser, *The Pictorial Tile Cycle of Hašt Bihišt in Isfahan and its Iconographic Tradition* (Rome, 1978)。薩非王朝後期的重要藝術創作發展，可見下列幾項聚焦此領域的研究著作：Massumeh Farhad, "An Artist's Impression: Mu'in Musavvir's 'Tiger Attacking a Youth', " *Muqarnas* 9 (1992), 116-123；薩非王朝後期繪畫與書法的極佳研究範例，可見：Oleg F. Akimushkine, Anatole Ivanov and Francesca von Habsburg, *The St. Petersburg Muraqqa. Album of Indian and Persian Miniatures from the 16th through 18th Century and Specimens of Persian Calligraphy by 'Imad Al-Hasani*, 2 vols (Lugano and Milan, 1996)，關於紡織品，特別是中空天鵝絨織品，參見：Carol Bier, *Woven from the Soul, Spun from the Heart, Textile Arts of Safavid and Qajar Iran* (Washington, DC, 1987)。

41 查赫巴經學院還有待更為全面的研究：參見：Robert Hillenbrand, "Safavid Architecture," in Peter J. Jackson and Laurence Lockhart, eds, *The Cambridge History of Iran*, vol. 6, 808-811。薩非王朝晚期的精緻金屬製品，包括查赫巴經學院的鑲銀大門，可參見下列的研究：James W. Allen, "Silver Door Facings of the Safavid Period," *Iran* 33 (1995), 123-137 and pls XIV-XXII。

42 Willem Floor, *The Afghan Occupation of Safavid Persia, 1721-1729* (Paris, 1998).

43 關於對納迪爾沙阿的研究，舉例來說，可以參見：Ernest Tucker, *Nader Shah's Quest for Legitimacy in Post-Safavid Iran* (Gainesville, FL, 2006)。

CHAPTER 6　印度：蒙兀兒帝國

1 Babur, Zahir al-Din Muhammad, *The Baburnama: Memoirs of Babur, Prince and Emperor*, trans. and ed. Wheeler M. Thackston (Washington, DC: Freer Gallery of Art, Smithsonian Institution, 1995), 330.

2 Adb al-Qadir ibn Muluk Shah Al-Badauni, *Muntakhab al-Tawarikh*, 3 vols, trans. W. Haig (Dheli, 1973, reprint edn), II, 378; 415.

3 Muzaffar Alam, *The Languages of Political Islam* (Dheli, 2004), 122-140.

4 Abu al-Fazl ibn Mubarak, *A'in-i Akbari*, trans. H. Blockmann (Osnabruck, 1983 [1868-94], reprint edn), vol. 1.3.

5 Abu al-Fazl ibn Mubarak, *Akbar Nama*, 3 vols, trans. Henry Beveridge (Dheli, 1977 [1902-1939], 2nd reprint edn) II: 223-235.

6 Nur al-Din Muhammad Jahangir, *The Jahangirnama: Memoirs of Jahangir, Emperor of India*, trans. and ed. Wheeler M. Thackston (Washington, DC and New York, 1999), 219.

7 Nur al-Din Muhammad Jahangir, *The Jahangirnama*, 268.

8 Nur al-Din Muhammad Jahangir, *The Jahangirnama*, 133.

9 Nur al-Din Muhammad Jahangir, *The Jahangirnama*, 383.

10 詩文參見：Nur al-Din Muhammad Jahangir, *The Jahangirnama*, 477.

11 題詞參見：Nur al-Din Muhammad Jahangir, *The Jahangirnama*, 477-478.

12 Ebba Koch, *Mughal Art and Imperial Ideology* (New Delhi, 2001), 138.

13 Ebba Koch, *The Complete Taj Mahal and the Riverfront Gardens of Agra* (London, 2006).

CHAPTER 7　日本：明治維新

1 Howard Martin, writing in the *North American Review*, quoted in William Newmann, *America Encounters Japan, from Perry to MacArthur* (Baltimore, MD, 1963), 105.

2 轉引自：Marius Jansen, "Modernization and Foreign Policy in Meiji Japan," in Robert E. Ward, ed., *Political Development in Modern Japan* (Princeton, NJ, 1968), 175。

3 這是英國報刊《旁觀者》（*Spectator*）的觀點，引自：Donald Keene, "The Sino-Japanese War of 1894-1895 and Its Cultural Effects in Japan," in Donald Shively, ed., *Tradition and Modernization in Japanese Culture* (Princeton, NJ, 1971), 132。

4 引自：Donald Keene, "The Sino-Japanese War of 1894-1895 and Its Cultural Effects in Japan," in Donald Shively, ed., *Tradition and Modernization in Japanese Culture* (Princeton, NJ, 1971), 132。

5 Steward Lone, *Japan's First Modern War* (London, 1994), 60.

6 Peter Duus, "The Takeoff Point of Japanese Imperialism," in Harry Wray and Hilary Conroy, eds, *Japan Examined: Perspectives on Modern Japanese History* (Honolulu, HI, 1983), 154.

7 參見：Ramon H. Myers and Mark R. Peattie, eds, *The Japanese Colonial Empire, 1895-1945* (Princeton, NJ, 1984) 由彼得．杜斯（Peter Duus）和馬克．皮蒂（Mark R. Peattie）及其他人所撰寫的各章節：W. G. Beasley, *Japanese Imperialsim, 1894-1945* (Oxford, 1987), 79。

8 Charles Maier, "America Among Empires? Imperial Analogues and Imperial Syndrome," *Bulletin of the German Historical Insitute Issue* 41 (Fall 2007), 24-25.

9 「帝國附屬品」是馬克．皮蒂在其「導論」中的用語，參見：Ramon H. Myers and Mark R. Peattie, eds, *The Japanese Colonial Empire*, 16。

10 E. Patricia Tsurumi, "Colonial Education in Korea and Taiwan," in Ramon H. Myers and Mark R. Peattie, eds, *The Japanese Colonial Empire*, 288.

11 E. Patricia Tsurumi, "Colonial Education in Korea and Taiwan," in Ramon H. Myers and Mark R. Peattie, eds, *The Japanese Colonial Empire*, 291.

12 此語的英譯引用，參見：馬克．皮蒂在其「導論」中的用語，Ramon H. Myers and Mark R. Peattie, eds, *The Japanese Colonial Empire*, 18。譯按：這句話典出《舊約聖經．列王記上》第十二章，所羅門王之子羅波安王對民眾所說的話：「我父親使你們負重軛，我必使你們負更重的軛！我父親用鞭子責打你們，我要用蠍子鞭責打你們！」意謂嚴刑峻法，將愈演愈烈。

13 英譯引用，參見：E. Patricia Tsurumi, "Colonial Education in Korea and Taiwan," in Ramon H. Myers and Mark R. Peattie, eds, *The Japanese Colonial Empire*, 288。譯按：原文參見：大野謙一，《朝鮮教育問題管見》（朝鮮教育會，1936年），

頁31。

14 Michael Robinson, "Colonial Publication Policy and the Korean Nationalist Movement," in Ramon H. Myers and Mark R. Peattie, eds, *The Japanese Colonial Empire*, 312-343.

15 引自：Mikiso Hane, *Peasants, Rebels, and Outcastes: The Underside of Modern Japan* (New York, 1982), 36。

16 Louise Young, *Japan's Total Empire: Manchuria and the Culture of Wartime Imperialism* (Berkeley, CA, 1998), 364-382; Louise Young, "Imagined Empire: The Cultural Construction of Manchukuo," in Peter Duus, Ramon H. Myers and Mark R. Peattie, eds, *The Japanese Wartime Empire, 1931-1945* (Princeton, NJ, 1996), 71-96. 關於日本屯墾移民的回憶，參見一位當時地方政府基層幹部的女兒所著的回憶錄：Kazuko Kuramoto, *Manchurian Legacy: Memoirs of a Japanese Colonist* (East Lansing, MI, 2004)。

17 引自：Joyce Lebra, ed., *Japan's Greater East Asia Co-Prosperity Sphere in World War II, Selected Readings and Documents* (Kuala Lumpur, 1975), 159。

18 此語出自一九四二年元月號的《文藝春秋》，但這是日本聲稱自己是亞洲「領導民族」的用語和理由。參見：John Dower, *War without Mercy: Race and Power in the Pacific War* (London and Boston, MA, 1986), 211。

CONCLUSION 帝國落幕

1 "The Prologue," The First Part of Tamburlaine the Great, in Christopher Marlowe, *Plays*, Everyman's Library (London, 1950), 1.

2 Act 1, Scene III, ibid., 68.

3 參見本書由蘇珊・巴拜依執筆撰寫的那一章，以及該章的注4。

4 Colin Thubron, "Marco Polo Goes to Gorgeous Xanadu," in *New York Review of Books* (9 October 2008), 36.

5 "Kubla Khan" in Ernest Hartley Coleridge, ed., *The Poems of Samuel Taylor Coleridge* (London, 1954), 297. 譯按：中譯參考佚名版本，文字稍有更動。

6 這裡「東方主義」（Orientalism）一詞的意義，當然來自於學者愛德華・薩伊德（Edward W. Said）那部極具影響力的巨著《東方主義》。參見：Edward W. Said, *Orientalism* (London, 1995).

7 B. R. Tomlinson, *The Political Economy of the Raj 1914-1947. The Economics of Decolonisation in India* (London, 1979), 106.

延伸閱讀

FOREWORD 帝國遺緒

Beckwith, Christopher I., *Empires of the Silk Road. A History of Central Eurasia from the Bronze Age to the Present* (Princeton and Oxford, 2009)

Brown, Cynthia Stokes, *Big History. From the Big Bang to the Present* (New York and London, 2007)

Darwin, John, *After Tamerlane. The Global History of Empire since 1405* (London, 2007)

Ferguson, Niall, *Empire: How Britain Made the Modern World* (Camberwell, Australia, 2008).

Frankopan, Peter, *The Silk Roads: A New History of the World* (London, 2015)

Gordon, Stewart, *When Asia was the World* (Philadelphia, PA, 2009)

Jackson, Anna and Amin Jaffa, eds, *Encounters. The Meeting of Asia and Europe 1500–1800* (London, 2004)

Said, Edward W., *Orientalism* (London, 1995)

CHAPTER 1 中亞：蒙古大帝國

Allsen, Thomas T., *Culture and Conquest in Mongol Eurasia*, Cambridge Studies in Islamic Civilization (Cambridge, UK, 2001)

Amitai-Preiss, Reuven, *Mongols and Mamluks: The Mamluk-Ilkhanid War, 1260–81* (Cambridge, UK and New York, 1995)

Biran, Michal, Chinggis Khan, *Makers of the Muslim World* (Oxford, 2007)

al-Din, Rashid, *Jami'u't Tawarikhi: Compendium of Chronicles: A History of the Mongols*, vol. 2, trans. W.M. Thackston (Cambridge, MA, 1998)

Halperin, Charles, *Russia and the Golden Horde: The Mongol Impact on Medieval Russian History* (Bloomington, IN, 1987)

Jackson, Peter, *The Mongols and the West* (London, 2005)

Juvaini, Ata Malik, *Genghis Khan: The History of the World Conqueror*, trans. J.A. Boyle (Seattle, WA, 1997)

Lane, George, *Genghis Khan and Mongol Rule, Greenwood Guides to Historic Events of the Medieval World*, ed. Jane Chance (Westport, CT, 2004)

May, Timothy, *The Mongol Art of War: Chinggis Khan and the Mongol Military System* (Barnsley, UK, 2007)

Morgan, David, *The Mongols, The Peoples of Europe* (Oxford, 2007, 2nd edn)

Rachewiltz, Igor de, 'The Title Cinggis Qan/Qaghan Re-examined', in *Gedanke und Wirkung: Festschrift zum 90. Geburtstag von Nicholaus Poppe*, ed. W. Heissig and K. Sagaster (Wiesbaden, 1989), 281–98.

Rachewiltz, Igor de, ed., *The Secret History of the Mongols, Brill's Inner Asian Library*, vol. 7/1 (Leiden, 2004)

Ratchnevsky, Paul, *Genghis Khan: His Life and Legacy* (1983). English edn trans. Thomas Haining (Cambridge, MA, 1991)

Rossabi, Morris, *Khubilai Khan: His Life and Times* (Berkeley, CA, 1988)

William of Rubruck, 'The Mission of Friar William of Rubruck to the Court of the Khan', in Dawson, Christopher, ed., *The Mongol Mission: Narratives and Letters of the Franciscan Missionaries in Mongolia and China in the Thirteenth and Fourteenth Centuries*, trans. a nun of Stanbrook Abbey (London, 1955)

CHAPTER 2 中國：大明帝國

Beattie, Hilary J., *Land and Lineage in China: A Study of T'ung-ch'eng County, Anhwei, in the Ming and Ch'ing Dynasties* (Cambridge, UK, 1979)

Bray, Francesca, *Technology and Society in Ming China (1368–1644)* (Washington, DC, 2000)

Birch, Cyril, *Stories from a Ming Collection: Translations of Chinese Short Stories Published in the Seventeenth Century* (London, 1958)

Brook, Timothy, *The Chinese State in Ming Society* (London, 2005)

Brook, Timothy, *Praying for Power: Buddhism and the Formation of Gentry Society in Late-Ming China* (Cambridge, MA, 1993)

Cass, Victoria, *Dangerous Women: Warriors, Grannies, and Geishas of the Ming* (Lanham, MD, 1999)

Clunas, Craig, *Fruitful Sites: Garden Culture in the Ming Dynasty* (London, 1996)

Clunas, Craig, *Pictures and Visuality in Early Modern China* (London, 1997)

Dardess, John W., *A Ming Society: T'ai-ho County, Kiangsi, Fourteenth to Seventeenth Centuries* (Berkeley, CA, 1996).

Dardess, John W., *Blood and History in China: The Donglin Faction and Its Suppression, 1620–1627* (Honolulu, HI, 2002)

Dreyer, Edward, *Early Ming China: A Political History, 1355–1435* (Stanford, CA, 1982)

Huang, Ray, *Taxation and Governmental Finance in Sixteenth-Century Ming China* (Cambridge, UK, 1974)

Huang, Ray, *1587: A Year of No Significance – The Ming Dynasty in Decline* (New Haven, CT, 1981)

Hucker, Charles O., *The Ming Dynasty: Its Origins and Evolving Institutions* (Ann Arbor, MI, 1978)

Mills, J.V.G., trans. and ed., *Ma Huan, Ying-yai Sheng-lan: 'The Overall Survey of the Ocean's Shores' [1433]* (Cambridge, UK, 1970)

Mote, Frederick W. and Denis Twitchett, eds, *The Cambridge History of China*, vol. 7 *The Ming Dynasty, 1368–1644*, Part I, (Cambridge, 1988) and vol. 8 *The Ming Dynasty, 1368–1644*, Part II, (Cambridge, UK, 1998)

Shen, Grant Guangren, *Elite Theatre in Ming China, 1368–1644* (London, 2005)

Tong, James W., *Disorder under Heaven: Collective Violence in the Ming Dynasty* (Stanford, CA, 1991)

Waldron, Arthur, *The Great Wall of China: From History to Myth* (Cambridge, UK, 1992)

Wood, Frances, *The Forbidden City* (London, 2005)

CHAPTER 3 東南亞：高棉帝國

Abbreviations

BEFEO: Bulletin de l'École française d'Extrême-Orient

EFEO: École française d'Extrême-Orient

Ang, Choulean, 'In the beginning was the Bayon', in Joyce Clark, ed., Bayon, *New Perspectives* (Bangkok, 2007), 362–79

Barth, A. and A. Bergaigne, *Inscriptions sanskrites de Campæ et du Cambodge* (Paris, 1885–93)

Bénisti, M., *Rapports entre le premier art khmer et l'art indien*, 2 vols, *Mémoires archéologiques V*, EFEO (Paris, 1970)

Bhattacharya, K., *Les Religions brahmaniques dans l'ancien Cambodge, d'après l'épigraphie et l'iconographie*, EFEO 49 (Paris, 1961)

Boisselier, J., *La Statuaire khmère et son evolution*, EFEO 37 (Saigon, 1955)

Boisselier, J., *Le Cambodge* (Paris, 1966)

Briggs, Lawrence Palmer, *The Ancient Khmer Empire* (Philadelphia, PA, 1951)

Bunker, Emma, 'The Prakhon Chai Story: Facts and Fiction', *Arts of Asia* 32/2 (March–April 2002), 106–25

Chandler, David, *A History of Cambodia* (Boulder, CO, and Oxford, 1992)

Coe, Michael J., *Angkor and the Khmer Civilization* (London, 2003)

Coedès, George, *Inscriptions du Cambodge*, 8 vols (Hanoi then Paris, 1937–66)

Cunin, Olivier, 'The Bayon: an archaeological and architectural study', in Joyce Clark, ed., *Bayon, New Perspectives* (Bangkok, 2007), 136–229

Freeman, Michael and Claude Jacques, *Ancient Angkor* (Bangkok, 1999)

Glaize, M., *Les monuments du groupe d'Angkor* (Paris, 1963, reprinted 1994 and Saigon 1944)

Groslier, George, *Arts et archéologie khmers* 1/3 (Paris, 1921–23)

Groslier, George, 'Étude sur le temps passé à la construction d'un grand temple Khmèr (Bantay Chmar)', *BEFEO* 35, 1935, 159–76

Hall, K.R. and J.K. Whitmore, eds, *Explorations in Early South-East Asian History: The Origins of South-East Asian Statecraft* (Ann Arbor, MI, 1976)

Jessup, Helen Ibbitson, *Art and Architecture of Cambodia* (London, 2004)

Jessup, Helen Ibbitson and Thierry Zéphir, *Sculpture of Angkor and Ancient Cambodia: Millennium of Glory* (Washington, DC, and Paris, 1997)

Kulke, H., *The Devaraja Cult*, Data Paper 108, Southeast Asia Program (Ithaca, NY, 1978)

Ma, Touan-lin, *Éthnographie des peoples étrangers à la Chine II: Méridionaux*, trans. Le Marquis d'Hervey de Saint-Denys (Geneva, 1883)

Lunet de Lajonquière, E., *Inventaire descriptif des Monuments du Cambodge*, 3 vols, EFEO 4, 8, 9 (Paris, 1902–11)

Mabbett, I.W., 'Devaraja', *Journal of Southeast Asian History* 10/2 (September 1969), 202–23

Majumdar, R.C., *Inscriptions of Kambuja* (Calcutta, 1953)

Marr, D.G. and A.C. Milner, eds, *Southeast Asia in the 9th to 14th Centuries* (Singapore, 1986)

Mannikka, Eleanor, *Angkor Wat. Time, Space, and Kingship* (Hawaii, HI, 1996)

Parmentier, Henri, *L'Art khmer primitif*, 2 vols, EFEO 21, 22 (Paris, 1927)

Parmentier, Henri, *L'Art khmer classique. Monuments du quadrant nord-est*, 2 vols, EFEO 29 b (Paris, 1939)

Pottier, Christophe and R. Lujàn-Lunsford, 'De brique à grès: précisions sur les tours de Prah Ko', *BEFEO* 92, 2007 [2005]

Pottier, Christophe, 'Prei Monti: rapport de fouille de la campagne 2007: À la recherche du Palais Royal de Hariharalaya', unpublished report, 2007, 49 pages.

Smith, R. B. and W. Watson, eds, *Early South East Asia, essays in Archaeology, History, and Historical Geography* (New York and Kuala Lumpur, 1979)

Stern, Philippe, 'Le temple-montagne khmèr, le culte du linga et le devaraja', *BEFEO* 34, 1934, 611–16

Vickery, Michael, *Cambodia after Angkor: The Chronicular Evidence for the Fourteenth to Sixteenth Centuries* (Ann Arbor, MI, 1977)

Vickery, Michael, *Society, Economics, and Politics in Pre-Angkor Cambodia* (Tokyo, 1998)

Zhou Daguan, *A Record of Cambodia: The Land and its People*, trans. Peter Harris (Chiang Mai, 2007)

CHAPTER 4　小亞細亞及其他：鄂圖曼帝國

Ágoston, Gábor and Bruce Masters, eds, *Encyclopedia of the Ottoman Empire* (New York, 2009)

Faroqhi, Suraiya, Kate Fleet, and Resşat Kasaba, eds, *The Cambridge History of Turkey*, 4 vols (Cambridge, UK, 2009–13)

Faroqhi, Suraiya, *Subjects of the Sultan. Culture and Daily Life in the Ottoman Empire* (London and New York, 2000)

Finkel, Caroline, *Osman's Dream: The Story of the Ottoman Empire, 1300–1923* (New York, 2006)

Goffman, Daniel, *The Ottoman Empire and Early Modern Europe* (Cambridge, UK, 1992)

Hanioglu, M. Sükrü, *A Brief History of the Late Ottoman Empire* (Princeton, NJ, 2008)

Ihsanoglu, Ekmeleddin, ed., *History of the Ottoman State, Society and Civilisation*, 2 vols (Istanbul, 2002)

Imber, Colin, *The Ottoman Empire 1300–1650: The Structure of Power* (London, 2002)

Inalcık, Halil, *The Ottoman Empire: The Classical Age, 1300–1600*, trans. Norman Itzkowitz and Colin Imber (London, 1973)

Inalcık, Halil and Günsel Renda, *Ottoman Civilization*, 2 vols (Istanbul, 2004)

McCarthy, Justin, *The Ottoman Peoples and the End of Empire* (London, 2001)

Quataert, Donald, *The Ottoman Empire, 1700–1922* (New York, 2000)

CHAPTER 5 波斯帝國：薩非王朝

Amir Arjomand, Said, ed., *Authority and Political Culture in Shi'ism* (Albany, NY, 1988)

Babaie, Sussan, *Isfahan and Its Palaces: Statecraft, Shi'ism and the Architecture of Conviviality in Early Modern Iran* (Edinburgh, 2008)

Babaie, Sussan, Kathryn Babayan, Ina Baghdiantz-McCabe and Massumeh Farhad, *Slaves of the Shah: New Elites of Safavid Iran* (London and New York, 2004)

Babayan, Kathryn, *Mystics, Monarchs and Messiahs: Cultural Landscapes of Early Modern Iran* (Cambridge, MA, 2003)

Canby, Sheila R., *The Golden Age of Persian Art: 1501–1722* (New York, 2000)

Haneda, Masashi, 'The Character of the Urbanization of Isfahan in the Later Safavid Period', in Charles Melville, ed., *Safavid Persia: The History and Politics of an Islamic Society* (London, 1996), 369–88

Holod, Renata, ed., *Studies on Isfahan, special issue of Iranian Studies 7*, nos. 1–2 (Boston, MA, 1974)

Jackson, Peter J. and Laurence Lockhart, eds, *The Cambridge History of Iran*, vol. 6, *The Timurid and Safavid Periods* (Cambridge, UK, 1986)

Matthee, Rudolph P., *The Politics of Trade in Safavid Iran: Silk for Silver 1600–1730*, (Cambridge, UK, 1999)

McChesney, Robert, 'Four Sources on Shah Abbas's Building of Isfahan', *Muqarnas* 5 (1988), 103–34

Newman, Andrew J., *Safavid Iran: Rebirth of a Persian Empire*, (London and New York, 2006)

Newman, Andrew J., ed., *Society and Culture in the Early Modern Middle East. Studies on Iran in the Safavid Period* (Leiden, 2003)

Szuppe, Maria, 'Palais et Jardin: le complexe royal des premiers safavides à Qazvin, milieu XVIe–début XVIIe siècles', in R. Gyselen, ed., *Sites et monuments disparus d'après les témoignages de voyageurs, Res Orientales* 8 (Bures-sur-Yvette, 1996), 143–77

Thompson, Jon and Sheila Canby, eds, *Hunt for Paradise: Court Arts of Safavid Iran, 1501–1576* (New York and Milan, 2003)

CHAPTER 6　印度：蒙兀兒帝國

Abu al-Fazl ibn Mubarak, *Akbar Nama, trans. Henry Beveridge* (Delhi, 1977 [1902–1939], reprint edn)

Abu al-Fazl ibn Mubarak, *A'in-i Akbari*, trans. H. Blockmann (Osnabruck, 1983 [1868–94], reprint edn)

Alam, Muzaffar and Sanjay Subrahmanyam, eds, *The Mughal State, 1526–1750* (Delhi, 1998)

Asher, Catherine B., *The Architecture of Mughal India* (Cambridge, UK, 2001)

Asher, Catherine B., and Cynthia Talbot, *India before Europe* (Cambridge, UK, 2006)

Babur, Zahir al-Din Muhammad, *The Baburnama: Memoirs of Babur, Prince and Emperor*, trans. and ed. Wheeler M. Thackston (Washington, DC, 1995)

Beach, Milo Cleveland, *Mughal and Rajput Painting* (Cambridge, UK, 1992)

Brand, Michael and Glenn Lowry, *Akbar's India: Art from the Mughal City of Victory* (New York, 1985)

Jahangir, Nur al-Din Muhammad, *The Jahangirnama: Memoirs of Jahangir, Emperor of India*, trans. and ed. Wheeler M. Thackston (Washington, DC, and New York, 1999)

Richards, John F., 'The Formulation of Imperial Authority under Akbar and Jahangir', in J.F. Richards, ed., *Authority and Kingship in South Asia* (New Delhi, 1998 [1978], reprint edn), 285–326

Richards, John F., *The Mughal Empire* (Cambridge, UK, 1993)

CHAPTER 7　日本：明治維新

Beasley, W.G., *Japanese Imperialism, 1894–1945* (Oxford, 1987)

Dower, John, *War without Mercy: Race and Power in the Pacific War* (London and Boston, 1986)

Duus, Peter, 'The Takeoff Point of Japanese Imperialism', in Harry Wray and Hilary Conroy, eds, *Japan Examined: Perspectives on Modern Japanese History* (Honolulu, HI, 1983), 153–57

Duus, Peter, Ramon H. Myers and Mark R. Peattie, eds, *The Japanese Informal Empire in China, 1895–1937* (Princeton, NJ, 1989)

Duus, Peter, Ramon H. Myers and Mark R. Peattie, eds, *The Japanese Wartime Empire, 1931–1945* (Princeton, NJ, 1996)

Han, Jung-Sun N., 'Envisioning a Liberal Empire in East Asia: Yoshino Sakuzô in Taisho Japan', *Journal of Japanese Studies*, 33/2 (Summer 2003), 357–82

Hane, Mikiso, Peasants, *Rebels, and Outcastes: The Underside of Modern Japan* (New York, 1982)

Jansen, Marius, 'Modernization and Foreign Policy in Meiji Japan', in Robert E. Ward, ed., *Political Development in Modern Japan* (Princeton, NJ, 1968), 149–88

Keene, Donald, 'The Sino-Japanese War of 1894–1895 and Its Cultural Effects in Japan', in Donald Shively, ed., *Tradition and Modernization in Japanese Culture* (Princeton, NJ, 1971), 121–75

Kuramoto, Kazuko, *Manchurian Legacy: Memoirs of a Japanese Colonist* (East Lansing, MI, 2004)

Lebra, Joyce, ed., *Japan's Greater East Asia Co-Prosperity Sphere in World War II, Selected Readings and Documents* (Kuala Lumpur, 1975)

Liao, Ping-hui and David Der-Wei Wang, *Taiwan Under Japanese Colonial Rule, 1895–1945* (New York, 2006)

Lone, Stewart, *Japan's First Modern War* (London, 1994)

Myers, Ramon H. and Mark R. Peattie, eds, *The Japanese Colonial Empire, 1895–1945* (Princeton, NJ, 1984)

Newmann, William, *America Encounters Japan, From Perry to MacArthur* (Baltimore, MD, 1963)

Robinson, Michael Edson, *Cultural Nationalism in Colonial Korea, 1920–1925* (Seattle, WA, 1988)

Saaler, Sven and J. Victor Koschmann, eds, *Pan-Asianism in Modern Japanese History: Colonialism, Regionalism and Borders* (London,

2007)

Shin, Gi-Wook and Michael Robinson, eds, *Colonial Modernity in Korea* (Cambridge, MA, 1999)

Tamanoi, Mariko Asano, ed., *Crossed Histories: Manchuria in the Age of Empire* (Honolulu, HI, 2005)

Young, Louise, *Japan's Total Empire: Manchuria and the Culture of Wartime Imperialism* (Berkeley, CA, 1998), 364–82

圖片來源

地圖由卓艾森・托米克（Drazen Tomic）繪製。©Thames & Hudson Ltd, London.

圖一：大英博物館（British Museum），倫敦。

圖二：國立圖書館（Staatsbibliothek），柏林。

圖三：大衛收藏博物館（Davids Samling），哥本哈根。

圖四：國立故宮博物院，臺北。

圖五：網站：iStockphoto.com。

圖六：國立故宮博物院，臺北。

圖七：Luciano Mortula/iStockphoto.com。

圖八：海倫・伊比特森・傑瑟普（Helen Ibbitson Jessup）提供。

圖九：Thomas Bradford/iStockphoto.com。

圖十：Luciano Mortula/iStockphoto.com。

圖十一：托普卡匹皇宮博物館（Topkapi Sarayi Museum），伊斯坦堡。

圖十二：托普卡匹皇宮博物館（Topkapi Sarayi Museum），伊斯坦堡。

圖十三：Murat Sen/iStockphoto.com。

圖十四：國會圖書館（Library of Congress），華盛頓哥倫比亞特區。

圖十五：弗萊爾美術館（Freer Gallery of Art）以及史密森尼學會（Smithsonian Institution）所屬亞瑟・賽克勒美術館（Arthur M. Sackler Gallery），華盛頓哥倫比亞特區。

圖十六：Serdar Yagci/iStockphoto.com。

圖十七：羅浮宮（Musée du Louvre）伊斯蘭藝術部，巴黎。

圖十八：大英博物館（British Museum），倫敦。

圖十九：Seniz Yoruk/ iStockphoto.com。

圖二十：維多利亞和艾伯特博物館（Victoria & Albert Museum），倫敦。

圖二十一：網站：iStockphoto.com。

圖二十二：維多利亞和艾伯特博物館（Victoria & Albert Museum），倫敦。

圖二十三：皇家亞洲學會（Royal Asiatic Society），倫敦。

圖二十四：努爾基金會（Nour Foundation），紐約。

圖二十五：歌川廣重浮世繪作品，國會圖書館（Library of Congress），華盛頓哥倫比亞特區。

圖二十六：費利斯・比特（Felice Beato）攝影作品。

圖二十七：早川博司。

本書編寫作者群

主編：吉姆．馬賽羅（Jim Masselos）

雪梨大學（University of Sidney）歷史系榮譽教授，同時也是澳洲亞洲藝術學會（Asian Arts Society of Australia）及南亞研究學會（South Asian Studies of Australia）的創始成員。對印度社會史及視覺文化有著廣泛研究，其研究主題包括現代南亞歷史、印度藝術與宗教史，以及孟買城市研究。馬賽羅已出版的著作包括二〇〇七年的《行動中的城市：孟買崛起》（*The City in Action: Bombay Struggles for Power*），以及合著的《隨長笛起舞：印度藝術的音樂和舞蹈》（*Dancing to the Flute: Music and Dance in Indian Art*）（一九九七年出版）。

撰稿作者群

蓋博．雅果斯頓（Gábor Ágoston）

在匈牙利出生、完成學業。目前是美國喬治城大學（University of Georgetown）的副教授，開設鄂圖曼帝國史和中東、巴爾幹半島及黑海史課程。二〇〇三年，到維也納大學（University of Vienna）擔任客座教授。二〇〇五年出版《蘇丹的火槍：鄂圖曼帝國的軍事力量與武器工業》（*Guns of the Sultan:*

Military Power and the Weapons Industry in the Ottoman Empire）一書，同時也是二〇〇九年出版的首部英文《鄂圖曼帝國百科全書》（*Encyclopedia of the Ottoman Empire*）的共同作者。

凱瑟琳・雅謝爾（Catherine Asher）

任教於美國明尼蘇達大學（University of Minnesota）藝術史系，是伊斯蘭與印度藝術的專家，專精的領域從十三世紀到近代。一九九二年出版《蒙兀兒帝國時期印度建築》（*Architecture of Mughal India*）一書，並且是二〇〇六年出版的《歐洲人來臨前的印度》（*India Before Europe*）一書的共同作者。

蘇珊・巴拜依（Sussan Babaie）

伊朗人，倫敦科陶德藝術學院（The Courtauld Institute of Art）安德魯・梅隆講座（Dr. Andrew W. Mellon）伊朗暨伊斯蘭藝術研究教授。之前曾經擔任蓋蒂藝術學院（Getty Research Institute）訪問學人，以及埃及、敘利亞的傅布萊爾區域學者（Fulbright Regional Scholar）。著作包括二〇〇八年出版的《伊斯法罕及其皇宮》（*Isfahan and Its Palaces*），以及擔任共同主編、出版於二〇一八年的《商業效應：十七、十八世紀時伊斯蘭世界的藝術與交流》（*Mercantile Effect: Art and Exchange in the Islamicate World During the 17th and 18th Centuries*）。

海倫・伊比特森・傑瑟普（Helen Ibbitson Jessup）

身兼學者與美術館行政管理人員，專精於東南亞的建築與藝術。從事策展、擔任共同撰述作者，於一九九七年出版《吳哥窟雕塑與古代柬埔寨》（*Sculpture of Angkor and Ancient Cambodia*），並且在二〇〇五年時撰著《柬埔寨的藝術與建築》（*Art and Architecture of Cambodia*）。同時也是二〇〇六年出版的《柬埔寨國家博物館經典巨作》（*Masterpieces of the National Museum of Cambodia*）一書的執筆人。

梅天穆（Timothy May）

研究蒙古帝國的頂尖專家，目前是北喬治亞州立大學（University of North Georgia）文學院副院長，以及中東暨中亞歷史教授。二〇〇六年，因為撰寫蒙古歷史有傑出貢獻，獲得蒙古科學院頒發榮譽獎。著作包括二〇〇七年的《蒙古戰爭藝術》（*The Mongol Art of War*）、二〇〇九年的《蒙古的文化與風俗》（*Cultures and Customs of Mongolia*），以及二〇一二年的《蒙古征服世界史》（*Mongol Conquests in World History*）。

羅伯茨（J. A. G. Roberts）

英國赫德斯菲爾德大學（University of Huddersfield）副教授，專精中國史、日本史研究。著作包括二〇〇二年出版的《從中國到中國城：中國菜在西方》（*China to Chinatown: Chinese Food in the West*）、二〇〇六年修訂二版的《中國史》（*A History of China*），以及二〇〇八年的《早期中國生活史》（*Life in Early China*）等。

阿麗思．倉重．提普頓（Elise Kurashige Tipton）

雪梨大學（University of Sydney）文化與語言學院日本研究榮譽副教授。著作有二〇〇八年修訂二版的《日本近代史：社會與政治史》（*Modern Japan: A Social and Political History*）等。

歷史大講堂

帝國記憶

東方霸權的崛起與落幕，一部橫跨千年的亞洲帝國史

2022年7月初版　定價：新臺幣460元
有著作權・翻印必究
Printed in Taiwan.

編著者 Jim Masselos
譯者 廖彥博
叢書主編 王盈婷
校對 連秋香
內文排版 林婕瀅
封面設計 許晉維

出版者 聯經出版事業股份有限公司
地址 新北市汐止區大同路一段369號1樓
叢書主編電話 (02)86925588轉5316
台北聯經書房 台北市新生南路三段94號
電話 (02)23620308
台中辦事處 (04)22312023
台中電子信箱 e-mail：linking2@ms42.hinet.net
郵政劃撥帳戶第0100559-3號
郵撥電話 (02)23620308
印刷者 文聯彩色製版印刷有限公司
總經銷 聯合發行股份有限公司
發行所 新北市新店區寶橋路235巷6弄6號2樓
電話 (02)29178022

副總編輯 陳逸華
總編輯 涂豐恩
總經理 陳芝宇
社長 羅國俊
發行人 林載爵

行政院新聞局出版事業登記證局版臺業字第0130號

本書如有缺頁，破損，倒裝請寄回台北聯經書房更換。　ISBN 978-957-08-6371-0 (平裝)
聯經網址：www.linkingbooks.com.tw
電子信箱：linking@udngroup.com

Published by arrangement with Thames & Hudson Ltd, London,

國家圖書館出版品預行編目資料

帝國記憶：東方霸權的崛起與落幕，一部橫跨千年的亞洲帝國史/ Jim Masselos編著．廖彥博譯．初版．新北市．聯經．2022年7月．360面＋16面彩色．14.8×21公分（歷史大講堂）
譯自：The great empires of Asia
ISBN 978-957-08-6371-0（平裝）

1.CST：亞洲史 2.CST：帝國主義

730.1 111008062